宠物食品法规和标准
Pet Food Regulations and Standards

◎ 王金全 编著

中国农业科学技术出版社

图书在版编目（CIP）数据

宠物食品法规和标准／王金全编著．—北京：中国农业科学技术出版社，2019.8
ISBN 978-7-5116-4116-8

Ⅰ.①宠… Ⅱ.①王… Ⅲ.①宠物–食品卫生法–汇编–中国②宠物–食品卫生法–汇编–世界 Ⅳ.①D922.169②D912.160.9

中国版本图书馆 CIP 数据核字（2019）第 059435 号

责任编辑　陶　莲　闫庆健
责任校对　马广洋

出 版 者	中国农业科学技术出版社
	北京市中关村南大街 12 号　邮编：100081
电　　话	（010）82109705（编辑室）　（010）82109702（发行部）
	（010）82109709（读者服务部）
传　　真	（010）82106650
网　　址	http://www.castp.cn
经 销 者	各地新华书店
印 刷 者	北京建宏印刷有限公司
开　　本	787mm×1 092mm　1/16
印　　张	13
字　　数	308 千字
版　　次	2019 年 8 月第 1 版　2019 年 8 月第 1 次印刷
定　　价	88.00 元

◆版权所有·翻印必究◆

《宠物食品法规和标准》
编著委员会

主 编 著 王金全

副主编著 王晓红　李祥明　樊　霞　周岩华
　　　　　　丁丽敏　杨培龙　谢秀兰　刘晓露
　　　　　　杨正楠　王春阳　李　俊　姚　婷

编著人员（按姓氏笔画排序）
　　　　　　马建爽　王　磊　石冬冬　刘　杰
　　　　　　刘　影　刘保杰　吕宗浩　安亚南
　　　　　　吴万灵　张　军　张俊楠　李秀梅
　　　　　　杨　凡　杨　怡　杨　洁　谷　旭
　　　　　　陈志敏　陈宝江　陈鲜鑫　孟　昆
　　　　　　郑云朵　赵　鹏　闻治国　秦永林
　　　　　　常文环　满　晨　冀叶军　冀少波

序 言

随着国民经济的发展和我国居民生活水平的提高，饲养宠物成为众多家庭的休闲与生活方式，我国宠物产业也逐渐发展壮大。宠物作为生活伴侣和家庭成员，在解决我国独生子女家庭和社会老龄化问题上发挥了重要作用。

宠物产业作为新业态，经济发展的新动能，城乡融合发展的新领域，不仅仅是现代农业的时尚产业，也已经成为新时代乡村振兴、产业兴旺的重要特色产业，在助力脱贫攻坚、农民增收致富、解决农村就业、发展县域经济等方面发挥着重要的支撑作用。

据统计，从2013年到2017年，全国宠物犬、猫粮生产的年增长率达到30%，2018年产量超过130万吨，产值约为400亿元，2018年宠物产业总产值已经达到1 800亿元。然而，宠物食品在我国属于新兴产业，还存在着标准不足，法规监管滞后，产业链条不够完整，市场竞争无序等现象。为加强宠物食品监管，促进宠物食品产业健康发展，农业农村部2018年制定出台了《宠物饲料管理办法》，内容包含宠物食品生产许可、卫生、标签、包装、原料和添加剂目录等方面。《宠物饲料管理办法》的出台，代表着宠物食品行业迎来了科学管理、规范有序发展的新阶段，具有划时代的意义。

但是，由于《宠物饲料管理办法》在我国实施尚属首次，企业在学习和理解《宠物饲料管理办法》中难免存在误解和偏差，为了让广大宠物食品行业从业者更加深入的理解《宠物饲料管理办法》中的各项规定，更好的宣传贯彻《宠物饲料管理办法》，我们邀请起草法规的领导和专家，参与法规编写的企业代表，共同编写了这本《宠物食品法规和标准》。该书集中了2018年农业农村部《宠物饲料管理办法》的全部内容以及法规起草人对细则的解读，第一次公布了我国进口宠物饲料的官方登记数据，附录中还提供了新修订的《饲料添加剂目录》和《饲料原料目录》；同时该书还把美国和欧盟宠物食品管理法规，美国饲料管控协会（AAFCO）犬猫营养需要，美国国家研究委员会（NRC）犬猫营养需要和欧盟FEDIAF宠物营养标准的相关内容等，进行了详细的介绍。

宠物产业作为现代农业的新型领域、新兴产业与科技产业，以今天这样的生产、经营、管理、发展模式和规模，如此广泛地走进亿万家庭，深刻影响到人类的生活方式和文明发展，在人类历史上是不曾有过的，在我国未来的成长空间极大，也将为大众创业、万众创新和一、二、三产业融合发展提供一个新的业态、路径与领域。我相信，宠物产业对国民经济的贡献将日益显现，也将成为我国对世界经济与社会发展的贡献亮点之一。

随着人均 GDP 跨越 10 000 美元的大关，我国经济社会发展将进入营养健康的崭新时代，人民群众对美好生活的向往已经成为全党上下、全国各个行业的奋斗目标，我国宠物产业正在迎来不可复制的历史机遇期和战略机遇期。相信在不久的将来，代表民族优秀品牌的一大批宠物产业的企业将迅速崛起，我国的宠物产业将快速发展成为万亿级的大产业之一，人民群众对美好生活的向往一定能够实现。

中国农业科学院饲料研究所所长

2019 年 8 月 1 日于北京

目　录

第一章　中国宠物食品管理法规 (1)
　第一节　农业农村部宠物饲料管理办法 (1)
　第二节　新版中国宠物饲料管理法规解读 (47)
　第三节　进口宠物饲料登记情况及登记管理办法 (59)

第二章　国外宠物食品法规和标准 (64)
　第一节　美国饲料管控协会（AAFCO）犬猫营养需要 (65)
　第二节　美国国家研究委员会（NRC）犬猫营养需要 (70)
　第三节　欧盟 FEDIAF 宠物营养标准 (92)

参考文献 (104)

附录 (108)
　附录一　饲料添加剂品种目录 (108)
　附录二　饲料原料目录 (117)
　附录三　中华人民共和国机械行业标准——宠物饲料膨化机 (167)
　附录四　中国饲料成分及营养价值表 (184)

第一章 中国宠物食品管理法规

农业农村部作为我国宠物饲料（犬猫粮）的行业主管部门，一直高度关注宠物饲料行业的发展，做了大量前期市场调研和技术储备工作，为宠物饲料管理法规的起草奠定了良好的基础。2018年农业农村部畜牧兽医局组织宠物食品行业相关专家和企业制定了《宠物饲料管理办法》，并于2018年6月1日开始实施。《宠物饲料管理办法》的制定和实施，代表着宠物食品行业迎来了科学管理、规范有序发展的新阶段，具有划时代的意义。

第一节 农业农村部宠物饲料管理办法

中华人民共和国农业农村部公告第20号

为进一步加强宠物饲料管理，规范宠物饲料市场，促进宠物饲料行业发展，我部在全面梳理《饲料和饲料添加剂管理条例》（以下简称《条例》）及其配套规章适用规定、充分考虑宠物饲料特殊性和管理需要的基础上，制定了《宠物饲料管理办法》《宠物饲料生产企业许可条件》《宠物饲料标签规定》《宠物饲料卫生规定》《宠物配合饲料生产许可申报材料要求》《宠物添加剂预混合饲料生产许可申报材料要求》等规范性文件，现予公布，并就有关事项公告如下。

一、2018年6月1日前，已经按照《条例》及其配套规章规定取得饲料生产许可证的宠物配合饲料、宠物添加剂预混合饲料生产企业，可以在生产许可证有效期内继续从事生产经营活动；有效期届满需要继续生产经营的，按照本公告规范性文件的有关规定申请办理饲料生产许可证。

二、根据《宠物饲料管理办法》产品分类规定被纳入生产许可管理，且本公告发布前已经生产宠物配合饲料、宠物添加剂预混合饲料但尚未取得饲料生产许可证的企业，应当在2019年9月1日前按照本公告规范性文件的有关规定申请办理并取得饲料生产许可证。

三、2018年6月1日前，已经按照《条例》及其配套规章规定取得进口登记证的进口宠物配合饲料、进口宠物添加剂预混合饲料产品，可以在进口登记证有效期内继续进口销售；有效期届满需要继续进口销售的，按照本公告规范性文件的有关规定申请办

四、根据《宠物饲料管理办法》产品分类规定被纳入进口登记管理，且本公告发布前已经在中国境内进口销售但未取得进口登记证的进口宠物配合饲料、进口宠物添加剂预混合饲料产品，应当在 2019 年 9 月 1 日前按照本公告规范性文件的有关规定申请办理并取得进口登记证。

五、自 2018 年 6 月 1 日起，申请从事宠物配合饲料、宠物添加剂预混合饲料生产，或者申请办理宠物配合饲料、宠物添加剂预混合饲料进口登记，按照本公告规范性文件的有关规定执行。

六、宠物配合饲料、宠物添加剂预混合饲料生产企业核发饲料生产许可证。根据企业申报情况，饲料生产许可证上的产品类别应当分别标示宠物配合饲料、宠物添加剂预混合饲料；产品品种应当分别标示固态宠物配合饲料、半固态宠物配合饲料、液态宠物配合饲料、固态宠物添加剂预混合饲料、半固态宠物添加剂预混合饲料、液态宠物添加剂预混合饲料。

七、2018 年 6 月 1 日前，已经按照《条例》及其配套规章规定取得供宠物直接食用的混合型饲料添加剂生产许可证和进口登记证的生产企业和进口产品，应当根据《宠物饲料管理办法》产品分类规定，在 2019 年 9 月 1 日前按照本公告规范性文件的有关规定申请办理并取得饲料生产许可证和进口登记证。

八、供宠物饲料生产企业使用的混合型饲料添加剂、添加剂预混合饲料的管理不适用本公告规范性文件的规定，其生产、经营、使用和进口按照《条例》及其配套规章中有关混合型饲料添加剂、添加剂预混合饲料的管理要求执行。

九、宠物饲料生产企业应当按照《宠物饲料标签规定》的要求制定产品标签，2019 年 9 月 1 日以后生产的国产和进口宠物饲料产品所附具的标签，应当符合《宠物饲料标签规定》的要求。

十、宠物饲料生产企业应当切实加强对产品卫生指标的控制，2019 年 1 月 1 日以后生产的国产和进口宠物饲料产品的卫生指标，应当符合《宠物饲料卫生规定》的要求。

十一、根据《宠物饲料管理办法》有关规定，自 2018 年 6 月 1 日起，有关宠物添加剂预混合饲料生产企业已经获得的相关产品的批准文号、其他宠物饲料生产企业已经获得的饲料生产许可证，不再作为宠物饲料检查、执法的依据和内容。

十二、本公告规定的有关管理过渡期结束后，各级饲料管理部门开展宠物饲料监管执法工作，应当按照本公告规范性文件的有关规定执行。

十三、各级饲料管理部门要继续加强宠物饲料监督管理工作，除本公告第二条、第四条规定的情形外，对于其他未取得许可证明文件生产或者进口宠物配合饲料、宠物添加剂预混合饲料的违法行为，应当按照《条例》有关规定从严处罚。

附件：
1. 宠物饲料管理办法
2. 宠物饲料生产企业许可条件
3. 宠物饲料标签规定
4. 宠物饲料卫生规定
5. 宠物配合饲料生产许可申报材料要求
6. 宠物添加剂预混合饲料生产许可申报材料要求

农业农村部
2018 年 4 月 27 日

附件 1　宠物饲料管理办法

第一条　为加强宠物饲料管理，保障宠物饲料产品质量安全，促进宠物饲料行业发展，根据《饲料和饲料添加剂管理条例》，制定本办法。

第二条　本办法所称宠物饲料，是指经工业化加工、制作的供宠物直接食用的产品，包括宠物配合饲料、宠物添加剂预混合饲料和其他宠物饲料，也称为宠物食品。

宠物配合饲料，是指为满足宠物不同生命阶段或者特定生理、病理状态下的营养需要，将多种饲料原料和饲料添加剂按照一定比例配制的饲料，单独使用即可满足宠物全面营养需要。

宠物添加剂预混合饲料，是指为满足宠物对氨基酸、维生素、矿物质微量元素、酶制剂等营养性饲料添加剂的需要，由营养性饲料添加剂与载体或者稀释剂按照一定比例配制的饲料。

其他宠物饲料，是指为实现奖励宠物、与宠物互动或者刺激宠物咀嚼、撕咬等目的，将几种饲料原料和饲料添加剂按照一定比例配制的饲料。

第三条　申请从事宠物配合饲料、宠物添加剂预混合饲料生产的企业，应当符合《宠物饲料生产企业许可条件》的要求，向生产地省级人民政府饲料管理部门提出申请，并依法取得饲料生产许可证。

第四条　宠物饲料生产企业应当按照有关规定和标准，对采购的饲料原料、添加剂预混合饲料和饲料添加剂进行查验或者检验；使用饲料添加剂的，应当遵守《饲料添加剂品种目录》《饲料添加剂安全使用规范》等限制性规定。禁止使用《饲料原料目录》《饲料添加剂品种目录》以外的任何物质生产宠物饲料。

宠物饲料生产企业应当如实记录采购的饲料原料、添加剂预混合饲料、饲料添加剂的名称、产地、数量、保质期、许可证明文件编号、质量检验信息、生产企业名称或者供货者名称及其联系方式、进货日期等。记录保存期限不得少于 2 年。

第五条　宠物配合饲料、宠物添加剂预混合饲料生产企业应当按照产品质量标准、《饲料质量安全管理规范》组织生产，对生产过程实施有效控制并实行生产记录和产品留样观察制度。

其他宠物饲料生产企业应当按照产品质量标准组织生产，建立健全采购、生产、检验、销售、仓储等管理制度，对生产过程实施有效控制并实行生产记录和产品留样观察制度。

第六条　宠物饲料生产企业应当对其生产的产品进行质量检验；检验合格的，应当附具产品质量检验合格证。未经产品质量检验、检验不合格或者未附具产品质量检验合格证的，不得出厂销售。

宠物饲料生产企业应当如实记录出厂销售的宠物饲料产品的名称、数量、生产日期、生产批次、质量检验信息、购货者名称及其联系方式、销售日期等。记录保存期限不得少于2年。

第七条　出厂销售的宠物饲料产品应当包装，包装应当符合国家有关安全、卫生的规定。

第八条　宠物饲料产品的包装上应当附具标签，标签应当符合《宠物饲料标签规定》的要求。

第九条　宠物饲料生产企业应当采取有效措施保障产品质量安全，宠物饲料产品的卫生指标应当符合《宠物饲料卫生规定》的要求。

第十条　宠物饲料经营者进货时应当查验宠物饲料产品标签、产品质量检验合格证；对宠物配合饲料、宠物添加剂预混合饲料产品，还应当查验饲料生产许可证、进口登记证等许可证明文件。

宠物饲料经营者不得对宠物饲料产品进行拆包、分装，不得对宠物饲料产品进行再加工或者添加任何物质。

禁止经营无产品标签、无产品质量标准、无产品质量检验合格证的宠物饲料。禁止经营标签不符合《宠物饲料标签规定》要求的宠物饲料。禁止经营用《饲料原料目录》《饲料添加剂品种目录》以外的任何物质生产的宠物饲料。

禁止经营无生产许可证的宠物配合饲料、宠物添加剂预混合饲料。禁止经营未取得进口登记证的进口宠物配合饲料、进口宠物添加剂预混合饲料。

第十一条　宠物饲料经营者应当建立产品购销台账，如实记录购销宠物饲料产品的名称、许可证明文件编号、规格、数量、保质期、生产企业名称或者供货者名称及其联系方式、购销时间等。购销台账保存期限不得少于2年。

第十二条　网络宠物饲料产品交易第三方平台提供者，应当对入网的宠物饲料经营者进行实名登记，督促经营者认真履行宠物饲料产品质量安全管理责任和义务，保障平台上销售的宠物饲料产品符合本办法要求。

第十三条　宠物饲料生产企业发现其生产的产品可能对宠物健康有害或者存在其他安全隐患的，应当立即停止生产，通知经营者、使用者，向饲料管理部门报告，主动召回产品，并记录召回和通知情况。召回的产品应当在饲料管理部门的监督下，予以无害化处理或者销毁。

宠物饲料经营者发现其销售的宠物饲料产品有前款规定情形的，应当立即停止销售，通知生产企业、供货者和使用者，向饲料管理部门报告，并记录通知情况。

第十四条　境外宠物饲料生产企业向中国出口宠物配合饲料、宠物添加剂预混合饲料的，应当委托境外企业驻中国境内的办事机构或者中国境内代理机构向国务院农业行政主管部门申请登记，并依法取得进口登记证。

第十五条　向中国境内出口的宠物饲料，应当包装并附具符合《宠物饲料标签规定》要求的中文标签；产品卫生指标应当符合《宠物饲料卫生规定》的要求；宠物配合饲料、宠物添加剂预混合饲料还应当符合进口登记产品的备案标准要求。

生产向中国境内出口的宠物饲料所使用的饲料原料和饲料添加剂应当符合《饲料原料目录》《饲料添加剂品种目录》的要求，并遵守《饲料添加剂品种目录》《饲料添加剂安全使用规范》的规定。

第十六条　国务院农业行政主管部门和县级以上地方人民政府饲料管理部门，应当根据需要定期或者不定期组织实施宠物饲料产品监督抽查。

国务院农业行政主管部门和省级人民政府饲料管理部门应当按照职责权限公布监督抽查结果，并可以公布具有不良记录的宠物饲料生产企业、经营者以及为经营者提供服务的第三方交易平台名单。

第十七条　未取得饲料生产许可证生产宠物配合饲料、宠物添加剂预混合饲料的，依据《饲料和饲料添加剂管理条例》第三十八条进行处罚。

第十八条　宠物饲料生产企业违反本办法规定，使用《饲料原料目录》《饲料添加剂品种目录》以外的物质生产宠物饲料的，或者不遵守国务院农业行政主管部门的限制性规定的，依据《饲料和饲料添加剂管理条例》第三十九条进行处罚。

第十九条　宠物饲料生产企业未对采购的饲料原料、添加剂预混合饲料和饲料添加剂进行查验或者检验的，或者未对生产的宠物饲料进行产品质量检验的，依据《饲料和饲料添加剂管理条例》第四十条进行处罚。

第二十条　宠物配合饲料、宠物添加剂预混合饲料生产企业不遵守《饲料质量安全管理规范》的，依据《饲料和饲料添加剂管理条例》第四十条进行处罚。

第二十一条　宠物饲料生产企业未实行采购、生产、销售记录制度或者产品留样观察制度的，依据《饲料和饲料添加剂管理条例》第四十一条进行处罚。

第二十二条　宠物饲料产品未附具产品质量检验合格证或者包装、标签不符合规定的，依据《饲料和饲料添加剂管理条例》第四十一条进行处罚。

第二十三条　宠物饲料经营者有下列行为之一的，依据《饲料和饲料添加剂管理条例》第四十三条进行处罚：

（一）对经营的宠物饲料产品进行再加工或者添加物质的；

（二）经营无产品标签、无产品质量检验合格证的宠物饲料的，经营无生产许可证的宠物配合饲料、宠物添加剂预混合饲料的；

（三）经营用《饲料原料目录》《饲料添加剂品种目录》以外的物质生产的宠物饲料的；

（四）经营未取得进口登记证的进口宠物配合饲料、进口宠物添加剂预混合饲料的。

第二十四条　宠物饲料经营者有下列行为之一的，依据《饲料和饲料添加剂管理条例》第四十四条进行处罚：

（一）对宠物饲料产品进行拆包、分装的；

（二）未实行产品购销台账制度的；

（三）经营的宠物饲料产品失效、霉变或者超过保质期的。

第二十五条 对本办法第十三条规定的宠物饲料产品，生产企业不主动召回的，依据《饲料和饲料添加剂管理条例》第四十五条进行处罚。

第二十六条 宠物饲料生产企业、经营者有下列行为之一的，依据《饲料和饲料添加剂管理条例》第四十六条进行处罚：

（一）生产、经营无产品质量标准或者不符合产品质量标准的宠物饲料产品的；

（二）生产、经营的宠物饲料产品与标签标示的内容不一致的。

第二十七条 本办法仅适用于宠物犬、宠物猫饲料的管理。其他种类宠物饲料的管理要求另行规定。

第二十八条 本办法自2018年6月1日起施行。

附件2 宠物饲料生产企业许可条件

第一章 总则

第一条 为加强宠物饲料生产许可管理，保障宠物饲料质量安全，根据《饲料和饲料添加剂管理条例》《饲料和饲料添加剂生产许可管理办法》《宠物饲料管理办法》，制定本条件。

第二条 申请从事宠物配合饲料、宠物添加剂预混合饲料生产的企业，应当符合本条件。

第二章 机构与人员

第三条 企业应当设立技术、生产、质量、销售、采购等管理机构。技术、生产、质量机构应当配备专职负责人，并不得互相兼任。

第四条 技术机构负责人应当具备畜牧、兽医、食品等相关专业大专以上学历或者中级以上技术职称，熟悉饲料法规、动物营养、产品配方设计等专业知识，并通过现场考核。

第五条 生产机构负责人应当具备畜牧、兽医、食品、机械、化工等相关专业大专以上学历或者中级以上技术职称，熟悉饲料法规、饲料加工技术与设备、生产过程控制、生产管理等专业知识，并通过现场考核。

第六条 质量机构负责人应当具备畜牧、兽医、食品、化工、生物等相关专业大专以上学历或者中级以上技术职称，熟悉饲料法规、原料与产品质量控制、原料与产品检验、产品质量管理等专业知识，并通过现场考核。

第七条 销售和采购机构负责人应当熟悉饲料法规，并通过现场考核。

第八条 企业应当配备2名以上专职检验化验员，并通过现场操作技能考核。

第三章 厂区、布局与设施

第九条 企业应当独立设置厂区，厂区周围没有影响产品质量安全的污染源。

厂区应当布局合理，生产区与生活、办公等区域分开。厂区应当整洁卫生，道路和作业场所采用混凝土或者沥青硬化，生活、办公等区域有密闭式生活垃圾收集设施。

第十条 生产区应当按照生产工序合理布局，生产区总使用面积应当与生产规模相匹配。

固态的宠物配合饲料、宠物添加剂预混合饲料有相对独立、与生产规模相匹配的原料库、配料间、加工间、成品库和附属物品库房。

半固态的宠物配合饲料、宠物添加剂预混合饲料有相对独立、与生产规模相匹配的原料库、前处理间、配料间、加工间、灌装间（区）、外包装间（区）、成品库和附属物品库房。

液态的宠物配合饲料、宠物添加剂预混合饲料有相对独立、与生产规模相匹配的原料库、前处理间、配料间、加工灌装间、外包装间、成品库和附属物品库房。

同时生产宠物、畜禽等其他动物饲料的，可以共同使用原料库、成品库和附属物品库房。宠物饲料生产设备不得用于生产畜禽等其他动物饲料。

第十一条　生产区建筑物通风和采光良好，自然采光设施应当有防雨功能。

第十二条　厂区内应当配备必要的消防设施或者设备。

第十三条　厂区内应当有完善的排水系统，排水系统入口处有防堵塞装置，出口处有防止动物侵入装置。

第十四条　存在安全风险的设备和设施，应当设置警示标识和防护设施：

（一）配电柜、配电箱有警示标识，易产生或者积存粉尘区域的人工采光灯具、电源开关及插座有防爆功能；

（二）高温设备和设施有隔热层和警示标识；

（三）压力容器有安全防护装置；

（四）设备传动装置有防护罩；

（五）有投料地坑的，入口处有完整的栅栏；

（六）吊物孔有坚固的盖板或者四周有防护栏，所有设备维修平台、操作平台和爬梯有防护栏。

企业应当为生产区作业人员配备劳动保护用品。

第十五条　企业仓储设施应当符合以下条件：

（一）满足原料、成品、包材、备品备件的贮存要求，具有防霉、防潮、防鸟、防鼠等功能；

（二）存放维生素、微生物添加剂和酶制剂等热敏物质的贮存间面积与生产规模相匹配，满足储存温度要求，密闭性能良好；

（三）亚硒酸钠等按危险化学品管理的饲料添加剂，有独立的贮存间或者贮存柜；

（四）使用新鲜或者冷冻动物源性原料的，有与生产规模相匹配的冷藏、冷冻设施或者设备；

（五）有立筒仓的，配备立筒仓通风系统和温度监测装置。

第四章　工艺与设备

第十六条　固态宠物配合饲料生产企业应当符合以下条件：

（一）配备成套加工机组，包括粉碎、配料、提升、混合、调质、膨化、干燥、喷涂、冷却、计量、包装、异物检除等设备，并具有完整的除尘系统和电控系统；

（二）配料、混合工段采用计算机自动化控制系统，配料动态精度不大于3‰，静态精度不大于1‰；

（三）混合机的混合均匀度变异系数不大于7%；

（四）粉碎机、空气压缩机、高压风机采用隔音或者消音装置；

（五）生产线除尘系统使用脉冲式除尘设备，投料口采用单点除尘方式，作业区的粉尘浓度和排放浓度符合国家有关规定；

（六）小料配制和投料复核分别配置电子秤；

（七）有添加剂预混合工艺的，单独配备至少一台混合机及相应的除尘设备，混合机（含混合机缓冲仓）与物料接触部分使用不锈钢制造，混合机的混合均匀度变异系数不大于5%；

（八）有新鲜或者冷冻、冷藏动物源性原料预处理工序的，单独配备除杂、粉碎、均质、水解等设备；

（九）生产车间和作业场所噪音控制符合国家有关规定。

第十七条　半固态宠物配合饲料生产企业应当符合以下条件：

（一）配备成套加工机组，包括粉碎、配料、混合、乳化、蒸煮、冷却、计量、灌装、包装、异物检除等设备，并具有完整的电控系统；

（二）小料配制和投料复核分别配置电子秤；

（三）有添加剂预混合工艺的，单独配备至少一台混合机并配备相应的除尘设备，混合机（含混合机缓冲仓）与物料接触部分使用不锈钢制造，混合机的混合均匀度变异系数不大于5%；

（四）生产罐头等具有商业无菌要求的产品的，配备相应的杀菌设备；

（五）有新鲜或者冷冻、冷藏动物源性原料预处理工序的，单独配备除杂、粉碎、均质、水解等设备；

（六）生产车间和作业场所噪音控制符合国家有关规定。

第十八条　固态宠物添加剂预混合饲料生产企业应当符合以下条件：

（一）配备成套加工机组，包括原料除杂、配料、混合、成型、计量、自动包装等设备，并具有完整的除尘系统和电控系统；

（二）有两台以上混合机，混合机（含混合机缓冲仓）与物料接触部分使用不锈钢制造，混合机的混合均匀度变异系数不大于5%；

（三）生产线除尘系统使用脉冲式除尘设备，投料口采用单点除尘方式，作业区的粉尘浓度和排放浓度符合国家有关规定；

（四）小料配制和投料复核分别配置电子秤；

（五）有粉碎机、空气压缩机的，采用隔音或消音装置；

（六）生产车间和作业场所噪音控制符合国家有关规定。

第十九条　半固态宠物添加剂预混合饲料生产企业应当符合以下条件：

（一）配备成套加工机组，包括称量、加热、配料、搅拌、灌装、包装等设备，并具有完整的电控系统；

（二）生产设备、输送管道及管件使用不锈钢或者性能更好的材料制造；

（三）加热设备有搅拌、温度控制和温度显示装置；

（四）搅拌设备的搅拌速度可控；

（五）小料配制和投料复核分别配置电子秤；

（六）生产车间和作业场所噪音控制符合国家有关规定。

第二十条 液态的宠物配合饲料、宠物添加剂预混合饲料生产企业应当符合以下条件：

（一）配备成套加工机组，包括原料前处理、称量、配液、过滤、灌装等设备，并具有完整的电控系统；

（二）生产设备、输送管道及管件使用不锈钢或者性能更好的材料制造；

（三）有均质工序的，使用高压均质机的工作压力不小于 50 兆帕，并符合安全生产要求，使用高剪切均质机的均质转速不小于 2 800 转/分；

（四）配液罐有加热保温功能和温度显示装置；

（五）小料配制和投料复核分别配置电子秤；

（六）生产车间和作业场所噪音控制符合国家有关规定。

第五章　质量检验和质量管理制度

第二十一条　企业应当在厂区内独立设置检验化验室，并与生产车间和仓储区域分离。

第二十二条　宠物配合饲料生产企业检验化验室应当符合以下条件：

（一）生产液态宠物配合饲料的企业，配备常规检验仪器、万分之一分析天平、可见光分光光度计、定氮装置、粗脂肪提取装置；生产半固态宠物配合饲料的企业，还应当在液态宠物配合饲料企业的基础上，配备恒温干燥箱、高温炉、真空泵及抽滤装置、高压灭菌锅、培养箱、显微镜和样品制备设备；生产固态宠物配合饲料的企业，还应当在半固态宠物配合饲料企业的基础上，配备硬度测定仪、容重测定仪、水分活度测定仪、标准筛。

（二）检验化验室至少包括天平室、理化分析室、仪器室、留样观察室；生产固态宠物配合饲料和半固态宠物配合饲料的，还应当设立微生物检验室。各功能室应当满足下列要求：

1. 天平室有满足分析天平放置要求的天平台；

2. 理化分析室有满足样品理化分析和检验要求的通风柜、实验台、器皿柜、试剂柜；同时开展高温或者明火操作和易燃试剂操作的，分别设立独立的操作区和通风柜，并保持一定的安全距离；

3. 仪器室满足分光光度计等仪器的使用要求；

4. 留样观察室有满足原料和产品贮存要求的样品柜或者样品架；

5. 微生物检验室具有符合要求的准备间、缓冲间、无菌间和超净工作台。

第二十三条　宠物添加剂预混合饲料生产企业检验化验室应当符合以下条件：

（一）生产液态宠物添加剂预混合饲料的企业，配备常规检验仪器、万分之一分析天平；生产半固态宠物添加剂预混合饲料的企业，还应当在液态宠物添加剂预混合饲料企业的基础上，配备恒温干燥箱、高温炉和样品制备设备；生产固态宠物添加剂预混合饲料的企业，还应当在半固态宠物添加剂预混合饲料企业的基础上，配备标准筛。

（二）产品中添加维生素的，配备具有紫外检测器的高效液相色谱仪；产品中添加微量元素的，配备具有火焰原子化器和被测项目元素灯的原子吸收分光光度计；产品中添加氨基酸、酶制剂等营养性饲料添加剂的，配备满足添加成分检测要求的检验仪器。

（三）检验化验室至少包括天平室、前处理室、仪器室和留样观察室。各功能室应当满足下列要求：

1. 天平室有满足分析天平放置要求的天平台；

2. 前处理室有能够满足样品前处理和检验要求的通风柜、实验台、器皿柜、试剂柜、气瓶固定装置以及避光、空调等设备或者设施，同时开展高温或者明火操作和易燃试剂操作的，分别设立独立的操作区和通风柜，并保持一定的安全距离；

3. 仪器室满足高效液相色谱仪、原子吸收分光光度计等仪器的使用要求，高效液相色谱仪和原子吸收分光光度计分室存放；

4. 留样观察室有满足原料和产品贮存要求的样品柜或者样品架。

第六章 附则

第二十四条 在满足生产和质量检验要求的前提下，经省级人民政府饲料管理部门组织专家审核同意，企业可以使用性能更好的生产设备和检验仪器替代本条件中的相关生产设备和检验仪器。

第二十五条 本条件规定的成套加工机组中，如企业生产过程中不涉及相关工艺和设备，在申报材料和现场检查过程中可不作要求，但因缺少相关工艺和设备可能影响产品质量安全和安全生产的情况除外。

第二十六条 本条件自 2018 年 6 月 1 起施行。

附件3 宠物饲料标签规定

第一条 为加强宠物饲料管理，规范宠物饲料标签标示内容，根据《饲料和饲料添加剂管理条例》《宠物饲料管理办法》，制定本规定。

第二条 本规定所称的宠物饲料标签是指以文字、符号、数字、图形等方式粘贴、印刷或者附着在产品包装上用以表示产品信息的说明物的总称。

第三条 在中华人民共和国境内生产、销售的宠物饲料产品的标签应当按照本规定要求标示产品名称、原料组成、产品成分分析保证值、净含量、贮存条件、使用说明、注意事项、生产日期、保质期、生产企业名称及地址、许可证明文件编号和产品标准等信息。

第四条 宠物饲料产品标签应当在醒目位置标示"本产品符合宠物饲料卫生规定"字样，并以粘贴或者印刷等形式附具产品质量检验合格证。

第五条 宠物饲料产品名称应当位于标签的主要展示版面并采用通用名称。通用名称应当使用一致的字体、字号和颜色，不得突出或者强调其中的部分内容。在标示通用名称的同时，可以标示商品名称，但应当放在通用名称之后或者之下，字号不得大于通用名称。

（一）宠物配合饲料的通用名称应当标示"宠物配合饲料""宠物全价饲料""全价宠物食品"或者"全价"字样，并标示适用动物种类和生命阶段。适用动物种类可以具体至犬、猫品种或者体型，如不标示则默认为适用于所有品种和体型；生命阶段包括幼年期、成年期、老年期、妊娠期、哺乳期等，如不标示则默认为适用于所有生命阶段。为满足宠物特定生理、病理状态下营养需要生产的宠物配合饲料，其通用名称应当标示"处方"字样。示例见附录1。

（二）宠物添加剂预混合饲料的通用名称应当标示"宠物添加剂预混合饲料""补充性宠物食品"或者"宠物营养补充剂"，并标示适用动物种类和生命阶段。适用动物种类可以具体至犬、猫品种或者体型，如不标示则默认为适用于所有品种和体型；生命阶段包括幼年期、成年期、老年期、妊娠期、哺乳期等，如不标示则默认为适用于所有生命阶段。宠物添加剂预混合饲料的通用名称中，也可以标示产品中的氨基酸、维生素、矿物质微量元素、酶制剂等营养性饲料添加剂，标示时可以使用营养性饲料添加剂的品种名称或者类别名称。示例见附录 1。

（三）其他宠物饲料的通用名称应当标示"宠物零食"，并标示适用动物种类和生命阶段。适用动物种类可以具体至犬、猫品种或者体型，如不标示则默认为适用于所有品种和体型；生命阶段包括幼年期、成年期、老年期、妊娠期、哺乳期等，如不标示则默认为适用于所有生命阶段。其他宠物饲料的通用名称中，也可以标示产品的具体呈现形式。示例见附录 1。

第六条　宠物饲料产品标签上应当标示原料组成。原料组成包括饲料原料和饲料添加剂两部分，分别以"原料组成"和"添加剂组成"为引导词。其中，"原料组成"应当标示生产该产品所用的饲料原料品种名称或者类别名称，并按照各类或者各种饲料原料成分加入重量的降序排列；"添加剂组成"应当标示生产该产品所用的饲料添加剂名称，抗氧化剂、着色剂、调味和诱食物质类饲料添加剂可以标示类别名称。

饲料原料品种名称应当与《饲料原料目录》一致，类别名称应当与附录 2 规定一致。饲料添加剂名称应当与《饲料添加剂品种目录》一致。

在产品中使用以《饲料原料目录》中动物水解物为主要原料复配制成的调味产品的，应当在原料组成部分中以"宠物饲料复合调味料"或者"口味增强剂"标示。

原料组成中的某种原料如以品种名称标示，则不应当再以类别名称标示；如以类别名称标示，则不应当再以品种名称标示。

第七条　在中国境内生产的宠物饲料产品标签上应当标示产品所执行的产品标准编号。进口宠物配合饲料、宠物添加剂预混合饲料应当标示进口产品复核检验报告的编号。

第八条　宠物饲料产品标签上应当标示产品成分分析保证值。产品成分分析保证值的计量单位见附录 3。

（一）宠物配合饲料产品成分分析保证值至少应当包括的项目、要求及具体标示方法见附录 4。

为满足宠物特定生理、病理状态下的营养需要生产的宠物配合饲料，其产品成分分析保证值除满足上述要求外，可以进行特殊标示。

（二）宠物添加剂预混合饲料产品成分分析保证值至少应当标示水分和产品中所添加的主要营养性饲料添加剂，标示方法参照附录 4。

（三）其他宠物饲料产品成分分析保证值至少应当标示水分，也可以根据需要标示其他成分的分析保证值，标示方法参照附录 4。

第九条　宠物饲料产品应当标示产品包装单位的净含量。净含量标示由净含量、数字和法定计量单位组成。净含量与产品名称应当位于标签的同一展示版面。

固态产品应当使用质量进行标示，净含量不足 1 千克的，以克或者 g 作为计量单位；净含量超过 1 千克（含 1 千克）的，以千克或者 kg 作为计量单位。

液态产品、半固态产品除可以使用前款规定的质量进行标示外，也可以使用体积标示,以体积标示时,净含量不足1升的,以毫升或者mL作为计量单位;净含量超过1升(含1升)的,以升或者L作为计量单位。

第十条　宠物饲料产品标签上应当标示产品的贮存条件及贮存方法。

第十一条　宠物饲料产品标签上应当标示产品使用说明。使用说明应当根据宠物的生命阶段、活动量和体型类别标示推荐饲喂量或者饲喂建议。

第十二条　宠物饲料产品标签上应当标示产品使用的注意事项。含动物源性成分(乳和乳制品除外)的产品应当标示"本产品不得饲喂反刍动物"字样。

通用名称标示"处方"字样的宠物配合饲料,应当在注意事项中参照本规定附录5中的示例,标示该产品适用的宠物特定生理、病理状态及主要营养特征,并在醒目位置标示"请在执业兽医指导下使用"字样。如其适用的生理、病理状态及主要营养特征未在附录5收录范围以内,该产品的生产企业应当参照附录5根据产品的实际情况标示注意事项,并能够提供相关证明资料。资料至少应当包括能够验证产品效果的科学试验数据及配方组成。

第十三条　宠物饲料产品标签应当标示完整的年、月、日生产日期信息,标示方法见附录6。进口产品中文标签标示的生产日期应当与原产地标签上标示的生产日期一致。如生产日期标示采用"见包装物某部位"的形式,应当标示包装物的具体部位。生产日期的标示不得另外加贴或者篡改。

第十四条　宠物饲料产品标签应当标示保质期,标示方法见附录6。进口宠物饲料产品中文标签标示的保质期应当与原产地标签上标示的保质期一致。如保质期标示采用"见包装物某部位"的形式,应当标示包装物的具体部位。保质期的标示不得另外加贴或者篡改。

第十五条　在中国境内生产的宠物配合饲料和宠物添加剂预混合饲料的产品标签,应当标示与许可证明文件一致的生产许可证编号、企业名称、注册地址、生产地址、联系方式;其他宠物饲料产品,应当标示与生产企业营业执照一致的企业名称、注册地址、生产地址、联系方式。如生产企业的注册地址与生产地址一致,可不重复标示。

进口宠物饲料产品应当以中文标示原产国名或者地区名。进口宠物配合饲料和宠物添加剂预混合饲料产品,应当标示与进口登记证一致的登记证号、生产厂家名称、生产地址,以及该产品在中国境内依法登记注册的销售机构名称、地址和联系方式。其他进口宠物饲料产品,应当标示生产厂家名称、生产地址,以及该产品在中国境内依法登记注册的销售机构名称、地址和联系方式。

联系方式应当标示以下至少一项内容:电话、传真、网络联系方式、通讯地址等。

第十六条　对于内包装不独立销售的宠物饲料产品,外包装应当标示本规定的所有内容,内包装至少标示产品名称、保质期和净含量。对于内包装独立销售的产品,内、外包装均应当标示本规定的所有内容。如内包装已标示本规定的所有内容,且标示内容能透过外包装物清晰、完整地呈现,可不在外包装物上进行重复标示。仅用于宠物饲料产品运输的外包装除外。

对于复合包装产品,外包装应当标示复合包装的净含量和所含独立包装的净含量及件数,或者直接标示所含独立包装的净含量和件数,标示形式见附录6。外包装上标示的保质期应当按照最早到期的独立包装产品的保质期计算,生产日期应当标示最早生产的独立包装产品的生产日期,也可以在外包装上分别标示各独立包装产品的生产日期和保质期。

第十七条 宠物饲料免费产品,除标示本规定的所有内容外,还应当标示"免费样品""赠品""非卖品"或者"试用装"等字样。

第十八条 委托加工的宠物配合饲料、宠物添加剂预混合饲料产品,除标示本规定的所有内容外,还应当标示委托企业的名称、注册地址和生产许可证编号。

第十九条 宠物饲料产品中含有转基因成分的,其标示应当符合相关法律法规的要求。

第二十条 宠物饲料产品标签中可以进行成分、功能和特性声称,声称时应当遵守以下规定:

(一)禁止对宠物饲料作具有预防或者治疗宠物疾病的说明或者宣传。

(二)所有声称应当具备证明材料。证明材料包括公开发表的出版物、教科书、配方组成、检测数据或者试验报告等。

(三)对成分进行声称时,声称的内容应当置于产品名称相邻位置,并与产品名称使用相同的字体和颜色,字号不大于产品名称,不得以任何形式突出或者强调其中部分内容。

1. 宠物饲料如声称使用某种饲料原料,应当在饲料原料组成中标示其名称,并在名称后标示其添加量;如该饲料原料使用所属类别名称标示,应当在类别名称之后以括号的方式标示该饲料原料的品种名称及其在产品中的添加量。示例见附录1。

2. 经脱水处理的饲料原料,可以依据水分还原后其在产品中的含量进行声称。可以进行水分还原的饲料原料种类及其计算方法见附录7。如进行水分还原,则附录7中涉及的三类饲料原料应当同时还原,计算方法应当按附录7执行。

3. 声称"XX配方"时,产品中的"XX"饲料原料应当达到产品总重的26%以上;如对两种或者两种以上饲料原料进行组合声称,其中至少一种饲料原料应当达到产品总重的26%以上,其余每种饲料原料均应当达到产品总重的3%以上,声称应当按原料的重量百分比降序排列。示例见附录1。

声称"含XX配方"时,产品中的"XX"饲料原料应当达到产品总重的14%以上;如对两种或者两种以上饲料原料进行组合声称,其中至少一种饲料原料应当达到产品总重的14%以上,其余每种饲料原料均应达到产品总重的3%以上,声称应按原料的重量百分比降序排列。示例见附录1。

声称"含XX"时,产品中的"XX"饲料原料应当达到产品总重的4%以上;如对两种或者两种以上饲料原料进行组合声称,其中至少一种饲料原料应当达到产品总重的4%以上,其余每种原料均应当达到产品总重的3%以上,声称应当按饲料原料的重量百分比降序排列。示例见附录1。

4. 如宠物饲料产品使用的饲料原料、宠物饲料复合调味料或者口味增强剂能够赋予产品某种风味,可以对产品的风味进行声称,声称应当使用"XX味"字样。示例见附录1。

5. 如宠物饲料产品中的某种饲料原料的添加量足以赋予产品某些特有属性,即使该原料未达到产品总重的4%,也可以对其进行声称,声称应当使用"添加XX"字样。示例见附录1。

6. 宠物饲料产品如声称使用某种维生素、矿物质微量元素等营养素或者使用的某种饲料添加剂可以赋予产品某些特有属性,声称应当使用"含XX"字样。声称涉及的维生素、矿物质微量元素等营养素应当在产品成分分析保证值中列示。声称涉及的饲料添加剂应当在饲料添加剂组成中列示并标示其添加量。示例见附录1。

7. 宠物饲料产品可以声称不含有某种饲料原料或者饲料添加剂,声称应当使用"无XX"或者"不含XX"。除饲料原料和饲料添加剂外,不得对其他任何物质进行不含有声称。对于麸质成分,如其含量不高于20mg/kg时,可以进行"无麸质"或者"不含麸质"的声称。

8. 如对宠物饲料产品中的某种成分含量进行"高""增高"或者"低""降低"或者类似的比较性声称,应当以本企业的产品作为参照物且明确列示,增高或者降低的比例应当达到15%以上,对于常量营养素,增高或者降低的百分比应当能够通过配方进行验证。示例见附录1。

(四)对特性进行声称时,应当符合下列要求。

1. 如宠物饲料产品使用的所有饲料原料和饲料添加剂均来自未经加工、非化学工艺加工或者只经过物理加工、热加工、提取、纯化、水解、酶解、发酵或者烟熏等处理工艺的植物、动物或者矿物质微量元素,可对产品进行特性声称,声称应当使用"天然的""天然粮"或者类似字样。如宠物饲料产品中添加的维生素、氨基酸、矿物质微量元素是化学合成的,也可以对产品进行"天然的""天然粮"的声称,但应当同时对所使用的维生素、氨基酸、矿物质微量元素进行标示,声称应当使用"天然粮,添加XX"字样;如添加了两种(类)或者两种(类)以上的化学合成的维生素、氨基酸、矿物质微量元素,声称中可以使用饲料添加剂的类别名称。所有声称文字应置于同一展示版面,使用相同的字体、字号和颜色,中间不得插入其他任何内容,不得以任何形式突出或者强调其中某一部分。示例见附录1。

2. 如宠物饲料产品使用的某种饲料原料和饲料添加剂来自未经加工、非化学工艺加工或者只经过物理加工、热加工、提取、纯化、水解、酶解、发酵或者烟熏等处理工艺的植物、动物或者矿物质微量元素,可以对该饲料原料或者饲料添加剂进行特殊声称,声称应当使用"天然"字样。示例见附录1。

3. 如宠物饲料产品使用的某种饲料原料除冷藏外未经蒸煮、干燥、冷冻、水解等类似任何处理过程,且不含有氯化钠、防腐剂或者其他饲料添加剂,可以对该饲料原料进行声称,声称应当使用"新鲜的"、"鲜"或者类似字样。示例见附录1。

4. 如犬用宠物饲料产品的水分含量低于20%且脂肪含量不高于9%、水分含量在20%至65%之间且脂肪含量不高于7%、水分含量大于65%且脂肪含量不高于4%时,可以对犬用宠物饲料进行"低脂肪"的声称。如猫用宠物饲料产品水分含量低于20%且脂肪含量不高于10%、水分含量在20%至65%之间且脂肪含量不高于8%、水分含量大于65%且脂肪含量不高于5%时,可以对猫用宠物饲料进行"低脂肪"的声称。

5. 如犬用宠物饲料产品的水分含量低于20%且能量值不高于1 296kJ ME/100g、水分含量在20%至65%之间且能量值不高于1 045 kJ ME/100g、水分含量不低于65%且能量值不高于376kJ ME/100g时,可以对该产品进行"低能量"声称并对其能量值进行标示。如猫用宠物饲料产品水分含量低于20%且能量值不高于1 359 kJ ME/100g、水分含量在20%至65%之间且能量值不高于1 108 kJ ME/100g、水分含量不低于65%且能量值不高于397kJ ME/100g，可以对该产品进行"低能量"声称并对其能量值进行标示。标示时应当以"能量"或者"能量值"为引导词，并与该声称置于同一展示版面。能量值应当以代谢能（ME）值表示，并以 kJ/100g 为单位，代谢能可以采用计算值，计算方法见附录8，但应当在代谢能值后以括号的方式标注"计算值"字样。

6. 宠物饲料产品可以使用"新产品""配方升级""产品升级"或者类似声称，但声称应当有充分证据，且该声称在产品标签上标示的时间不得超过18个月。

7. 如对宠物饲料产品进行符合国际或者国外标准的声称，产品应当符合对应标准的所有要求，且在监管部门要求时应当能提供检测报告或者产品配方等证明材料。

（五）如宠物饲料产品使用的某种饲料原料、饲料添加剂或者饲料原料中含有的某种营养素具有维持、增强宠物生长、发育、生理功能或者机体健康的作用，可以进行功能声称。声称应当符合以下要求。

1. 声称涉及的饲料添加剂应当在饲料添加剂组成或者产品成分分析保证值中按本规定要求标示，声称涉及的饲料原料应当在原料组成中标示其名称，并在名称后标示其添加量，示例见附录1。

2. 如宠物饲料产品对毛球产生、牙垢积聚等非疾病性问题具有预防性作用，可以进行功能声称，声称可以使用"预防"字样并标示该产品可以预防的非疾病问题，示例见附录1。

第二十一条 宠物饲料标签应当结实耐用。附签形式的标签不得与包装物分离或者被遮掩，标签内容应当在不打开包装的情况下完整呈现。标签内容应当清晰、醒目、持久，方便消费者辨认和识读。文字应当使用规范的汉字（商标、进口宠物饲料的生产者和地址、国外经营者的名称和地址、网址除外），可以同时使用有对应关系的汉语拼音、少数民族文字或者其他文字，但不得大于相应的汉字（商标除外）。对于印有多语言的包装物，凡使用规范汉字提供的信息均应当符合本规定的要求。

第二十二条 标签的展示面积大于35cm^{2}时，标示内容的文字、符号、数字的高度不得小于1.8mm。不同包装物或者包装容器上标签最大表面面积计算方法见附录9。

第二十三条 国务院农业行政主管部门和县级以上地方人民政府饲料管理部门，应当根据需要定期或者不定期组织实施宠物饲料产品标签监督抽查。

第二十四条 宠物饲料产品标签不符合本规定的，依据《饲料和饲料添加剂管理条例》第四十一条进行处罚。

第二十五条 宠物饲料生产企业、经营者生产、经营的宠物饲料与标签标示的内容不一致的，依据《饲料和饲料添加剂管理条例》第四十六条进行处罚。

第二十六条 本规定自2018年6月1日起施行。

附录：1. 宠物饲料标示内容示例

2. 宠物饲料原料分类

3. 产品成分分析保证值常用计量单位

4. 宠物配合饲料产品成分分析保证值至少应当包括的项目及标示要求

5. 宠物配合饲料适用的特定状态及主要营养特征标示示例

6. 生产日期、保质期及净含量的标示
7. 可进行水分还原的原料种类及其计算方法
8. 产品能量值的计算方法
9. 不同包装物或者包装容器上标签最大表面面积计算方法

附录 1 宠物饲料标示内容示例

一、宠物配合饲料通用名称示例

——"宠物配合饲料犬粮"或者"宠物全价饲料犬粮"或者"全价犬粮"或者"全价宠物食品犬粮";

——"宠物配合饲料幼年期犬粮"或者"宠物全价饲料幼年期犬粮"或者"全价幼年期犬粮"或者"全价幼年期犬粮"或者"全价宠物食品幼年期犬粮";

——"宠物配合饲料泰迪幼年期犬粮"或者"宠物全价饲料泰迪幼年期犬粮"或者"全价泰迪幼年期犬粮"或者"全价泰迪幼年期犬粮"或者"全价宠物食品泰迪幼年期犬粮";

——"宠物配合饲料大型犬幼年期犬粮"或者"宠物全价饲料大型犬幼年期犬粮"或者"全价大型犬幼年期犬粮"或者"全价大型犬幼年期犬粮"或者"全价宠物食品大型犬幼年期犬粮";

——"宠物配合饲料犬处方粮"或者"宠物全价饲料犬处方粮"或者"全价犬处方粮"或者"全价宠物食品犬处方粮"。

二、宠物添加剂预混合饲料通用名称示例

——"宠物添加剂预混合饲料微量元素"或者"补充性宠物食品微量元素"或者"宠物营养补充剂微量元素";

——"宠物添加剂预混合饲料犬幼年期微量元素"或者"补充性宠物食品犬幼年期微量元素"或者"宠物营养补充剂犬幼年期微量元素";

——"宠物添加剂预混合饲料泰迪犬幼年期微量元素"或者"补充性宠物食品泰迪犬幼年期微量元素"或者"宠物营养补充剂泰迪犬幼年期微量元素";

——"宠物添加剂预混合饲料大型犬幼年期微量元素"或者"补充性宠物食品大型犬幼年期微量元素"或者"宠物营养补充剂大型犬幼年期微量元素"。

——"宠物添加剂预混合饲料维生素 B"或者"补充性宠物食品维生素 B"或者"宠物营养补充剂维生素 B";

——"宠物添加剂预混合饲料犬幼年期维生素 B"或者"补充性宠物食品犬幼年期维生素 B"或者"宠物营养补充剂犬幼年期维生素 B";

——"宠物添加剂预混合饲料泰迪犬幼年期维生素 B"或者"补充性宠物食品泰迪犬幼年期维生素 B"或者"宠物营养补充剂泰迪犬幼年期维生素 B";

——"宠物添加剂预混合饲料大型犬幼年期维生素 B"或者"补充性宠物食品大型犬幼年期维生素 B"或者"宠物营养补充剂大型犬幼年期维生素 B"。

三、其他宠物饲料通用名称示例

——"宠物零食肉棒";

——"宠物零食幼年期饮料";
——"宠物零食幼年期牛肉粒";
——"宠物零食幼年期洁齿磨牙棒"
——"宠物零食泰迪犬咬胶"。

四、宠物饲料产品如声称使用某种饲料原料，标示示例

——"肉类及制品（鸡肝3.5%）";
——"果蔬类籽实及其制品（蔓越莓1.3%）"。

五、成分声称标示示例

（一）宠物饲料产品中某种饲料原料达到产品总重26%以上，声称标示示例：

——"牛肉配方";
——"鸡肉大米配方";
——"牛肉鸡肉配方"。

（二）宠物饲料产品中某种饲料原料达到产品总重14%以上，声称标示示例：

——"含牛肉配方";
——"含糙米配方";
——"含牛肉鸡肉配方";
——"含牛肉大米配方"。

（三）宠物饲料产品中某种饲料原料达到产品总重4%以上，声称标示示例：

——"含牛肉";
——"含糙米";
——"含牛肉鸡肉";
——"含鸡肉大米"。

（四）宠物饲料产品中使用的饲料原料、宠物饲料复合调味料或者口味增强剂能够赋予产品某种风味，声称标示示例：

——"牛肉味";
——"鸡肉味";
——"烟熏味"。

（五）宠物饲料产品中某种饲料原料的添加量足以赋予产品某些特有属性，声称标示示例：

——"添加燕麦";
——"添加牛初乳"。

（六）宠物饲料产品如声称使用某种维生素、矿物质微量元素等营养素或者使用的某种饲料添加剂可以赋予产品某些特有属性，声称标示示例：

——"含DHA";
——"含共轭亚油酸"。

（七）宠物饲料产品进行比较性声称时，声称标示示例：

——高蛋白全价犬粮（与XX全价犬粮相比）。

六、特性声称标示示例

（一）声称应当使用"天然的""天然粮"或者类似字样的宠物饲料产品标示示例：

——"天然粮，添加维生素"；

——"天然粮，添加维生素和氨基酸"；

——"天然色素"；

——"天然防腐剂"。

（二）声称应当使用"新鲜的""鲜"或者类似字样的宠物饲料产品标示示例：

——"新鲜鸡肉"；

——"鲜牛肉"。

七、功能声称标示示例

（一）宠物饲料产品中如使用的某种饲料原料、饲料添加剂或者其中含有的某种营养素具有维持、增强宠物生长、发育、生理功能或者机体健康的作用，声称标示示例：

——"含钙促进骨骼发育"；

——"含菊苣根粉促进肠道有益菌增殖"。

（二）宠物饲料产品如对非疾病性问题具有预防性作用，声称标示示例：

——"预防毛球产生"；

——"预防牙垢聚集"。

附录2 宠物饲料原料分类

序号	类别名称	与《饲料原料目录》对应的原料品种
1	谷物及其制品	"谷物及其加工产品"中的所有原料
2	油料籽实及其制品	"油料籽实及其加工产品"中的所有原料
3	豆科籽实及其制品	"豆科作物籽实及其加工产品"中的所有原料
4	果蔬类籽实及其制品	"块茎、块根及其加工产品"中的所有原料、"其他籽实、果实类产品及其加工产品"中的所有原料
5	天然植物及其制品	"其他植物、藻类及其加工产品"中的7.1、7.2、7.3、7.4的原料
6	饲草类及其制品	"饲草、粗饲料及其加工产品"中的所有原料
7	藻类及其制品	"其他植物、藻类及其加工产品"中的7.5的原料
8	乳类及其制品	"乳制品及其副产品"中的所有原料
9	肉类及其制品	"陆生动物产品及其副产品"中9.1、9.3、9.6和9.7的原料
10	昆虫及其制品	"陆生动物产品及其副产品"中9.2和9.5的原料
11	蛋类及其制品	"陆生动物产品及其副产品"中9.4的原料
12	鱼类等水生生物及其制品	"鱼、其他水生生物及其副产品"中的所有原料
13	矿物质	"矿物质"中的所有原料
14	微生物发酵类制品	"微生物发酵产品及副产品"中的所有原料

附录3 产品成分分析保证值常用计量单位

一、粗蛋白质、粗脂肪、粗纤维、水分、粗灰分、钙、总磷、水溶性氯化物（以 Cl^- 计）、氨基酸含量，以百分含量（%）表示。

二、微量元素含量，以每克、每千克、每毫升、每升、每片、每胶囊、每粒中元素的毫克数表示。

示例：mg/g、mg/kg、mg/mL、mg/L、mg/片、mg/胶囊。

三、维生素含量，以每克、每千克、每毫升、每升、每片、每胶囊、每粒产品中含药物或者维生素的毫克数，或者以表示生物效价的国际单位（IU）表示。

示例：mg/g、mg/kg、mg/mL、mg/L、mg/片、mg/胶囊、mg/粒，或 IU/g、IU/kg、IU/mL、IU/L、IU/片、IU/胶囊。

四、酶制剂含量，以每克、每毫升、每片、每胶囊、每粒产品中含酶活性单位表示。

示例：U/g、U/mL、U/片、U/胶囊、U/粒。

五、微生物含量，以每克、每千克、每毫升、每升、每片、每胶囊、每粒产品中含微生物的菌落数或者个数表示。

示例：CFU/g、CFU/kg、CFU/mL、CFU/L、CFU/片、CFU/胶囊、CFU/粒，或者个/g、个/mL、个/片、个/胶囊。

附录4 宠物配合饲料产品成分分析保证值至少应当包括的项目及标示要求

项目	要求	标示方法
粗蛋白质	最小值	≥，或者不小于，或者至少
粗脂肪	最小值；对于进行低脂肪声称的产品，应当同时标示其最大值	≥，或者不小于，或者至少；进行低脂肪声称的产品应当标示为：最小值≤粗脂肪≤最大值，或者粗脂肪不小于，且不大于
粗纤维	最大值	≤，或者不大于，或者至多
水分	最大值	≤，或者不大于，或者至多
粗灰分	最大值	≤，或者不大于，或者至多
钙	最小值	≥，或者不小于，或者至少
总磷	最小值	≥，或者不小于，或者至少
水溶性氯化物（以 Cl^- 计）	最小值	≥，或者不小于，或者至少
赖氨酸，适用于犬粮	最小值	≥，或者不小于，或者至少
牛磺酸，适用于猫粮	最小值	≥，或者不小于，或者至少

附录 5 宠物配合饲料适用的特定状态及主要营养特征标示示例

一、改善慢性肾功能不全状态
示例：本产品适用于慢性肾功能不全的犬、猫使用，产品中的磷和蛋白质经过科学调整。

二、帮助溶解鸟粪石
示例：本产品用于促进犬、猫鸟粪石溶解，产品中的镁和蛋白质经过科学调整。

三、减少鸟粪石再生
示例：本产品用于减少犬、猫鸟粪石再生，产品中的镁经过科学调整。

四、减少尿酸盐结石形成
示例：本产品用于减少犬、猫尿酸盐结石形成，产品中的嘌呤和蛋白质经过科学调整。

五、减少草酸盐结石形成
示例：本产品用于减少犬、猫草酸盐结石形成，产品中的钙、维生素 D 经过科学调整。

六、减少胱氨酸结石形成
示例：本产品用于减少犬、猫胱氨酸结石形成，产品中的蛋白质和含硫氨基酸经过科学调整。

七、降低急性肠道吸收障碍发生
示例：本产品用于降低犬、猫急性肠道吸收障碍发生，产品中的电解质和易消化原料经过科学调整。

八、降低原料和营养素不耐受
示例：本产品用于降低犬、猫原料和营养素的不耐受症，产品中的蛋白质或者碳水化合物经过科学调整。

九、改善消化不良
示例：本产品用于改善犬、猫消化不良，产品中原料的可消化性和脂肪经过科学调整。

十、改善慢性心脏功能不全
示例：本产品用于改善犬、猫慢性心脏功能不全，产品中的钠经过科学调整。

十一、调节葡萄糖供给
示例：本产品用于调节糖尿病犬、猫的葡萄糖供给，产品中的碳水化合物经过科学调整。

十二、改善肝功能不全
示例：本产品用于调节肝功能不全的犬、猫的营养供给，产品中的蛋白质和必需脂肪酸经过科学调整。

十三、改善高脂血症
示例：本产品用于调节犬、猫的脂肪代谢，产品中的脂肪和必需脂肪酸经过科学调整。

十四、改善甲状腺机能亢进

示例：本产品用于改善猫的甲状腺机能亢进状态，产品中的碘经过科学调整。

十五、降低肝脏中的铜含量

示例：本产品用于降低犬肝脏中的铜，产品中的铜经过科学调整。

十六、改善超重状态

示例：本产品用于降低犬、猫的多余体重，产品的能量密度经过科学调整。

十七、营养恢复期

示例：本产品用于犬、猫疾病后的营养恢复，产品的能量密度、必需营养素和易消化原料经过科学调整。

十八、改善皮肤炎症和过度脱毛

示例：本产品用于改善犬、猫皮肤炎症和过度脱毛现象，产品中的必需脂肪酸经过科学调整。

十九、改善关节炎症

示例：本产品用于改善犬、猫的关节炎症，产品中的多不饱和脂肪酸、维生素 E 等经过科学调整。

附录 6　生产日期、保质期及净含量的标示

一、生产日期的标示

生产日期中年、月、日可用空格、斜线、连字符、句点等符号分隔，或者不用分隔符。年代号一般应当标示 4 位数字，小包装食品也可以标示 2 位数字。月、日应当标示 2 位数字。

生产日期标示示例：

——"生产日期：2010 年 03 月 20 日"；

——"生产日期：20 日 03 月 2010 年"或者"生产日期：03 月 20 日 2010 年"；

——"生产日期（年/月/日）：2010 03 20"或者"生产日期（年/月/日）：2010/03/20"或者"生产日期（年/月/日）：20100320"；

——"生产日期（月/日/年）：03 20 2010"或者"生产日期（月/日/年）：03/20/2010"或者"生产日期（月/日/年）：03202010"；

——"生产日期（日/月/年）：20 03 2010"或者"生产日期（日/月/年）：20/03/2010"或者"生产日期（日/月/年）：20032010"。

二、保质期的标示

示例：

——"保质期：××个月"或者"××日"或者"××天"或者"×年"；

——"保质期至××××年××月××日"或者"保质期至××月××日××××年"或者"保质期至××日××月××××年"；

——"此日期前最佳……"或者"此日期前食用最佳……"或者"最好在……之前食用"或者"……之前食用最佳"（……）处填写日期。

三、净含量的标示

（一）复合包装中独立包装为同类产品的，净含量标示方式示例：

——"净含量：40 克×5"或者"净含量：40g×5"；

——"净含量：5×40 克"或者"净含量：5×40g"；

——"净含量：200 克（5×40 克）"或者"净含量：200g（5×40g）"；

——"净含量：200 克（40 克×5）"或者"净含量：200g（40g×5）"；

——"净含量：200 克（5 件或者 5 袋或者 5 包或者 5 罐或者 5 听）"或者"净含量：200g（5 件或者 5 袋或者 5 包或者 5 罐或者 5 听）"；

——"净含量：200 克（100 克+50 克×2）"或者"净含量：2000g（100g+50g×2）"；

——"净含量：200 克（80 克×2+40 克）"或者"200g（80g×2+40g）"。

（二）复合包装中独立包装为不同类产品的，净含量标示方式示例：

——"净含量：200 克（A 产品 40 克×3，B 产品 40 克×2）或 200g（A 产品 40g×3，B 产品 40g×2）"；

——"净含量：200 克(40 克×3，40 克×2)"或者"净含量：200g(40g×3，40g×2)"；

——"净含量：100 克 A 产品，50 克×2B 产品，50 克 C 产品"或者"净含量：100gA 产品，50g×2B 产品，50g C 产品"；

——"净含量：A 产品：100 克，B 产品：50 克×2，C 产品：50 克"或者"净含量：A 产品：100g，B 产品：50g×2，C 产品：50g"；

——"净含量：100 克（A 产品），50 克×2（B 产品），50 克（C 产品）"或者"净含量：100g（A 产品），50g×2（B 产品），50g（C 产品）"；

——"净含量：A 产品 100 克，B 产品 50 克×2，C 产品 50 克"或者"净含量：A 产品 100g，B 产品 50g×2，C 产品 50g"。

附录7 可进行水分还原的原料种类及其计算方法

一、可进行水分还原的原料种类及还原后水分还原标准

新鲜水果和蔬菜（不包括由果蔬皮渣制成的副产品）的脱水物：90.0%；

肉类、鱼类（仅包括可食用动物组织）的脱水物：75.0%；

谷物：15.0%。

二、含水原料水分还原示例

（一）固态/半固态宠物饲料

原料	配方组成，kg	原料的水分含量，%	配方中的干物质含量，kg	水分还原标准，%	还原后的配方组成，kg	还原后的配方组成比例，%
玉米	66.0	10.0	59.4	15.0	69.9	37.2
鸡肉粉	24.2	10.0	21.8	75.0	87.2	46.4
牛肉粉	1.8	11.1	1.6	75.0	6.4	3.4
胡萝卜粉	2.0	8.0	1.8	90.0	18.4	9.8
添加剂预混合饲料	4.0		4.0		4.0	2.1
油脂	2.0		2.0		2.0	1.1
总计	100.0				187.9	100.0

注：1. 上述示例中，原配方中24.2kg的鸡肉粉经水分还原后相当于87.2kg的鸡肉，占还原后配方组成比例46.4%，可以进行"鸡肉配方"的声称；原配方中2.0kg的胡萝卜粉经水分还原后相当于18.4kg的胡萝卜，占还原后配方组成比例9.8%，可以进行"含胡萝卜"的声称；原配方中1.8kg的牛肉粉经水分还原后相当于6.4kg的牛肉，占还原后配方组成比例3.4%，可以进行"牛肉味"的声称。

（二）液态宠物饲料

原料	配方组成，kg	原料的水分含量，%	配方中的干物质含量，kg	水分还原标准，%	还原后的配方组成，kg	还原后的配方组成比例，%
水	42.0				35.4	35.4
牛肉	35.0				35.0	35.0
鸡肉	18.2				18.2	18.2
鱼肉	2.0				2.0	2.0
添加剂预混合饲料	2.0				2.0	2.0
胡萝卜粉	0.8	8.0	0.74	10.0	7.4	7.42
总计	100.0				100.0	100.0

注：1. 上述示例中，配方中0.8kg的胡萝卜粉经水分还原后重量增加至7.4kg，增加的6.6kg重量可视为来源于配方中的水分，所以计算还原后的配方组成比例时配方总重量保持100kg不变。

2. 配方中0.8kg的胡萝卜粉经水分还原后相当于7.4kg的胡萝卜，占还原后配方组成比例7.4%，可以进行"含胡萝卜"的声称。

附录 8　产品能量值的计算方法

一、犬用宠物饲料产品能量值计算方法（每 100g 产品中）

（一）总能（GE）计算

总能（kcal）= 5.7×粗蛋白质克数 +9.4×粗脂肪克数+4.1×（无氮浸出物克数+粗纤维克数）

（二）能量消化率（%）计算

能量消化率（%）= 91.2-1.43×干物质中粗纤维所占百分比数

（三）消化能（DE）计算

消化能（kcal）= GE×能量消化率（%）

（四）代谢能（ME）计算

代谢能（kcal）= DE-1.04×粗蛋白克数

（五）单位换算

$$1kcal = 4.186kJ$$

示例：

以 100g 犬用配合饲料产品为例计算其能量值，其中含 80g 水分、7g 粗蛋白质、4g 粗脂肪、3g 粗灰分、1g 粗纤维和 5g 无氮浸出物

GE（kcal）= 5.7×7+9.4×4+4.1×（1+5）= 102.1

干物质中粗纤维所占百分比数 $= \dfrac{1}{100-80} \times 100 = 5$

能量消化率（%）= 91.2-（1.43×5）= 84.05%

DE（kcal）= 102.1×84.05% = 85.8

ME（kcal）= 85.8-1.04×7 = 78.5

ME（kJ）= 78.5×4.186 = 328.6

二、猫用宠物饲料产品能量值计算方法（每 100g 产品中）

（一）总能（GE）计算

总能（kcal）= 5.7×粗蛋白质克数+9.4×粗脂肪克数+4.1×（无氮浸出物克数+粗纤维克数）

（二）能量消化率（%）计算

能量消化率（%）= 87.9-0.88×干物质中粗纤维所占百分比数

（三）消化能（DE）计算

消化能（kcal）= GE×能量消化率（%）

（四）代谢能（ME）计算

代谢能（kcal）= DE-0.77×粗蛋白质克数

（五）单位换算

$$1kcal = 4.186kJ$$

示例：

以 100g 猫用宠物配合饲料产品为例计算其能量值，其中含 80g 水分、7g 粗蛋白、

4g 粗脂肪、3g 粗灰分、1g 粗纤维和 5g 无氮浸出物

干物质中粗纤维所占百分比数 $= \dfrac{1}{100-80} \times 100 = 5$

能量消化率（%）= 87.9 -（0.88×5）= 83.5%

DE（kcal）= 102.1×83.5% = 85.3

ME（kcal）= 85.3 - 0.77×7 = 79.9

ME（kJ）= 79.9×4.186 = 334.5

附录 9　不同包装物或者包装容器上标签最大表面面积计算方法

一、长方体形包装物或者包装容器上的计算方法

长方体形包装物或者包装容器的最大一个侧面的高度（cm）乘以宽度（cm）。

二、圆柱形包装物或者包装容器、近似圆柱形包装物或者包装容器上的计算方法

包装物或者包装容器的高度（cm）乘以圆周长（cm）的 40%。

三、其他形状的包装物或者包装容器上的计算方法

包装物或者包装容器的总表面积的 40%。

四、如果包装物或者包装容器有明显的主要展示版面，应以主要展示版面的面积为最大表面面积。

五、包装袋等计算表面面积时应除去封边所占尺寸。瓶形或者罐形包装计算表面面积时不包括肩部、颈部、顶部和底部的凸缘。

附件 4　宠物饲料卫生规定

一、为加强宠物饲料管理，保障宠物饲料产品质量安全和宠物健康，依据《饲料和饲料添加剂管理条例》《宠物饲料管理办法》，制定本规定。

二、在中华人民共和国境内生产、销售的供宠物犬、宠物猫直接食用的宠物饲料产品的卫生指标，应当符合本规定的要求。

三、国务院农业行政主管部门和县级以上地方人民政府饲料管理部门，应当以卫生指标为重点，根据需要定期或者不定期组织实施宠物饲料产品监督抽查。

四、国务院农业行政主管部门和省级人民政府饲料管理部门应当按照职责权限公布监督抽查结果，并可以公布具有不良记录的宠物饲料生产企业、经营者以及为经营者提供服务的第三方交易平台名单。

五、宠物饲料生产企业、经营者生产、经营的宠物饲料不符合本规定卫生指标要求的，依据《饲料和饲料添加剂管理条例》第四十六条进行处罚。

六、本规定自 2018 年 6 月 1 日起施行。

附录 宠物饲料卫生指标及试验方法

类别	序号	卫生指标	产品名称	限量①	试验方法	备注
无机污染物和含氮化合物	1	氟，mg/kg	宠物配合饲料	≤150	GB/T 13083	—
			宠物添加剂预混合饲料、其他宠物饲料	≤500（磷含量≤4%时）		表中磷含量以干物质含量88%计
				≤125/1%的磷含量（磷含量>4%时）②		
	2	镉，mg/kg	宠物配合饲料、宠物添加剂预混合饲料、其他宠物饲料	≤2	GB/T 13082	—
	3	铬，mg/kg	宠物配合饲料、宠物添加剂预混合饲料、其他宠物饲料	≤5	GB/T 13088—2006（原子吸收光谱法）	
	4	汞，mg/kg	宠物配合饲料、宠物添加剂预混合饲料、其他宠物饲料	≤0.3	GB/T 13081	—
	5	铅，mg/kg	宠物配合饲料	≤5	GB/T 13080	
			宠物添加剂预混合饲料、其他宠物饲料	≤10		
无机污染物和含氮化合物	6	总砷，mg/kg	含有水生动物及其制品或者藻类及其制品的宠物配合饲料、宠物添加剂预混合饲料和其他宠物饲料	≤10	总砷：GB/T 13079 无机砷：GB/T 23372	其中，无机砷含量不超过2 mg/kg
			不含有水生动物及其制品或者藻类及其制品的宠物配合饲料	≤2		
			不含有水生动物及其制品或者藻类及其制品的宠物添加剂预混合饲料和其他宠物饲料	≤4		
	7	三聚氰胺，mg/kg	宠物配合饲料、宠物添加剂预混合饲料、其他宠物饲料	≤2.5	NY/T 1372	水分达到或超过60%的罐头宠物饲料以原样计
	8	亚硝酸盐（以$NaNO_2$计），mg/kg	水分含量小于14%的宠物配合饲料	≤15	GB/T 13085	—
真菌毒素	9	黄曲霉毒素B_1，μg/kg	宠物配合饲料、宠物添加剂预混合饲料、其他宠物饲料	≤10	NY/T 2071（适用于水分含量<60%的宠物饲料）；GB/T 30955（适用于水分含量≥60%的宠物饲料）	—
	10	伏马毒素（B_1+B_2），mg/kg	宠物配合饲料、宠物添加剂预混合饲料、其他宠物饲料	≤5	NY/T 1970	—

(续表)

类别	序号	卫生指标	产品名称	限量①	试验方法	备注
真菌毒素	11	脱氧雪腐镰刀菌烯醇（呕吐毒素），mg/kg	宠物配合饲料（猫用）、宠物添加剂预混合饲料（猫用）、其他宠物饲料（猫用）	≤5	GB/T 30956	—
			宠物配合饲料（犬用）、宠物添加剂预混合饲料（犬用）、其他宠物饲料（犬用）	≤2		
	12	玉米赤霉烯酮，mg/kg	宠物配合饲料（幼年期、妊娠期和哺乳期）、宠物添加剂预混合饲料（幼年期、妊娠期和哺乳期）、其他宠物饲料（幼年期、妊娠期和哺乳期）	≤0.15	NY/T 2071	—
			宠物配合饲料（成年期）、宠物添加剂预混合饲料（成年期）、其他宠物饲料（成年期）	≤0.25		
	13	赭曲霉毒素A，mg/kg	宠物配合饲料、宠物添加剂预混合饲料、其他宠物饲料	≤0.01	GB/T 30957	—
	14	T-2和HT-2，mg/kg	宠物配合饲料（猫用）、宠物添加剂预混合饲料（猫用）、其他宠物饲料（猫用）	≤0.05	SN/T 3136	—
天然植物毒素	15	氰化物（以HCN计），mg/kg	宠物配合饲料、宠物添加剂预混合饲料、其他宠物饲料	≤50	GB/T 13084	—
有机氯污染物	16	滴滴涕（DDT），mg/kg	宠物配合饲料、宠物添加剂预混合饲料、其他宠物饲料	≤0.05	GB/T 13090	—
	17	多氯联苯（以PCB28、PCB52、PCB101、PCB138、PCB153、PCB180总和计），mg/kg	宠物配合饲料、宠物添加剂预混合饲料、其他宠物饲料	≤0.04	GB 5009.190	—
	18	六六六（HCH），mg/kg	α-HCH 宠物配合饲料、宠物添加剂预混合饲料、其他宠物饲料	≤0.02	GB/T 13090	—
			β-HCH 宠物配合饲料、宠物添加剂预混合饲料、其他宠物饲料	≤0.01		
			γ-HCH 宠物配合饲料、宠物添加剂预混合饲料、其他宠物饲料	≤0.2		
	19	六氯苯（HCB），mg/kg	宠物配合饲料、宠物添加剂预混合饲料、其他宠物饲料	≤0.01	SN/T 0127	—
微生物污染物	20	沙门氏菌，（每25g中）	宠物配合饲料（罐头除外）	不得检出	GB/T 13091	—
			宠物添加剂预混合饲料（罐头除外）、其他宠物饲料（罐头除外）	不得检出		
	21	微生物	宠物配合饲料（罐头）、宠物添加剂预混合饲料（罐头）、其他宠物饲料（罐头）	商业无菌	GB 4789.26	—

说明：①表中所列限量，除特别注明外均以干物质含量88%计（微生物污染物指标除外）。②宠物添加剂预混合饲料、其他宠物饲料产品的磷含量大于4%时，每增加1%的磷，其氟限量在500mg/kg的基础上增加125mg/kg。例如：宠物添加剂预混合饲料、其他宠物饲料的磷含量为5%时，其氟限量为625mg/kg；磷含量为5.5%时，其氟限量按比例增加为687.5mg/kg。

附件5 宠物配合饲料生产许可申报材料要求

一、许可范围

(一) 在中华人民共和国境内生产宠物配合饲料的企业(以下简称企业)。

(二) 宠物配合饲料,是指为满足宠物不同生命阶段或者特定生理、病理状态下的营养需要,将多种饲料原料和饲料添加剂按照一定比例配制的饲料,单独使用即可满足宠物全面营养需要。

宠物配合饲料分为:固态宠物配合饲料、半固态宠物配合饲料、液态宠物配合饲料。

(三) 本要求适用于以下情形:

1. 设立:指企业首次申请生产许可;
2. 续展:指企业生产许可有效期满继续生产;
3. 增加或者更换生产线:增加生产线指企业在同一厂区增建已获得许可产品的生产线;更换生产线指企业对已有生产线的关键设备或生产工艺进行重大调整;
4. 增加产品品种:指企业申请增加生产许可范围以外的产品品种;
5. 迁址:指企业迁移出原生产地址,搬迁至新的生产地址;
6. 变更:指企业名称变更、法定代表人变更、注册地址或者注册地址名称变更、生产地址名称变更。

二、申报材料格式要求

(一) 企业应当按照《宠物配合饲料生产许可申报材料一览表》的要求提供相关材料。

(二) 申报材料应当使用A4规格纸、小四号宋体打印,按照《宠物配合饲料生产许可申报材料一览表》顺序编制目录、装订成册并标注页码。表格不足时可加续表。申报材料应当清晰、干净、整洁。

(三) 申报材料中企业提供的企业承诺书、宠物配合饲料生产许可申请书、工商营业执照、企业组织机构图、主要机构负责人毕业证书或职称证书、厂区平面布局图、生产工艺流程图和工艺说明、计算机自动化控制系统配料精度证明、混合机混合均匀度检测报告、检验化验室平面布置图、检验仪器购置发票、企业管理制度等证明材料原件或者复印件的首页应当加盖企业公章。

(四) 申报材料一式两份(包括纸质文件和电子文档光盘),其中一份报送省级人民政府饲料管理部门,承担具体受理工作的饲料管理部门留存一份。

(五) 申报材料电子文档采用PDF格式,相关证明文件应为原件扫描件,文件名为企业全称。

(六) 增加或更换生产线、增加产品品种的,仅提供与申请事项相关的资料。

(七) 对于企业生产过程中不涉及的工艺和设备,申报材料中相关内容可不填写,但应另附文字说明。

三、申报材料内容要求

(一) 企业承诺书

(二) 宠物配合饲料生产许可申请书
1. 封面
1.1 生产许可证编号：已获得生产许可证的企业填写原生产许可证编号，新设立的企业不填写。
1.2 产品类别：根据企业情况，在固态宠物配合饲料、半固态宠物配合饲料、液态宠物配合饲料后面的"□"中打"√"。
1.3 企业名称：填写企业工商营业执照上的注册名称，并加盖企业公章。
1.4 联系人：填写企业负责办理生产许可的工作人员姓名。
1.5 联系方式：填写企业负责办理生产许可的联系人的手机、固定电话（注明区号）、传真等。
1.6 申请事项：根据企业情况分别在选项后面的"□"中打"√"。
1.7 申报日期：填写企业报出材料的日期。
2. 企业基本情况
各栏仅填写与申请事项相关的内容。
2.1 企业名称：填写企业工商营业执照上的注册名称。
2.2 生产地址：填写企业生产所在地详细地址，注明省（自治区、直辖市）、市（地）、县（市、区）、乡（镇、街道）、村（社区）、路（街）、号。
2.3 法定代表人、统一社会信用代码、住所（注册地址）、企业类型、注册资本：按照企业工商营业执照填写。
2.4 固定资产：指厂房、设备和设施等资产总值。
2.5 所属法人机构信息：如企业为非法人单位，应当填写所属法人机构信息。
2.6 主要机构设置及人员组成
机构名称按照企业实际情况填写技术、生产、质量、销售、采购等机构。
人员总数填写与企业签订全日制用工劳动合同并缴纳了养老、医疗等保险的人员数量。
专业技术人员填写企业的技术、生产、质量、销售、采购等机构中取得中专以上学历或者初级以上技术职称的人员数量。
2.7 企业简介包括建立时间或者变迁来源、隶属关系、所有权性质、生产产品、生产能力、技术水平、工艺装备、质量管理等内容（1 000字以内）。
3. 产品基本情况
3.1 生产线名称：按照产品品种进行命名。如固态宠物配合饲料生产线、半固态宠物配合饲料生产线、液态宠物配合饲料生产线。
3.2 生产能力：固态宠物配合饲料生产线按照膨化设备的设计生产能力（吨/小时）填写；半固态宠物配合饲料生产线按照杀菌设备的设计生产能力（立方米）填写；液态宠物配合饲料生产线按照配液设备的生产能力（升）填写。
3.3 产品品种：按照固态宠物配合饲料、半固态宠物配合饲料、液态宠物配合饲料填写。
3.4 产品系列：按照饲喂宠物划分，分别填写犬、猫。
4. 生产设备明细表

4.1 企业应当以生产线为单位，填写与生产工艺流程图一致的设备。

4.1.1 固态宠物配合饲料填写粉碎、配料、提升、混合、调质、膨化、干燥、喷涂、冷却、计量、包装、异物检除等设备以及除尘系统和电控系统等辅助设备。

4.1.2 半固态宠物配合饲料填写粉碎、配料、混合、乳化、蒸煮、冷却、计量、灌装、包装、异物检除等设备以及电控系统等辅助设备。

4.1.3 液体宠物配合饲料填写原料前处理、称量、配液、过滤、灌装等设备以及电控系统等辅助设备。有均质工序的还需填写均质设备。

4.1.4 有新鲜或者冷冻动物源性原料预处理工序的，填写除杂、粉碎、均质、水解等设备或者设施。

4.1.5 有添加剂预混合工艺的，填写混合机、除尘器等设备。

4.1.6 生产罐头等具有商业无菌要求的产品的，还需填写杀菌设备或者提供与其他机构签订的处于有效期的产品杀菌委托协议。

4.2 生产线名称及序号：与3.1对应，并逐一填写。

4.3 设备名称、型号规格、生产厂家、出厂日期：按照设备说明书或者设备铭牌填写。

4.4 技术性能指标：填写反映生产设备主要特征的技术性能参数。

5. 检验仪器明细表

5.1 按照宠物饲料生产企业许可条件规定逐一列出。

5.2 仪器名称、型号规格、生产厂家、出厂日期、出厂编号：按照仪器说明书或者仪器铭牌填写。

5.3 技术性能指标：填写检验仪器主要技术性能参数。

6. 主要管理技术人员登记表

填写与企业签订全日制用工劳动合同并缴纳了养老、医疗等保险的人员，包括企业负责人、技术负责人、生产负责人、质量负责人、销售负责人、采购负责人、检验化验员等，其中检验化验员至少2名。

（三）工商营业执照

提供本企业的工商营业执照复印件，尚未取得工商注册的企业除外。非法人单位还应当提供所属法人单位的工商营业执照复印件。

（四）企业组织机构图

提供包括技术、生产、质量、销售、采购等机构的企业组织机构图。

（五）主要机构负责人毕业证书或职称证书

提供技术、生产和质量机构负责人的毕业证书或者职称证书复印件。

（六）厂区平面布局图

按比例绘制厂区平面布局图，并注明生产、检化验、生活、办公等功能区。

1. 固态宠物配合饲料生产区应当标明原料库、配料间、加工间、成品库和附属物品库房的基本尺寸。

2. 半固态宠物配合饲料生产区应当标明原料库、前处理间、配料间、加工间、灌装间（区）、外包装间（区）、成品库和附属物品库房的基本尺寸。

3. 液态宠物配合饲料生产区应当标明原料库、前处理间、配料间、加工灌装间、外包装间、成品库和附属物品库房的基本尺寸。

4. 使用新鲜或者冷冻动物源性原料的，应当标明冷藏或者冷冻设备或者设施的基本尺寸。

（七）生产工艺流程图和工艺说明

按照企业实际生产线数量逐一提供生产工艺流程图和工艺说明，生产工艺流程图应当使用规范的饲料加工设备图形符号绘制。

工艺说明应当反映主要生产步骤、目的、原理、实施方式、实施效果等内容。使用同一套生产设备生产不同宠物饲料产品的，应当提供防止交叉污染措施。生产区以及生产线中的设备设施如与动物源性成分接触，还应当提供生产区域、生产设备设施的清洗消毒措施。使用化学药品进行清洗消毒的，还应当说明化学药品贮存方式、使用后的处理措施。

（八）计算机自动化控制系统配料精度证明

生产固态宠物配合饲料的，提供计算机自动化控制系统配料精度的自检报告或者专业检验机构出具的检验报告或者系统供应商提供的技术参数证明复印件。

（九）混合机混合均匀度检测报告

生产中使用混合机的，提供所有混合机的混合均匀度自检报告或者专业检验机构出具的检验报告或者供应商提供的技术参数证明复印件。

（十）检验化验室平面布置图

按比例绘制检验化验室平面布置图，图中标明天平室、理化分析室、仪器室和留样观察室等功能室以及功能室的基本尺寸和检验仪器的位置。固态和半固态宠物配合饲料生产企业，还应当标明微生物检验室及其准备间、缓冲间、无菌间的基本尺寸。

（十一）检验仪器购置发票

有检验仪器购置发票的提供发票复印件。无法提供购置发票的，提供检验仪器已列入企业固定资产的证明材料。

（十二）企业管理制度

提供企业按照《饲料质量安全管理规范》制定的主要管理制度的名称、主要内容等。（1 500 字以内）

（十三）企业生产许可证

已经取得生产许可证的企业，提供生产许可证复印件。

（十四）相关证明材料

提出变更申请的，提供企业所在地相关管理部门出具的证明材料。

宠物配合饲料生产许可申报材料一览表

序号	申报材料项目	设立	续展	增加或更换生产线	增加产品品种	迁址	变更企业名称	变更企业法定代表人	变更企业注册地址或注册地址名称	变更企业生产地址名称
1	企业承诺书	√	√	√	√	√				
2	宠物配合饲料生产许可申请书	√	√	√	√	√				
3	工商营业执照	√	√			√	√	√	√	√
4	企业组织机构图	√	√			√				
5	主要机构负责人毕业证书或职称证书	√	√			√				
6	厂区平面布局图	√	√	√	√	√				
7	生产工艺流程图和工艺说明	√	√	√	√	√				
8	计算机自动化控制系统配料精度证明	√	√	√	√	√				
9	混合机混合均匀度检测报告	√	√	√	√	√				
10	检验化验室平面布置图	√	√			√				
11	检验仪器购置发票	√	√			√				
12	企业管理制度	√	√			√				
13	企业生产许可证			√	√	√	√	√	√	√
14	相关证明材料						√	√	√	√

注：1. 增加或者更换生产线、增加产品品种的，仅提供与申请事项相关的材料。
2. 表中序号8，仅适用于配料、混合工段采用计算机自动化控制系统的企业。
3. 表中序号9，不适用于液态宠物配合饲料生产企业。

企业承诺书

一、申报材料真实性承诺

（一）本企业对《饲料和饲料添加剂管理条例》《饲料和饲料添加剂生产许可管理办法》《宠物饲料管理办法》《宠物饲料生产企业许可条件》及其相关要求已经充分理解。

（二）本企业提供的纸质和电子申报材料均真实、完整、一致。申报材料中如有虚假不实信息，自愿承担一切后果及法律责任。

二、遵纪守法承诺

本企业严格遵守《饲料和饲料添加剂管理条例》及其配套规章和规范性文件的规定，严格遵守国家关于计量、环保、安全生产、劳动保护、消防安全、危险化学品使用、实验室管理等相关管理规定。如有违纪违法行为，自愿承担一切后果及法律责任。

法定代表人（负责人）签名

（企业公章）

年　月　日

生产许可证编号：

宠物配合饲料生产许可申请书

产品品种：固态宠物配合饲料☐

　　　　　半固态宠物配合饲料☐

　　　　　液态宠物配合饲料☐

企业名称：　　　　（公章）

联 系 人：

联系方式：

申请事项：设立☐　　续展☐　　增加或更换生产线☐

　　　　　增加产品品种☐　　迁址☐

申报日期：　　　年　月　日

中华人民共和国农业农村部制

表1 企业基本情况

企业名称					
生产地址					
通讯地址及邮编					
法定代表人					
统一社会信用代码					
住所（注册地址）					
企业类型					
注册资本（万元）			固定资产（万元）		
所属法人机构信息	名称				
	住所				
	统一社会信用代码		法定代表人		
	企业类型		联系人		
	联系电话		传真		
主要机构设置及人员组成	机构名称				
	人数				
	人员总数		其中专业技术人员		

企业简介：

表 2 产品基本情况

生产线序号	生产线一	生产线二	生产线三	生产线四
生产线名称				
生产能力（吨/小时）（立方米）（升）				
产品品种	产品系列			

表 3 生产设备明细表

生产线名称及序号					
序号	设备名称	型号规格	生产厂家	出厂日期（年月）	技术性能指标

表 4 检验仪器明细表

序号	仪器名称	型号规格	生产厂家	出厂日期（年月）	出厂编号	技术性能指标

表 5 主要管理技术人员登记表

序号	姓名	职务	职称	学历	所学专业	获证书时间、种类及编号	发证机关

注："证书"指与企业签订了全日制用工劳动合同并缴纳了养老、医疗等保险的管理人员、技术人员的职称证书、最高学历证书。

附件 6 宠物添加剂预混合饲料生产许可申报材料要求

一、许可范围

（一）在中华人民共和国境内生产宠物添加剂预混合饲料的企业（以下简称企业）。

（二）宠物添加剂预混合饲料，是指为满足宠物对氨基酸、维生素、矿物质微量元素、酶制剂等营养性饲料添加剂的需要，由营养性饲料添加剂与载体或者稀释剂按照一定比例配制的饲料。

宠物添加剂预混合饲料分为：固态宠物添加剂预混合饲料、半固态宠物添加剂预混合饲料、液态宠物添加剂预混合饲料。

（三）本要求适用于以下情形：

1. 设立：指企业首次申请生产许可；

2. 续展：指企业生产许可有效期满继续生产；

3. 增加或者更换生产线：增加生产线指企业在同一厂区增建已获得许可产品的生产线；更换生产线指企业对已有生产线的关键设备或者生产工艺进行重大调整；

4. 增加产品品种：指企业申请增加生产许可范围以外的产品品种；

5. 迁址：指企业迁移出原生产地址，搬迁至新的生产地址；

6. 变更：指企业名称变更、法定代表人变更、注册地址或者注册地址名称变更、生产地址名称变更。

二、申报材料格式要求

（一）企业应当按照《宠物添加剂预混合饲料生产许可申报材料一览表》的要求提供相关材料。

（二）申报材料应当使用 A4 规格纸、小四号宋体打印，按照《宠物添加剂预混合饲料生产许可申报材料一览表》顺序编制目录、装订成册并标注页码。表格不足时可加续表。申报材料应当清晰、干净、整洁。

（三）申报材料中企业提供的企业承诺书、宠物添加剂预混合饲料生产许可申请书、工商营业执照、企业组织机构图、主要机构负责人毕业证书或者职称证书、厂区平面布局图、生产工艺流程图和工艺说明、混合机混合均匀度检测报告、检验化验室平面布置图、检验仪器购置发票、企业管理制度等证明材料原件或者复印件的首页应当加盖企业公章。

（四）申报材料一式两份（包括纸质文件和电子文档光盘），其中一份报送省级人民政府饲料管理部门，承担具体受理工作的机构留存一份。

（五）申报材料电子文档采用 PDF 格式，相关证明文件应为原件扫描件，文件名称为企业全称。

（六）增加或者更换生产线、增加产品品种的，仅提供与申请事项相关的资料。

（七）对于企业生产过程中不涉及的工艺和设备，申报材料中相关内容可不填写，但应另附文字说明。

三、申报材料内容要求

（一）企业承诺书

（二）宠物添加剂预混合饲料生产许可申请书

1. 封面

1.1 生产许可证编号：已获得生产许可证的企业填写原生产许可证编号，新设立的企业不填写。

1.2 产品品种：根据企业情况，在固态宠物添加剂预混合饲料、半固态宠物添加剂预混合饲料、液态宠物添加剂预混合饲料后面的"□"中打"√"。

1.3 企业名称：填写企业工商营业执照上的注册名称，并加盖企业公章。

1.4 联系人：填写企业负责办理生产许可的工作人员姓名。

1.5 联系方式：填写企业负责办理生产许可的联系人的手机、固定电话（注明区号）、传真等。

1.6 申请事项：根据企业情况分别在选项后面的"□"中打"√"。

1.7 申报日期：填写企业报出材料的日期。

2. 企业基本情况

各栏仅填写与申请事项相关的内容。

2.1 企业名称：填写企业工商营业执照上的注册名称。

2.2 生产地址：填写企业生产所在地详细地址，注明省（自治区、直辖市）、市（地）、县（市、区）、乡（镇、街道）、村（社区）、路（街）、号。

2.3 法定代表人、统一社会信用代码、住所（注册地址）、企业类型、注册资本：按照企业工商营业执照填写。

2.4 固定资产：指厂房、设备和设施等资产总值。

2.5 所属法人机构信息：如企业为非法人单位，应当填写所属法人机构信息。

2.6 主要机构设置及人员组成

机构名称按照企业实际情况填写技术、生产、质量、销售、采购等机构。

人员总数填写与企业签订全日制用工劳动合同并缴纳了养老、医疗等保险的人员数量。

专业技术人员填写企业的技术、生产、质量、销售、采购等机构中取得中专以上学历或者初级以上技术职称的人员数量。

2.7 企业简介包括建立时间或者变迁来源、隶属关系、所有权性质、生产产品、生产能力、技术水平、工艺装备、质量管理等内容（1 000字以内）。

3. 产品基本情况

3.1 生产线名称：按照产品品种进行命名。如固态宠物添加剂预混合饲料生产线、半固态宠物添加剂预混合饲料生产线、液态宠物添加剂预混合饲料生产线等。

3.2 生产能力：固态宠物添加剂预混合饲料生产线按照混合设备的设计生产能力（吨/小时）填写，计算方法为混合机有效容积×0.5平均容重×10批/小时；半固态宠物添加剂预混合饲料生产线按照灌装设备的设计生产能力（支/小时）填写；液态宠物添加剂预混合饲料生产线按照配液设备的生产能力（升）填写。

3.3 产品品种：按照固态宠物添加剂预混合饲料、半固态宠物添加剂预混合饲料、液态宠物添加剂预混合饲料填写。

3.4 产品系列：按照饲喂宠物划分，分别填写犬、猫。

4. 生产设备明细表

4.1 企业应当以生产线为单位，填写与生产工艺流程图一致的设备。

4.1.1 固态宠物添加剂预混合饲料填写原料除杂、配料、混合、成型、计量、自动包装等设备以及除尘系统和电控系统等辅助设备。

4.1.2 半固态宠物添加剂预混合饲料填写称量、加热、配料、搅拌、灌装、包装等设备以及电控系统等辅助设备。

4.1.3 液态宠物添加剂预混合饲料填写原料前处理、称量、配液、过滤、灌装等设备以及电控系统等辅助设备。有均质工序的还需填写均质设备。

4.1.4 有添加剂预混合工艺的，还需填写混合机、除尘器等设备。

4.2 生产线名称及序号：与3.1对应，并逐一填写。

4.3 设备名称、型号规格、生产厂家、出厂日期：按照设备说明书或者设备铭牌填写。

4.4 材质：填写生产设备的制造材料名称。

4.5 技术性能指标：填写反映生产设备主要特征的技术性能参数。

5. 检验仪器明细表

5.1 按照宠物饲料生产企业许可条件规定逐一列出。

5.2 仪器名称、型号规格、生产厂家、出厂日期、出厂编号：按照仪器说明书或者仪器铭牌填写。

5.3 技术性能指标：填写检验仪器主要技术性能参数。

6. 主要管理技术人员登记表

填写与企业签订全日制用工劳动合同并缴纳了养老、医疗等保险的人员，包括企业负责人、技术负责人、生产负责人、质量负责人、销售负责人、采购负责人、检验化验员等，其中检验化验员至少2名。

（三）工商营业执照

提供本企业的工商营业执照复印件，尚未取得工商注册的企业除外。非法人单位还应当提供所属法人单位的工商营业执照复印件。

（四）企业组织机构图

提供包括技术、生产、质量、销售、采购等机构的企业组织机构图。

（五）主要机构负责人毕业证书或职称证书

提供技术、生产和质量机构负责人的毕业证书或者职称证书复印件。

（六）厂区平面布局图

按比例绘制厂区平面布局图，并注明生产、检化验、生活、办公等功能区。

1. 固态宠物添加剂预混合饲料的生产区应当标明原料库、配料间、加工间、成品库和附属物品库房的基本尺寸。

2. 半固态宠物添加剂预混合饲料的生产区应当标明原料库、前处理间、配料间、加工间、灌装间（区）、外包装间（区）、成品库和附属物品库房的基本尺寸。

3. 液态宠物添加剂预混合饲料的生产区应当标明原料库、前处理间、配料间、加工罐装间、外包装间、成品库和附属物品库房的基本尺寸。

（七）生产工艺流程图和工艺说明

按照企业实际生产线数量逐一提供生产工艺流程图和工艺说明，生产工艺流程图应当使用规范的饲料加工设备图形符号绘制。

工艺说明应当反映主要生产步骤、目的、原理、实施方式、实施效果等内容。使用同一套生产设备生产不同宠物饲料产品的，还应当提供防止交叉污染措施。

（八）混合机混合均匀度检测报告

生产中使用混合机的，提供所有混合机的混合均匀度自检报告或者专业检验机构出具的检验报告或者供应商提供的技术参数证明复印件。

（九）检验化验室平面布置图

按比例绘制检验化验室平面布置图，图中标明天平室、前处理室、仪器室和留样观察室等功能室以及功能室的基本尺寸和检验仪器的位置。

（十）检验仪器购置发票

有检验仪器购置发票的提供发票复印件。无法提供购置发票的，提供检验仪器已列入企业固定资产的证明材料。

（十一）企业管理制度

提供企业按照《饲料质量安全管理规范》制定的主要管理制度的名称、主要内容等（1 500字以内）。

（十二）企业生产许可证

已经取得生产许可证的企业，提供生产许可证复印件。

（十三）相关证明材料

提出变更申请的，提供企业所在地相关管理部门出具的证明材料。

宠物添加剂预混合饲料生产许可申报材料一览表

序号	申报材料项目	设立	续展	增加或更换生产线	增加产品品种	迁址	变更企业名称	变更企业法定代表人	变更企业注册地址或注册地址名称	变更企业生产地址名称
1	企业承诺书	√	√	√	√	√				
2	宠物添加剂预混合饲料生产许可申请书	√	√	√	√	√				
3	工商营业执照	√	√			√	√	√	√	√
4	企业组织机构图	√	√			√				
5	主要机构负责人毕业证书或职称证书	√	√			√				
6	厂区平面布局图	√	√	√	√	√				
7	生产工艺流程图和工艺说明	√	√	√	√	√				
8	混合机混合均匀度检测报告	√	√	√	√	√				
9	检验化验室平面布置图	√	√		√	√				
10	检验仪器购置发票	√	√			√				
11	企业管理制度	√	√		√					
12	企业生产许可证			√	√	√	√	√	√	√
13	相关证明材料						√	√	√	√

备注：1. 增加或者更换生产线、增加产品品种的，仅提供与申请事项相关的材料。

2. 表中序号8，不适用于液态宠物添加剂预混合饲料生产企业。

企业承诺书

一、申报材料真实性承诺

（一）本企业对《饲料和饲料添加剂管理条例》《饲料和饲料添加剂生产许可管理办法》《宠物饲料管理办法》《宠物饲料生产企业许可条件》及其相关要求已经充分理解。

（二）本企业提供的纸质和电子申报材料均真实、完整、一致。申报材料中如有虚假不实信息，自愿承担一切后果及法律责任。

二、遵纪守法承诺

本企业严格遵守《饲料和饲料添加剂管理条例》及其配套规章和规范性文件的规定，严格遵守国家关于计量、环保、安全生产、劳动保护、消防安全、危险化学品使用、实验室管理等相关管理规定。如有违纪违法行为，自愿承担一切后果及法律责任。

法定代表人（负责人）签名

（企业公章）

年　月　日

生产许可证编号：

宠物添加剂预混合饲料
生产许可申请书

产品品种：固态宠物添加剂预混合饲料□

　　　　　半固态宠物添加剂预混合饲料□

　　　　　液态宠物添加剂预混合饲料□

企业名称：_____（公章）

联 系 人：_____

联系方式：_____

申请事项：设立□　　续展□　　增加或更换生产线□

　　　　　增加产品品种□　　迁址□

申报日期：　　　年　月　日

中华人民共和国农业农村部制

表 1 企业基本情况

企业名称				
生产地址				
通讯地址及邮编				
法定代表人				
统一社会信用代码				
住所（注册地址）				
企业类型				
注册资本（万元）		固定资产（万元）		
所属法人机构信息	名称			
	住所			
	统一社会信用代码		法定代表人	
	企业类型		联系人	
	联系电话		传真	
主要机构设置及人员组成	机构名称			
	人数			
	人员总数		其中专业技术人员	

企业简介：

表2 产品基本情况

生产线序号	生产线一	生产线二	生产线三
生产线名称			
生产能力(吨/小时)(支/小时)(升)			
产品品种	产品系列		

表3 生产设备明细表

生产线名称及序号						
序号	设备名称	型号规格	材质	生产厂家	出厂日期(年月)	技术性能指标

表 4　检验仪器明细表

序号	仪器名称	型号规格	生产厂家	出厂日期（年月）	出厂编号	技术性能指标

表 5　主要管理技术人员登记表

序号	姓名	职务	职称	学历	所学专业	获证书时间、种类及编号	发证机关

注："证书"指与企业签订了全日制用工劳动合同并缴纳了养老、医疗等保险的管理人员、技术人员的职称证书、最高学历证书。

第二节　新版中国宠物饲料管理法规解读

《宠物饲料管理办法》（以下简称办法）将于2019年9月1日期正式实施，为了帮助相关宠物饲料从业者理解和顺利执行法规中的相关规定，本章内容将对办法中与其他食用动物饲料有区别的内容、特殊化的规定进行专门解释。

一、《宠物饲料管理办法》制定原则的理解

（一）依"法"立"规"，即关于《饲料和饲料添加剂管理条例》及《宠物饲料管理办法》衔接性的理解

《饲料和饲料添加剂管理条例》是中国境内所有动物饲料管理的基本管理法规，是所有其他具体法规的最高上位法。《宠物饲料管理办法》是在《饲料和饲料添加剂管理条例》的中具体规定指导下，针对宠物饲料的特殊性进行的具体规定，其中所有的内容全部在《饲料和饲料添加剂管理条例》的框架下，由部门规章、规范性文件组成的完整管理法规体系，是针对《饲料和饲料添加剂管理条例》中宠物饲料的具体解释，没有任何超越《饲料和饲料添加剂管理条例》的规定和要求。

（二）充分借鉴成熟经验，即关于办法与其他国家相关规定的比较的理解

本办法在制定过程中，充分借鉴了欧盟、美国等国家和地区先进的宠物饲料管理制度，并结合我国具体国情，全面充分体现了宠物饲料管理的特殊性。

（三）全面契合监管需要，即关于办法中具体内容的理解

本办法在内容上，全面契合实际宠物饲料管理需要，对宠物饲料的生产、经营环节中的各参与方的责任、义务和违法处罚进行了全面规定，对宠物饲料的生产申请、标签展示、卫生指标、进出口登记等各方面进行了详细规定。

二、宠物饲料管理法规的框架和内容

其中与食用动物饲料相通用的规定包括：《饲料和饲料添加剂管理条例》《饲料添加剂品种目录（2013）》及其修订公告、《饲料原料目录》及其修订公告、《饲料添加剂安全使用规范》《饲料和饲料添加剂生产许可管理办法》。

宠物饲料专用的规定包括《宠物饲料管理办法》《宠物饲料生产企业许可条件》《宠物饲料标签规定》《宠物饲料卫生规定》《宠物配合饲料生产许可申报材料要求》《宠物添加剂预混合饲料生产许可申报材料要求》。

三、办法中关于宠物饲料产品分类的解释

本办法所称宠物饲料，是指经工业化加工、制作的供宠物直接食用的产品，也称为宠物食品。包括宠物配合饲料、宠物添加剂预混合饲料和其他宠物饲料。

宠物配合饲料，是指为满足宠物不同生命阶段或者特定生理、病理状态下的营养需要，将多种饲料原料和饲料添加剂按照一定比例配制的饲料，单独使用即可满足宠物全面营养需要。包括普通的宠物配合饲料和特殊用途的宠物配合饲料（如处方粮）。

宠物添加剂预混合饲料，是指为满足宠物对氨基酸、维生素、矿物质微量元素、酶制剂等营养性饲料添加剂的需要，由营养性饲料添加剂与载体或者稀释剂按照一定比例配制的饲料。

其他宠物饲料，是指为实现奖励宠物、与宠物互动或者刺激宠物咀嚼、撕咬等目的，将几种饲料原料和饲料添加剂按照一定比例配制的饲料。

宠物饲料的分类名称的主要目的是衔接饲料法规，即《饲料和饲料添加剂管理条例》，其中，可以成为办法管理对象的宠物饲料，有以下几方面特点。

1. 必须满足供给宠物直接食用

供宠物饲料生产企业使用的混合型饲料添加剂、添加剂预混合饲料的管理不适用于本办法，其生产、经营、使用和进口仍然按照《饲料和饲料添加剂管理条例》中的相关规定执行。只有供宠物直接使用，不经过再次加工的宠物饲料饲料才适用于本办法。

2. 不以包装形式、产品形态分类

本办法中的宠物饲料，只按照产品的功能进行分类，不按照产品的具体形态、呈现形式进行分类，如宠物配合饲料可以是干粮，也可以是湿粮或者罐头，其只要满足单独使用即可满足宠物全面营养需求即可。

宠物配合饲料在功能上体现宠物全面的营养需求，即宠物配合饲料相当于宠物全价饲料，或者宠物主粮；宠物添加剂预混合饲料在功能上体现为补充宠物营养的目的，即宠物添加剂预混合饲料等同于宠物营养补充剂或者宠物保健品；其他宠物饲料在功能上体现与宠物互动或不以营养为主要目的，相当于宠物零食。

3. 不同种类宠物饲料的卫生要求不完全一致

本办法中对宠物饲料卫生的要求是按照宠物配合饲料、宠物添加剂预混合饲料和其他宠物饲料进行分类管理的，不同种类的宠物饲料卫生要求不完全一致。

四、对宠物饲料产品生产许可证要求的理解

宠物配合饲料、宠物添加剂预混合饲料需要按照相关要求进行《饲料生产许可证》的申请和登记，而其他宠物饲料不需要进行相关许可登记。之前从事其他宠物饲料生产企业已经获得的饲料生产许可证，不再作为宠物饲料检查、执法的依据和内容。宠物饲料想申请、登记《饲料生产许可证》需到省级饲料主管部门进行相关程序办理。《饲料生产许可证》上根据企业的申报情况，产品类别标示宠物配合饲料或者宠物添加剂预

混合饲料，产品品种标示固态宠物配合饲料、半固态宠物配合饲料、液态宠物配合饲料、固态宠物添加剂预混合饲料、半固态宠物添加剂预混合饲料、液态宠物添加剂预混合饲料。

特别注意的是，宠物饲料生产许可中，不再设立任何关于生产能力的要求！

宠物的《饲料生产许可证》只是在原有许可证的基础上增加产品分类，并不增加新的许可证。

个别宠物饲料生产者可能存在想逃避生产许可登记而将生产的宠物饲料产品全部归类为其他宠物饲料，这种做法是完全不可取的，因为除了生产许可登记监管外，其他宠物饲料与其他两类宠物饲料一起，还要受监督抽检、风险监测等监管措施的管理，并且对该企业的市场占有也将起到负面作用。

五、对取消宠物饲料产品批准文号的理解

本办法执行之日起，之前从事生产宠物添加剂预混合饲料的生产企业取得的相关产品的批准文号，不再作为宠物饲料检查、执法的依据和内容。

六、关于宠物饲料原料和添加剂使用要求的理解

宠物饲料（包括进口宠物饲料），可以使用的原料和添加剂必须在《饲料原料目录》和《饲料添加剂目录》范围内。在中华人民共和国农业农村部 21 号和 22 号公告发布时，增补了 78 个饲料添加剂品种进入《饲料添加剂目录》、扩大了 25 个饲料添加剂的使用范围，同时增补了 32 种类饲料原料进入《饲料原料目录》。需要特别注意的是，宠物饲料中禁止使用任何药物饲料添加剂。

七、关于对宠物饲料生产企业要求的理解

宠物饲料生产企业要按照相关要求履行原料查验和检验义务。要建立健全采购、生产、检验、销售、仓储等管理制度，对生产过程实施有效控制并实行原料采购记录、生产记录、产品出厂销售记录、产品留样观察等管理制度。

宠物饲料生产企业使用饲料添加剂生产宠物饲料，要遵守饲料添加剂适用范围和《饲料添加剂安全使用规范》中的具体要求。

宠物饲料生产企业要按照自己的产品标准进行生产，履行产品出厂检验的义务，产品标准需在属地质量技术监督局进行备案。

宠物配合饲料、宠物添加剂预混合饲料的生产企业需实施《宠物饲料质量安全管理规范》。

八、关于宠物饲料包装标签要求的理解

出厂销售（包括进口）的宠物饲料产品应当包装，包装应当符合国家有关安全、卫生的规定。

宠物饲料产品的包装上应当附具标签，标签应当符合《宠物饲料标签规定》的要求。此外，标签还应该符合《中华人民共和国广告法》的要求。标签具体的内容要求将在最后进行详细解释。

九、关于对宠物饲料经营者要求的理解

宠物饲料经营者进货时要履行产品查验的义务。查验的对象是宠物饲料产品标签，查验的重点包括以下几方面：

（1）产品的原料组成是否在《饲料原料目录》和《饲料添加剂目录》范围内。
（2）如果是宠物配合饲料和宠物添加剂预混合饲料，国内产品是否具有饲料生产许可证，进口的产品是否具有进口登记证。
（3）产品是否标示了其执行的产品标准编号。
（4）产品是否辅具产品质量检验合格证。
（5）是否满足《宠物饲料标签规定》中的其他要求。

宠物饲料经营者应当建立实施产品购销台账。

宠物饲料经营者不得对宠物饲料产品进行拆包、分装，不得对宠物饲料产品进行再加工或者添加任何其他物质。

网络宠物饲料产品交易第三方平台提供者（即网络电商），应当对入网的宠物饲料经营者进行实名登记，督促经营者认真履行宠物饲料产品质量安全管理责任和义务，保障平台上销售的宠物饲料产品符合相关法规要求。

十、关于进口宠物饲料进口登记证要求的理解

境外宠物饲料生产企业向中国境内出口宠物配合饲料、宠物添加剂预混合饲料的，应当委托境外企业驻中国境内的办事机构或者中国境内代理机构向国务院农业行政主管部门申请登记，并依法取得《进口登记证》。

其他宠物饲料产品，即宠物零食，不需要在农业农村部进行进口登记，满足海关在进口方面的相关要求即可进行在中国境内的进口和销售行为，但其产品标签和产品卫生指标需满足本办法的相关规定要求。

向中国境内出口的宠物饲料产品，应当附具符合《宠物饲料标签规定》要求的中文标签，产品卫生指标应当符合《宠物饲料卫生规定》的要求；此外，宠物配合饲料、宠物添加剂预混合饲料的质量应当符合进口登记备案标准要求。

进口宠物饲料产品所使用的饲料原料和饲料添加剂必须遵守《饲料原料目录》和

《饲料添加剂目录》的要求，对使用的饲料添加剂还应该遵守"添加剂适用范围"和《饲料添加剂安全使用规范》的规定。

现在进行宠物饲料产品的进口登记，就需按照本办法的相关要求进行。其中，标签要按照《宠物饲料标签规定》执行，产品卫生需符合《宠物饲料卫生规定》的要求。

十一、关于宠物饲料监督管理制度的理解

国务院农业行政主管部门和县级以上地方人民政府饲料管理部门，会根据自身权责要求，定期或者不定期组织实施宠物饲料产品监督抽查。

国务院农业行政主管部门和省级人民政府饲料管理部门应当按照职责权限公布监督抽查结果，并可以公布具有不良记录的宠物饲料生产企业、经营者以及为经营者提供服务的第三方交易平台名单。

目前，农业农村部已经开始启动对宠物饲料的监督抽检工作，未来，宠物饲料将成为监督抽检工作的重点。

十二、关于法规过渡期的理解

（一）关于宠物饲料生产许可证过渡期

已经依法取得生产许可证的宠物饲料生产企业，可以继续使用相关许可文件直至有效期满。但是其产品标签在2019年9月1日前，产品卫生在2019年1月1日前满足本办法附件中对宠物饲料产品标签和卫生的规定。

已经生产宠物配合饲料、宠物添加剂预混合饲料的生产企业，在办法发布前未取得饲料生产许可证但是已经从事相关生产活动的，需要按照本办法的规定在2019年9月1日之前申请办理并取得宠物饲料生产许可证。

在本办法颁布前，部分供宠物直接食用的产品是归类为混合型饲料添加剂，在本办法颁布后，纳入宠物饲料三类产品范畴，产品需按照自身功能重新分类，并办理生产许可登记。2019年9月1日前仍可正常生产和销售。

（二）关于宠物饲料进口登记证过渡期

已经取得宠物饲料进口登记证的企业，可以继续使用相关证明文件至有效期满。但是其产品标签在2019年9月1日前，产品卫生在2019年1月1日前满足本办法附件中对宠物饲料产品标签和卫生的规定。

按照本办法的分类规定被纳入进口登记证管理，且已经在中国境内从事进口销售活动但未取得进口登记证的进口宠物配合饲料和进口宠物添加剂预混合饲料产品，需要按照本办法的规定在2019年9月1日之前按照本办法的规定取得进口登记证。较典型是罐头类产品、湿粮类产品，之前不在进口登记许可范围内，本办法实施后如想继续生产、进口、销售，需按照分类规定进行相关产品的进口登记许可。

在本办法颁布前，部分进口登记的供宠物直接食用的产品是归类为混合型饲料添加

剂，在本办法颁布后，纳入宠物饲料三类产品范畴，产品需按照自身功能重新分类，并办理进口登记。2019年9月1日前仍可正常生产、进口和销售。

十三、关于宠物饲料标签规定的理解

（一）宠物饲料标签的定义

宠物饲料标签是指以文字、符号、数字、图形等方式粘贴、印刷、附着在产品包装上用以表示产品信息的说明物的总称。

需要注意的是，标签的形式包括粘贴、印刷和附着；所有的信息说明物均是标签信息，包括其中的外国文字、图案。

（二）宠物饲料标签的适用范围

在中国境内生产、销售的全部宠物宠物饲料产品，包括进口和国产宠物饲料产品。

（三）宠物饲料标签的基本内容

标签的基本内容包括：产品名称、原料组成、产品成分分析保证值、净含量、贮存条件、使用说明、注意事项、生产日期和保质期、生产企业名称及地址、许可证明文件编号和产品标准、产品检验合格证等信息。

（四）宠物饲料标签上需强制标示的提示性内容

宠物饲料产品标签应当在醒目位置标示"本产品符合宠物饲料卫生规定"字样，并以粘贴或者印刷等形式附具产品质量检验合格证。

含有动物源性成分（乳和乳制品除外）的宠物饲料产品还需标示"本产品不得饲喂反刍动物"。

为满足宠物特殊生理、病理状态下应用需要生产的宠物配合饲料（即处方粮）还必须在醒目位置标示"请在执业兽医指导下使用"。

进口宠物饲料产品除以上内容外，还需要用中文标示原产国名或者地区名，标示"进口登记证号"和"进口产品复核检验报告编号"。

（五）宠物饲料标签中产品名称的标示

1. 通用要求

位于标签的主要展示版面并采用通用名称。通用名称应当使用一致的字体、字号和颜色，不得突出或者强调其中的部分内容。在标示通用名称的同时，可以标示商品名称，但应当放在通用名称之后或者之下，字号不得大于通用名称。进口宠物饲料产品的外文名称和中文名称应当一致。

（1）宠物配合饲料。"宠物配合饲料""宠物全价饲料""全价宠物食品""全价（犬、猫粮）"，如"全价泰迪粮"等。

（2）宠物添加剂预混合饲料。"宠物添加剂预混合饲料""补充性宠物食品""宠物营养补充剂"；可以标示产品中添加的氨基酸、维生素、矿物质微量元素、酶制剂等营养性饲料添加剂的品种名称或者类别名称。

（3）其他宠物饲料。"宠物零食",可以标示产品的具体呈现形式,如咬胶、罐头、磨牙棒等。

对于上述三类产品的通用名称的标示,还需要标示产品适用的动物种类(品种和体型)和生命阶段,生命阶段包括幼年期、成年期、老年期、妊娠期、哺乳期,可以表示一个以上适用阶段,但不能适用其他阶段说法,如不标示默认为适用于所有品种、体型和生命阶段。

标示信息顺序可以进行调整,但至少要包括规定信息。

2. 对于处方粮的特殊标示

处方粮是满足宠物特定生理、病理状态下的特殊宠物配合饲料,还应当标示"处方"字样,并且参照《宠物饲料标签规定》附录5标示该产品适用的宠物特定生理、病理状态及主要营养特征。

例如:宠物配合饲料猫处方粮,本产品用于减少猫尿酸盐结石形成,产品中的嘌呤和蛋白质经过科学调整。

如企业生产的处方粮适用的特定生理、病理状态未在附录5收录范围,也可标注,但需提供相关证明资料。该证明材料需包括公开发表的出版物、教科书、配方组成、检测数据或者试验报告等。

(六) 宠物饲料标签中产品原料组成的标示

（1）原料组成。名称需符合《饲料原料目录》要求,顺序按照配方原始形态添加重量的降序排列,其中动物水解物调味品,只能以"宠物饲料复合调味料"或者"口味增强剂"标示。

（2）添加剂组成。名称需符合《饲料添加剂品种目录》要求,不需考虑添加的重量;抗氧化剂、着色剂、调味和诱食物质类饲料添加剂可以标示类别名称。

原料组成中可以以类别标示,类别可见《宠物饲料标签规定》中附录2,但需注意品种名称和类别名称不能重复使用,但可以混合使用。

(七) 宠物饲料标签中产品标准标号的标示

对于国产宠物饲料产品,应当标示其产品在属地质量技术监督局备案的产品标准编号,标准编号可以使团体标准、企业标准、行业标准等。

对于进口宠物配合饲料和宠物添加剂预混合饲料,需要标示产品进口登记时的进口产品复合检验报告编号,其他宠物饲料不需要标示。

(八) 宠物饲料标签中产品成分分析保证值的标示

计量单位要符合《宠物饲料标签规定》中附录3的要求。

宠物配合饲料至少应当标示的项目、要求和方法需按照附录3进行;如果是处方粮,可以进行特殊标示,但标示形式要参考附录3,如 xx≤粗蛋白≤xx。

宠物添加剂预混合饲料至少应当标示水分和产品中添加的主要营养性饲料添加剂,标示方式参考附录3。

其他宠物饲料至少应当标示水分,也可以进行其他成分的标示。标示方式参考附录3。

（九）宠物饲料标签中净含量的标示

标示方式注意是由净含量+数字+法定计量单位组成，并且要和产品名称位于同一展示版面，固态产品用质量标示，半固态和液态产品用质量或体积标示。

（十）宠物饲料标签中产品贮存条件和使用说明的标示

需要标示贮存条件和贮存方法。使用说明标示时应当根据宠物的生命阶段、活动量和体型类别，标示推荐饲喂量或饲喂建议，文字、表格、图片等形式均可。

（十一）宠物饲料标签中生产日期和保质期的标示

生产日期要标示完整的年月日信息（参考附录6），生产日期中的年月日可用空格、斜线、连字符、句点等符号分隔，或者不用分隔符。年代号一般应当标示4位数字，小包装食品也可以标示2位数字。月日应当标示2位数字。年在前或后均可，月日的顺序自定。

保质期可以使用月、日、天、年作为单位，可以使用到期日标示，也可以使用最佳使用时间标示。

如生产日期、保质期采用"见包装物某部位"的形式，应当标示包装物的具体位置。

生产日期和保质期不得另外加贴，不得篡改。

进口产品的生产日期和保质期信息应当与原产地标签一致。

（十二）宠物饲料标签中生产企业信息的标示

国产宠物饲料，应当标示与许可证明文件一致的生产许可证编号、企业名称、注册地址、生产地址、联系方式。如生产企业的注册地址与生产地址一致，可不重复标示。

进口宠物饲料产品除应当以中文标示原产国名或者地区名外，还应当标示与进口登记证一致的登记证号、生产厂家名称、生产地址，以及该产品在中国境内依法登记注册的销售机构名称、地址和联系方式。其他宠物饲料产品（宠物零食），无需标示生产许可证和进口登记证号。

联系方式应当标示以下至少一项内容：电话、传真、网络联系方式、通讯地址等。

（十三）宠物饲料标签中复合包装的标示要求

（1）内包装不独立销售。外包装标示本规定的所有内容，内包装至少标示产品名称、保质期和净含量。

（2）内包装独立销售。内、外包装均应标示本规定的所有内容。

（3）内包装独立销售，但是外包装透明或仅用于运输保护可不重复标示。

（十四）宠物饲料标签中免费产品和委托加工的标示

（1）赠品。除标示本规定的所有内容外，还应标示"免费样品""赠品""非卖品"或者"试用装"等字样。

（2）委托加工。除标示本规定的所有内容外，还应当标示委托企业的名称、注册地址和生产许可证编号。

（十五）宠物饲料标签中转基因成分的标示

其标示要符合相关法律法规额要求。

《农业转基因生物标识管理办法》中对于标识的标注方法是下列规定：

含有转基因动植物、微生物或者其产品的种子等，标注"转基因××"。

但此条规定中没有说明有饲料产品。

用农业转基因生物或用含有农业转基因生物成分的产品加工制成的产品，但最终销售产品中已不再含有或检测不出转基因成分的产品，标注为"本产品为转基因××加工制成，但本产品中已不再含有转基因成分"或者标注为"本产品加工原料中有转基因××，但本产品中已不再含有转基因成分"。

（十六）宠物饲料标签中关于声称的规定

1. 声称通用原则

宠物饲料产品标签中可进行成分、功能和特性声称，所有声称应当具备证明材料，证明材料包括公开发表的出版物、教科书、配方组成、检测数据或者试验报告等。

禁止对宠物饲料作具有预防或者治疗宠物疾病的说明或者宣传。

2. 成分声称

对成分进行声称时，声称的内容应当置于产品名称相邻位置，并与产品名称使用相同的字体和颜色，字号不大于产品名称，不得以任何形式突出或者强调其中部分内容。

（1）声称使用某种饲料原料，应当在饲料原料组成中标示其名称，并在名称后标示其添加量；如该饲料原料使用所属类别名称标示，应当在类别名称之后以括号的方式标示该饲料原料的品种名称及其在产品中的添加量（注意：添加量为定值，不以范围值标示）。

如："肉类及制品（鸡肝3.5%）"；

"果蔬类籽实及其制品（蔓越莓1.3%）"。

（2）经脱水处理的饲料原料，可以依据水分还原后其在产品中的含量进行声称。可以进行水分还原的饲料原料种类及其计算方法见《宠物饲料标签规定》中附录7的要求。如进行水分还原，则附录7中涉及的三类饲料原料应当同时还原，计算方法应当按附录7执行。

还原标准：

新鲜水果和蔬菜（不包括由果蔬皮渣制成的副产品）的脱水物：90.0%；

肉类、鱼类（仅包括可食用动物组织）的脱水物：75.0%；

谷物：15.0%。

如固态或者半固态的宠物配合饲料，其配方如下：

原料	配方组成（kg）	原料的水分含量（%）	配方中的干物质含量（kg）	水分还原标准（%）	还原后的配方组成（kg）	还原后的配方组成比例（%）
玉米	66.0	10.0	59.4	15.0	69.9	37.2
鸡肉粉	24.2	10.0	21.8	75.0	87.2	46.4
牛肉粉	1.8	11.1	1.6	75.0	6.4	3.4
胡萝卜粉	2.0	8.0	1.84	90.0	18.4	9.8
添加剂预混合饲料	4.0		4.0		4.0	2.1
油脂	2.0		2.0		2.0	1.1
总计	100.0				187.9	100.0

原配方中 24.2kg 的鸡肉粉经水分还原后相当于 87.2kg 的鸡肉，占还原后配方组成比例 46.4%，可以进行"鸡肉配方"的声称；原配方中 2.0kg 的胡萝卜粉经水分还原后相当于 18.4kg 的胡萝卜，占还原后配方组成比例 9.8%，可以进行"含胡萝卜"的声称；原配方中 1.8kg 的牛肉粉经水分还原后相当于 6.4kg 的牛肉，占还原后配方组成比例 3.4%，可以进行"牛肉味"的声称。液态的宠物配合饲料，参考《宠物饲料标签规定》附录 7 计算。

（3）声称"XX 配方"时，产品中的"XX"饲料原料应当达到产品总重的 26% 以上；如对两种或者两种以上饲料原料进行组合声称，其中至少一种饲料原料应当达到产品总重的 26% 以上，其余每种饲料原料均应当达到产品总重的 3% 以上，声称应当按原料的重量百分比降序排列。

声称"含 XX 配方"时，相关要求为"14%"，"3%"；

声称"含 XX"时，相关要求为"4%"，"3%"。

如：①"鸡肉"配方：鸡肉含量≥26%；

"鸡肉米饭"配方：鸡肉含量≥26%，米饭≥3%；

②含"鸡肉"配方：鸡肉含量≥14%；

含"鸡肉米饭"配方：鸡肉含量≥14%，米饭≥3%；

③含"鸡肉"：鸡肉含量≥4%；

含"鸡肉米饭"：鸡肉含量≥4%，米饭≥3%；

注意：

需全部按照配方原始状态计算或者全部还原后计算。XX 必须在饲料原料目录范围内。

（4）风味声称。如：牛肉味，鸡肉味，鱼肉味。要求宠物饲料产品使用的饲料原料、宠物饲料复合调味料或者口味增强剂能够赋予产品某种风味。

（5）添加声称。如：添加奶酪、添加牛油果、添加螺旋藻。要求宠物饲料产品中的某种饲料原料的添加量足以赋予产品某些特有属性。

（6）营养声称。如：含 VE%，含螯合铁%，含硫酸软骨素%，含丝兰属提取物%。

要求宠物饲料产品使用某种维生素、矿物质微量元素等营养素或者使用的某种饲料添加剂可以赋予产品某些特有属性，同时涉及的营养素应当在产品成分分析保证值中列示，涉及的饲料添加剂应当在饲料添加剂组成中列示并标示其添加量。

（7）不含有声称。如：不含谷物。要求只能对饲料原料和饲料添加剂进行声称，不得对其他任何物质进行不含有声称，如"不含瘦肉精"。对于麸质成分，如其含量不高于20mg/kg时，可进行"无麸质"或者"不含麸质"的声称。

（8）比较性声称。只能对自己企业生产的产品进行比较性声称，不能对其他企业产品进行比较性声称，且增高或降低的比例应能达到15%以上，对于常量营养素，增高或者降低的百分比应当能够通过配方进行验证。

3. 特性声称

所有声称文字应置于同一展示版面，使用相同的字体、字号和颜色，中间不得插入其他任何内容，不得以任何形式突出或者强调其中某一部分。

（1）"天然"声称。

①要求所有饲料原料和饲料添加剂均来自未经加工、非化学工艺加工或者只经过物理加工、热加工、提取、纯化、水解、酶解、发酵或者烟熏等过程，才可使用"天然的""天然粮"或者类似字样。

②如添加有化学合成的营养素，也可"天然的""天然粮"的声称，但应使用"天然，添加XX"字样，如"天然粮，添加维生素"。

（2）"新鲜的""鲜"声称。某种饲料原料除冷藏外未经蒸煮、干燥、冷冻、水解等类似任何处理过程，且不含有氯化钠、防腐剂或者其他饲料添加剂。

注意：冷冻保存处理后不可以进行新鲜声称。

（3）"低脂肪"和"低能量"声称。

①犬用宠物饲料。可进行低脂肪声称时要满足下列含量要求：

水分<20%，脂肪≤9%；

20%<水分<65%，脂肪≤7%；

水分>65%，脂肪≤4%。

可进行低能量声称时满足下列含量要求：

水分<20%，能量值≤1 296kJ ME/100g；

20%<水分<65%，能量值≤1 045kJ ME/100g；

水分>65%，能量值≤3 76kJ ME/100g。

②对于猫用宠物饲料。可进行低脂肪声称时要满足下列含量要求：

水分<20%，脂肪≤10%；

20%<水分<65%，脂肪≤8%；

水分>65%，脂肪≤5%。

可进行低能量声称时满足下列含量要求：

水分<20%，能量值≤1 359kJ ME/100g；

20%<水分<65%，能量值≤1 108kJ ME/100g；

水分>65%，能量值≤397kJ ME/100g。

在进行低能量声称时还需注意，标示时应当以"能量"或者"能量值"为引导词，并与该声称置于同一展示版面。能量值应当以代谢能（ME）值表示，并以 kJ/100g 为单位，代谢能可以采用计算值，但应当在代谢能值后以括号的方式标注"计算值"字样。

（4）"新产品"声称。可以使用"新产品""配方升级""产品升级"或者类似声称，但声称应当有充分证据，且该声称在产品标签上标示的时间不得超过 18 个月。

（5）符合国外标准的声称。进行符合国际或者国外标准的声称时，产品应当符合对应标准的所有要求，且在监管部门要求时应当能提供检测报告或者产品配方等证明材料。

4. 功能声称

（1）声称涉及的饲料添加剂应当在饲料添加剂组成或者产品分析成分保证值中按要求标示，声称涉及的饲料原料应当在原料组成中标示其名称，并在名称后标示其添加量，如"含钙促进骨骼发育""含不饱和脂肪酸提高免疫"。

（2）如宠物饲料产品对毛球产生、牙垢积聚等非疾病性问题具有预防性作用，可以进行功能声称，声称可以使用"预防"字样并标示该产品可以预防的非疾病问题。但是其他非疾病的预防性声称需要提供相关证明材料。

（十七）宠物饲料标签中关于标签形式的要求

宠物饲料标签应当结实耐用。附签形式的标签不得与包装物分离或者被遮掩，标签内容应当在不打开包装的情况下完整呈现。标签内容应当清晰、醒目、持久，方便消费者辨认和识读。文字应当使用规范的汉字（商标、进口宠物饲料的生产者和地址、国外经营者的名称和地址、网址除外），可以同时使用有对应关系的汉语拼音、少数民族文字或者其他文字，但不得大于相应的汉字（商标除外）。对于印有多语言的包装物，凡使用规范汉字提供的信息均应当符合《宠物饲料标签规定》的要求。标签的展示面积大于 $35cm^2$ 时，标示内容的文字、符号、数字的高度不得小于 1.8mm。不同包装物或者包装容器上标签最大表面面积计算方法参照《宠物饲料标签规定》附录 9 的要求。

（十八）宠物饲料标签标示其他要求

宠物饲料产品标签不符合《宠物饲料标签规定》的，依据《饲料和饲料添加剂管理条例》第四十一条进行处罚（包括生产和经营环节）。

宠物饲料生产企业、经营者生产、经营的宠物饲料与标签标示的内容不一致的，依据《饲料和饲料添加剂管理条例》第四十六条进行处罚。

第三节　进口宠物饲料登记情况及登记管理办法

一、进口宠物饲料（食品）登记情况

根据《饲料和饲料添加剂管理条例》及其配套规章，进口宠物饲料的登记工作由农业农村部负责。按照《宠物饲料管理办法》中宠物饲料的分类，截至2018年年底，在农业农村部登记的有效期内的进口宠物饲料产品共478个。其中，宠物配合饲料产品471个，占比98.5%；宠物添加剂预混合饲料产品7个，占比1.5%。

自2014年至2017年，在农业农村登记的进口宠物饲料产品数量保持持续增长，年增长率分别为78%、71%和115%。2018年4月27日，农业农村部出台了宠物饲料管理规范性文件，对宠物饲料管理、宠物饲料卫生、宠物饲料标签等做出了新规定。在此情况下，部分企业为适应新规定、满足新要求，放缓了进口宠物饲料登记的申请节奏，使得2018年进口宠物饲料产品的登记数量相比2017年略有下降（图1-3-1）。

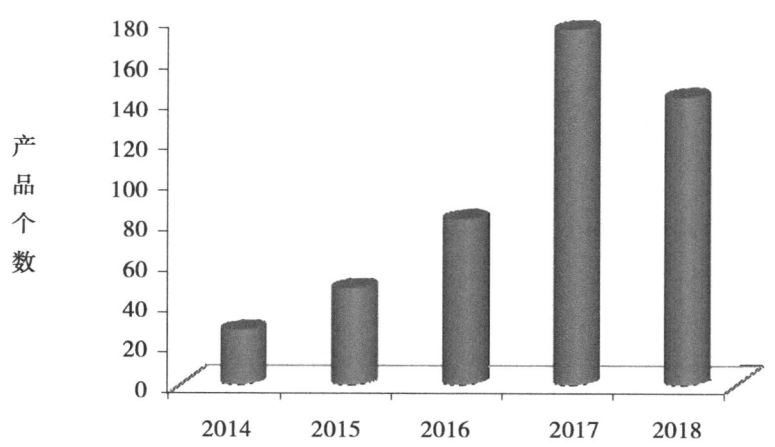

图1-3-1　2014—2018年农业农村部登记的进口宠物饲料产品数量

截至2018年年底，持有有效宠物饲料进口登记证的生产厂家共49家，涉及美洲、欧洲、大洋洲和亚洲的21个国家。其中，美洲涉及加拿大、美国、巴西和阿根廷等4个国家，共13家生产厂家，拥有进口宠物饲料登记产品115个；欧洲涉及比利时、法国、英国、德国、挪威、捷克、塞浦路斯等国家，共18家生产厂家，拥有进口宠物饲料登记产品245个；大洋洲涉及澳大利亚和新西兰，共9家生产厂家，拥有进口宠物饲料登记产品59个；亚洲涉及泰国、韩国、日本、新加坡、菲律宾、中国台湾、中国香港等国家或地区，共9家生产厂家，拥有进口宠物饲料登记产品59个（图1-3-2、图1-3-3）。

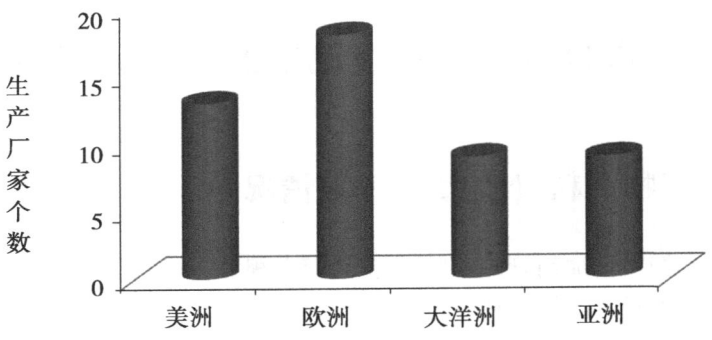

图 1-3-2　2014—2018 年农业农村部登记的进口
宠物饲料生产厂家分布

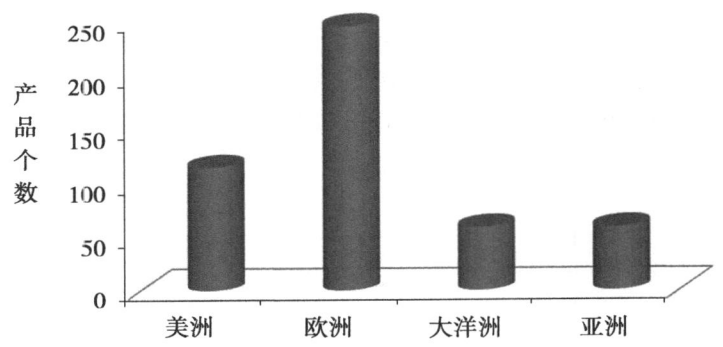

图 1-3-3　2014—2018 年农业农村部登记的进口
宠物饲料产品分布

二、进口宠物饲料（食品）登记管理办法

根据《宠物饲料管理办法》要求，境外宠物饲料生产企业向中国出口宠物配合饲料、宠物添加剂预混合饲料的，应当委托境外企业驻中国境内的办事机构或者中国境内的代理机构向国务院农业行政主管部门申请登记，并依法取得进口登记证。未取得进口登记证的宠物配合饲料、宠物添加剂预混合饲料，不得在中国境内销售、使用。

进口宠物饲料登记申请流程如下：

（一）网上账户注册

进口饲料和饲料添加剂登记审批仅接受已注册的境外企业驻中国境内的办事机构或者境内代理机构提交的申请材料。

首次办理进口宠物饲料登记证的境外企业驻中国境内的办事机构或者中国境内的代理机构，应登录农业农村部行政审批综合办公系统（网址：http：//xzsp.moa.gov.cn）完成申请人账号注册。服务器地址填写申请人需注册信息按照系统要求填写相关信息，并，并提交《外国企业常驻中国代表机构登记证》或《企业法人营业执照》正本扫描件进行注册。进口饲料和饲料添加剂登记审批仅接受已注册境内代理机构提交的申请材料。

（二）网上填报并在线打印申请表

境内登记代理机构申请人使用注册的账号、密码，登录农业农村部行政审批综合办公系统登录服务器地址，在系统中填写申请信息并在线打印《进口饲料和饲料添加剂登记申请表》《进口饲料和饲料添加剂续展登记申请表》或《进口饲料和饲料添加剂变更登记申请表》。

（三）纸质申请材料准备

参照农业部第2109号公告、农业农村部第20号公告中的相关要求准备申请材料。申请材料需中、英文对照，中文在前，英文在后；我国香港、澳门特别行政区和台湾的登记申请，仅需提供简体中文申请材料。申请材料一式两份，原件和复印件各一份。申请材料原件使用生产企业文头纸出具，由生产企业负责人签字并加盖公章；中文翻译件由境外企业驻中国境内的办事机构或者中国境内代理机构出具并加盖公章。

（四）申请材料提交及形式审查

申请人将准备好的真实、完整、规范的申请材料，邮寄或送至农业农村部政务服务大厅畜牧窗口（北京市朝阳区农展南里11号），由窗口工作人员进行形式审查。形式审查合格的，进口登记申请予以受理。形式审查不合格的，进口登记申请不予受理，申请人在进一步补充完善后可重新提交申请材料。

（五）申请材料技术审查

农业农村部对申请材料进行技术审查，技术审查合格的，向申请人发送"进口饲料和饲料添加剂样品送检通知单"。技术审查不合格的，进口登记申请不予批准，申请人可根据不予批准审批意见修改完善后，重新进行网上填报并重新提交申请材料。

（六）样品复核检测

申请人收到送检通知单后15个工作日内，将送检通知单复印件、产品样品、3批次样品的检测报告送至农业农村部指定的检验机构进行复核检测。复核检测包括质量标准复核和样品检测。

（七）证书核发

复核检测合格的，由农业农村部在10个工作日内核发进口登记证，并予以公告。复核检测不合格的，进口登记申请不予批准。境外企业对复核检测结果有异议的，应当自收到复核检测报告之日起15个工作日内申请复检。

进口登记证有效期为5年。进口登记证有效期满需要继续向中国出口宠物配合饲料、宠物添加剂预混合饲料的，应当在有效期届满6个月前申请续展。

进口宠物饲料续展登记申请流程如下：

（一）网上账户注册

进口饲料和饲料添加剂续展登记审批仅接受已注册的境外企业驻中国境内的办事机

构或者境内代理机构提交的申请材料。

首次办理进口宠物饲料续展登记证的境外企业驻中国境内的办事机构或者中国境内的代理机构，应在农业农村部行政审批综合办公系统（网址：http://xzsp.moa.gov.cn）完成申请人账号注册。申请人需按照系统要求填写相关信息，并提交《外国企业常驻中国代表机构登记证》或《企业法人营业执照》正本扫描件。

（二）网上填报并在线打印申请表

申请人使用注册的账号、密码，登录农业农村部行政审批综合办公系统，在系统中填写申请信息并在线打印《进口饲料和饲料添加剂续展登记申请表》。

（三）纸质申请材料准备

参照农业农村部第2109号公告、农业农村部第20号公告中的相关要求准备申请材料。申请材料需中英文对照，中文在前，英文在后；我国香港、澳门特别行政区和台湾的登记申请，仅需提供简体中文申请材料。申请材料一式两份，原件和复印件各一份。申请材料原件使用生产企业文头纸出具，由生产企业负责人签字并加盖公章；中文翻译件由境外企业驻中国境内的办事机构或者中国境内代理机构出具并加盖公章。

（四）申请材料提交及形式审查

申请人将准备好的真实、完整、规范的申请材料，邮寄或送至农业农村部政务服务大厅畜牧窗口（北京市朝阳区农展南里11号），由窗口工作人员进行形式审查。形式审查合格的，进口登记申请予以受理。形式审查不合格的，进口登记申请不予受理，申请人在进一步补充完善后可重新提交申请材料。

（五）申请材料技术审查

农业农村部对申请材料进行技术审查，技术审查合格且不需要复核检测的，将直接核发进口登记证书并予以公告；技术审查合格且需要复核检测的，将向申请人发送"进口饲料和饲料添加剂样品送检通知单"。技术审查不合格的，进口续展登记申请不予批准，申请人可根据不予批准审批意见修改完善后，重新进行网上填报并重新提交申请材料。

（六）样品复核检测

续展登记申请时有产品质量安全检测项目调整的、产品检测方法发生改变的或者监督抽查中有不合格记录的三种情形之一的，需要进行样品复核检测。申请人在收到送检通知单后15个工作日内，将送检通知单复印件、产品样品送至农业农村部指定的检验机构进行复核检测。复核检测包括质量标准复核和样品检测。

（七）证书核发

申请材料技术审查合格且不需要复核检测的及复核检测合格的，由农业农村部在10个工作日内核发进口登记证，并予以公告。复核检测不合格的，进口登记续展申请不予批准。境外企业对复核检测结果有异议的，应当自收到复核检测报告之日起15个工作日内申请复检。

进 口 登 记 证

REGISTERED LICENSE

登记证号：
License No.:

申请企业：
Applicant Company:
生产厂家及地址：
Manufacturer & Address:
商品名称：
Trade Name:
通用名：犬配合饲料
Common Name: Dog Compound Feed
感官指标：棕色圆形颗粒
Sensory Index: Brown Round Granule
适用范围：适用于犬，添加量详见使用说明
理化指标：粗蛋白质≥25.0%，粗脂肪≥16.0%，粗纤维≤5.0%，水分≤10.0%，粗灰分≤8.0%，钙≥1.1%，总磷≥0.9%，氯化物≥1.0%，水溶性氯化物（以氯化钠计）≤1.2%。其他指标符合卫生要求。

经试验、审查，该产品安全、有效，准予在中华人民共和国登记，特此发证。

This is to certify that through test and examination, the following Product is verified safe and effective, and is hereby registered by the People's Republic of China.

有效日期：自 2018 年 06 月至 2023 年 06 月
Valid: from Jun. 2018 to Jun. 2023

发证日期：2018年06月
Date: Jun. 2018

第二章　国外宠物食品法规和标准

美国食品药品管理局（FDA）负责联邦食品、药品以及化妆品法案（FFDCA）的执行。在此法案下，FDA 相应的职责是确保人类和宠物的食品安全以及相关产品正确地标识。FDA 下属的兽药中心（CVM）主要是负责动物药品、药用饲料、食品添加剂、饲料成分以及宠物食品的管理，这一定程度上是根据美国联邦法规第 21 篇"食品与药品"中第 500 部来执行的。

美国 FDA 的宠物食品法规和其他动物饲料法规类似，联邦食品药品和化妆品法案要求所有的动物食品，如同人类食品一样，要保证安全，在卫生的条件下生产，不含有害物质，标签真实。另外，罐头类宠物食品必须要符合低酸性罐头食品法规的要求，确保宠物食品中没有活菌。具体见美国联邦法规（21CFR113）。

美国没有规定宠物食品在上市前要获得 FDA 批准。然而，FDA 要求宠物食品中的原料是安全的并且具有适当的功能。很多肉、家禽和谷物等原料在使用时属于被认为是安全的范围，不需要上市前许可；其他的原料如矿物质、维生素等营养物质、风味剂、防腐剂、加工助剂等属于通常被认为是安全的（GRAS）范围（21 CFR 582 and 584），或者属于被批准使用的添加剂范围（21 CFR 570，571 and 573）。

宠物食品标签的管理方式主要有两种，一种是通过 FDA 强制执行，有联邦法律建立所用动物饲料的标准，包括宠物食品产品的净含量表（重量、体积或数量）、生产、包装盒配送企业的名称和地址、根据产品中不同成分的含量以降序方式且用常见或通用的名称全部列出。一些州还实施自己的标签法规，而绝大多数宠物食品遵循美国饲料管理协会（AAFCO）的宠物食品管理。AAFCO 包括来自所有州的官员，而联邦政府主要负责执行规范动物饲料的生产、标签、配送和销售的法律。AAFCO 的主要目标之一是为动物饲料制定和实施统一公平的法律、法规、标准、定义和执行政策，提供一套完善的机制。

FDA 与美国饲料管理协会（AAFCO）积极合作，在宠物食品的监管方面起到了积极的作用。FDA 的代表在 AAFCO 的董事会任职，FDA 的代表还曾为宠物食品委员会服务，兽药中心的工作人员也在 AAFCO 委员会任职并作为审查员履行职务。由于 FDA 的执法资源有限，且主要精力在人类食品安全问题上，因此 FDA 与 AAFCO 保持持续且紧密的合作，对宠物食品的有效监管来说至关重要。

欧盟没有单独对宠物食品制定法规，欧盟的宠物食品管理纳入了动物饲料管辖范围，一些针对动物饲料的法规（例如饲料卫生规定）也同样适用于伴侣动物食品。欧洲和宠物食品相关的法规包括了饲喂的卫生法规，动物副产品法规，一般食品法规，饲喂添加剂法规，针对转基因产品的法规，对官方控制的法规，对水质量的指令，对包装和包装浪费的规范，对运输途中的浪费的规范，对浪费框架的规范，对标准的规范，所有的规范会影响宠物食品，但不是只针对宠物食品规范。

欧盟宠物食品工业协会（FEDIAF）建立于1970年，成员来自于26个欧洲国家的18个国家或地区级的宠物食品工业协会，FEDIAF只有3名固定工作人员，服务于全欧洲大约650个宠物食品企业（占欧洲宠物食品企业的95%）和7 000万养宠家庭。整个欧洲每年生产大约900万吨的宠物食品，产值在150亿欧元左右。

欧洲宠物食品行业协会有专家委员会、通讯委员会和执行委员会，负责起草犬、猫的营养标准，而且每年更新，数据来源于全欧洲的独立科研机构。

第一节 美国饲料管控协会（AAFCO）犬猫营养需要

一、AAFCO 介绍

AAFCO是美国饲料管理协会（Association of American Feed Control Officials）的简称。

犬和猫的饲粮需要量最初是由国家科学研究委员会（NRC）制定的。这些推荐量分别在1985年和1986年进行了修订。NRC对每一种营养素的推荐量是以生长期幼犬、幼猫的最小饲粮需要量为基础的，实验饲粮在组成上对各营养素进行纯化，使其含有结晶氨基酸、维生素和矿物质，营养素的利用率很高，但是没有确定安全限值，所以没有被用于指导商品犬猫粮的生产。

AAFCO是一个顾问机构，由各州的质量控制人员组成。在宠物食品业内，AAFCO的作用是确保在全国市场销售的宠物食品营养充足并有统一的标签。

20世纪90年代初期，AAFCO成立了宠物营养委员会，委员会的成员主要来自各大学的犬猫营养学家和宠物食品厂家。

委员们以商业食品中的常见成分为基础，提出了犬、猫的营养方案，方案从生长和繁殖期、成年维持期2个角度规定了宠物食品的最低营养水平，并且对被证明有潜在毒性，或者增加其用量时需要谨慎行事，委员们在方案中对其最高水平进行了限定。这些营养方案已经代替了NRC的推荐量，成为宠物食品厂商的使用标准。

同NRC的推荐量一样，AAFCO方案也提供了犬猫营养需要量的估计值，但是二者之间的主要区别是，AAFCO方案提供的是食品中营养素的推荐范围，而不是最小需要量（表2-1-1，表2-1-2）。

表 2-1-1 AAFCO 犬营养需要量
干物质基础[a]

营养成分	生理功能	单位	成长和生长期最小值	成年维持期最小值	最大值
粗蛋白	组成细胞、肌肉、激素、酶	%	22.5	18.0	—
精氨酸	促进伤口愈合，精子蛋白成分	%	1	0.51	—
组氨酸	调节代谢	%	0.44	0.19	—
异亮氨酸	辅助激素调节	%	0.71	0.38	—
亮氨酸	平衡异亮氨酸	%	1.29	0.068	—
赖氨酸	第一限制氨基酸，促进大脑发育，组成肝、胆，促进脂肪代谢，调剂腺体，防止细胞退化	%	0.90	0.63	—
蛋氨酸-胱氨酸	含硫氨基酸，滋养被毛	%	0.70	0.65	—
苯丙氨酸-络氨酸	补充苯丙氨酸，保护泌尿系统	%	1.30	0.74	—
苏氨酸	调节氨基酸平衡功能	%	1.04	0.48	—
色氨酸	调节消化功能	%	0.20	0.16	—
缬氨酸	作用于生殖系统	%	0.68	0.49	—
粗脂肪[b]	提供能量，改善皮毛	%	8.5	5.5	—
亚油酸	改善被毛质量	%	1.3	1.1	—
矿物质					
钙	参与骨骼、牙齿形成	%	1.2	0.05	2.5
磷	能量传递、参与骨骼和牙齿形成	%	1.0	0.4	1.6
钙磷比	影响钙磷吸收率，最佳为（1.2~1.4）:1		1:1	1:1	2:1
钾	肌肉收缩，骨骼	%	0.6	0.6	—
钠	尿液稀释	%	0.3	0.08	—
氯	表皮更新、渗透压	%	0.45	0.12	—
镁	肌肉收缩，神经系统	%	0.06	0.06	—
铁[c]	促进血液氧气输送、皮毛组成	mg/kg	88.0	40.0	—
铜[d]	骨骼、皮肤、被毛（色泽）	mg/kg	12.4	7.3	—
锰	促进各类酶的作用	mg/kg	7.2	5.0	—
锌	蛋白质合成、愈合过程、皮毛	mg/kg	100.0	80.0	—
碘	维持正常甲状腺功能	mg/kg	1.0	1.0	11.0
硒	细胞抗氧化	mg/kg	0.35	0.35	2.0

（续表）

营养成分	生理功能	单位	成长和生长期最小值	成年维持期最小值	最大值
维生素及其他					
维生素 A	健康皮肤、改善视力、促进生长	IU/kg	5 000.0	5 000.0	250 000.0
维生素 D	促进骨骼的新陈代谢	IU/kg	500.0	500.0	3 000.0
维生素 E	抗氧化	IU/kg	50.0	50.0	–
维生素 B_1（硫胺素）[e]	促进神经系统功能正常的运作	mg/kg	2.25	2.25	–
维生素 B_2（核黄素）	促进细胞生长	mg/kg	5.2	5.2	–
维生素 B_5（泛酸）	促进组织的完整性	mg/kg	12.0	12.0	–
维生素 B_3（烟酸）	促进氨基酸的正常代谢	mg/kg	13.6	13.6	–
维生素 B_6（吡哆醇）	健康肌肤与毛发	mg/kg	1.5	1.5	–
叶酸	促进新细胞的生长	mg/kg	0.216	0.216	–
维生素 B_{12}（钴氨素）	维护肝脏的健康	mg/kg	0.028	0.028	–
胆碱	防止细胞老化	mg/kg	1 360.0	1 360.0	–

a 假如根据规定 PF9 测定的能量密度为 3 500kcal 代谢能/kg；DM 大于 4 000kcal 代谢能/kg DM 需要根据能量密度修正；小于 3 500kcal 代谢能/kg DM 不需要根据能量密度进行修正；基于单独和该表比较，低能量密度的被认为不能满足对成长和再生的犬只的需要。

b 虽然本质上粗脂肪的真实需求量还没有被建立，最低的水平基于将粗脂肪作为必需脂肪酸的一个来源，作为脂溶性维生素的载体，增强适口性和提供充足的能量密度的认识。

c 因为很低的生物利用率，添加到膳食中的铁如来源于碳酸盐或氧化物不能被考虑决定最低的营养水平。

d 因为很低的生物利用率，添加到膳食中的铜如来源于氧化物不能被考虑决定最低的营养水平。

e 因为在加工过程中，膳食中 90% 的维生素 B_1 容易损失，配方中的限量需要保证在加工后达到最低的营养需求。

表 2-1-2　AAFCO 猫营养需要量
干物质基础[a]

营养成分	生理功能	单位	成长和生长期最小值	成年维持期最小值	最大值
粗蛋白	组成细胞、肌肉、激素、酶	%	30.0	26.0	–
精氨酸	促进伤口愈合，精子蛋白成分	%	1.24	1.04	–
组氨酸	调节代谢	%	0.33	0.31	–
异亮氨酸	辅助激素调节	%	0.56	0.52	–
亮氨酸	平衡异亮氨酸	%	1.28	1.24	–

(续表)

营养成分	生理功能	单位	成长和生长期最小值	成年维持期最小值	最大值
赖氨酸	第一限制氨基酸，促进大脑发育，组成肝、胆，促进脂肪代谢，调剂腺体，防止细胞退化	%	1.20	0.83	—
蛋氨酸-胱氨酸	含硫氨基酸，滋养被毛	%	1.10	0.40	—
蛋氨酸	第二限制氨基酸，参与组成血红蛋白、组织与血清，有促进脾脏、胰脏及淋巴的功能	%	0.62	0.20	1.50
苯丙氨酸-络氨酸	补充苯丙氨酸	%	1.92	1.53	—
苯丙氨酸	保护泌尿系统	%	0.52	0.42	—
苏氨酸	调节氨基酸平衡功能	%	0.73	0.73	—
色氨酸	调节消化功能	%	0.25	0.16	—
缬氨酸	作用于生殖系统	%	0.64	0.62	—
牛磺酸（挤压）	促进生长，改善视力和心脏	%	0.1	0.1	—
牛磺酸（罐装）	促进生长，改善视力和心脏	%	0.2	0.2	—
粗脂肪[b]	提供能量，改善皮毛	%	9.0	9.0	—
亚油酸	改善被毛质量	%	0.6	0.6	—
花生四烯酸	预防生长及繁育方面问题	%	0.02	0.02	—
矿物质					
钙	参与骨骼、牙齿形成	%	1.0	0.6	—
磷	能量传播、参与骨骼、牙齿形成	%	0.8	0.5	—
钾	肌肉收缩，骨骼	%	0.6	0.6	—
钠	尿液稀释	%	0.2	0.2	—
氯	表皮更新、渗透压	%	0.3	0.3	—
镁[c]	肌肉收缩，神经系统	%	0.08	0.04	—
铁[d]	促进血液氧气输送、皮毛组成	mg/kg	80.0	80.0	—
铜（挤压）[e]	骨骼、皮肤、被毛（色泽）	mg/kg	15.0	5.0	—
铜（听装）[e]	骨骼、皮肤、被毛（色泽）	mg/kg	8.4	5.0	—
锰	促进各类酶的作用	mg/kg	7.6	7.6	—
锌	蛋白质合成、愈合过程、皮毛	mg/kg	75.0	75.0	—

(续表)

营养成分	生理功能	单位	成长和生长期最小值	成年维持期最小值	最大值
碘	维持正常甲状腺功能	mg/kg	1.8	0.6	9.00
硒	细胞抗氧化	mg/kg	0.3	0.3	—
维生素					
维生素 A	健康皮肤、改善视力、促进生长	IU/kg	6 668.0	3 332.0	33 330.0
维生素 D	促进骨骼的新陈代谢	IU/kg	280.0	280.0	30 080.0
维生素 E[f]	抗氧化	IU/kg	40.0	40.0	—
维生素 K[g]	维持血液凝固	mg/kg	0.1	0.1	—
维生素 B_1(硫胺素)[h]	促进神经系统功能正常的运作	mg/kg	5.6	5.6	—
维生素 B_2(核黄素)	促进细胞生长	mg/kg	4.0	4.0	—
维生素 B_5(泛酸)	促进组织的完整性	mg/kg	5.75	5.75	—
维生素 B_3(烟酸)	促进氨基酸的正常代谢	mg/kg	60.0	60.0	—
维生素 B_6(吡哆醇)	健康肌肤与毛发	mg/kg	4.0	4.0	—
叶酸	促进新细胞的生长	mg/kg	0.8	0.8	—
生物素[i]	参与蛋白质合成,皮肤和被毛	mg/kg	0.07	0.07	—
维生素 B_{12}(钴氨素)	维护肝脏的健康	mg/kg	0.02	0.02	—
胆碱[j]	防止细胞老化	mg/kg	2 400	2 400	—

a 假如根据规定 PF9 测定的能量密度为 4 000kcal 代谢能/kg；DM 大于 4 500kcal 代谢能/kg DM 需要根据能量密度修正；小于 4 000kcal 代谢能/kg DM 不需要根据能量密度进行修正；基于单独和该表比较，低能量密度的被认为不能满足对成长和再生的犬只的需要。

b 虽然本质上粗脂肪的真实需求量还没有被建立，最低的水平基于将粗脂肪作为必需脂肪酸的一个来源，作为脂溶性维生素的载体，增强适口性和提供充足的能量密度的认识。

c 随意喂食猫只平均尿液 pH 值如果不低于 6.4，随着膳食中镁含量的增加其鸟粪石尿结石的危险就增加了。

d 因为很低的生物利用率，添加到膳食中的铁如来源于碳酸盐或氧化物不能被考虑决定最低的营养水平。

e 因为很低的生物利用率，添加到膳食中的铜如来源于氧化物不能被考虑决定最低的营养水平。

f 每千克膳食的每克鱼油中在最低的基础上增加 10 IU 维生素 E。

g 除非膳食中以干基计算有高于 25% 的鱼，否则不需要增加维生素 K。

h 因为在加工过程中，膳食中 90% 的维生素 B_1 容易损失，配方中的限量需要保证在加工后达到最低的营养需求。

i 除非膳食中含有抗菌剂或者抗生素复合物，否则不需要增加生物素。

j 当蛋氨酸超过 0.62% 时，其可以作为甲基的供体用来代替胆碱（以重量计，3.75 份的蛋氨酸代替一份胆碱）。

第二节 美国国家研究委员会（NRC）犬猫营养需要

本章节的目的是汇集本报告中所讨论过的营养需要量，并以易于使用的方式将其列出。表2-2-1 到 2-2-15 列出了能量、蛋白质、氨基酸、脂肪、脂肪酸、常量元素、微量元素以及维生素的营养需要量。由于处于不同生理阶段的犬猫的营养需要量也各不相同，因此我们分别列出了犬猫在生长期、成年维持期、妊娠期和哺乳期的营养需要量。

只有在所有营养素的摄入量一直保持在最低营养需要量的情况下，动物才能维持正常的生理状态和健康。最低营养需要量从同行评议文献（peer-reviewed literature）中获得，尽管关于犬猫营养需要量的研究从很早之前就已经开始（NRC，1985，1986），然而对于某些特殊营养素的需要量仍无法确定，这些问题在文中都已经注明，在表格中用空白表示。

表格中列出四个种类的犬猫营养需要量。

第一类，最低营养需要量（Minimal Requirement，MR）。它是指能够维持基本生理状态所需的某种可利用营养素含量或密度。

第二类，适宜摄入量（Adequate Intake，AI）。AI 是指食物中一种营养素的浓度或含量可以维持给定生活期的正常状态，并且不会低到 MR 的水平范围。这方面数据源于已发表的一些研究。这些研究显示某个品种在给定生活期所需营养的充足量，并得到了对其他品种研究的数据支持。

第三类，推荐营养需要量（Recommended Allowance，RA）。它是指能够满足指定动物生理状态的配方日粮中某种营养素的浓度或含量。推荐营养需要量是基于最低营养需要量，并且在实际应用中考虑到营养素生物利用率的不确定性。在无法确定最低营养需要量的情况下，推荐营养需要量是基于 AI 的。

第四类，安全上限（Safe Upper Limit，SUL）。它是指犬猫日粮中某种营养素不会产生副作用的最大浓度或含量。然而，很多营养素的安全上限值都未确定，尤其是矿物质和维生素。

为了满足所需营养素的摄入量，日粮中每种营养素的浓度必须合适。通常动物都是为能而食，一种表示日粮中营养浓度的方法为每 1 000kcal 代谢能日粮中含多少单位的营养素。我们也可以表示成每千克日粮中含多少单位的营养素。表中分别以两种方式列出，但为了统一表中的数据，假定如下：

犬猫日粮中的能量浓度假定为 4 000kcal 代谢能/kg。幼龄犬生长需要以 5.5kg 幼犬每日消耗 1 000kcal 代谢能为标准。成年犬维持能量需要以 15kg 成年犬每日消耗 1 000kcal代谢能为标准。妊娠和哺乳期母犬的能量需要以哺乳 8 只幼犬的 22kg 母犬在泌乳高峰期每日消耗 5 000kcal 代谢能为标准。生长期幼猫的能量需要以 800g 幼猫每日消耗 180kcal 代谢能为标准。成年猫维持能量需要以 4kg 成年猫每日消耗 250kcal 代谢能为标准。妊娠和哺乳期母猫的能量需要以哺乳 4 只幼猫的 4kg 母猫泌乳高峰期每日消耗 540kcal 代谢能为标准。

目前尚无妊娠期母猫氨基酸的需要量以及妊娠期犬猫的各种营养素需要量的实验数据。通常情况下，哺乳期动物营养需要量的水平足以满足妊娠期需要。

因此本章营养需要量表格所提供的犬猫哺乳期数据在对两个时期能量需要上的差异进行调整后，即可用于妊娠期动物。表格注脚处标明有调整的方法。

营养需要量表格中采用三种方式表示营养浓度，一是每千克日粮干物质（Dry matter，DM）中营养素含量，单位为营养素单位/kg DM（假定1kg DM = 4 000 kcal ME）；二是每1 000kcal 代谢能中营养素含量，单位为营养素单位/1 000kcal ME；三是每千克代谢体重（Metabolic body weight，犬的为 $BW^{0.75}$，猫的为 $BW^{0.76}$）的营养素含量，单位为营养素单位/kg $BW^{0.75}$（犬）或营养素单位/kg $BW^{0.76}$（猫），只基于其中一种方式来表达食物成分的做法，有赞成者亦有反对者。这在稍后会给予讨论。

犬在维持期和妊娠期的能量需要量单位是 kcal ME/kg $BW^{0.75}$。哺乳期母犬的能量需要量与 $BW^{0.75}$、BW 和幼仔数目呈函数关系。生长期的犬每日能量需要量为维持能量需要量与含有实际体重与理想成年体重比值函数的乘积。犬的能量需要量来源于 4~60kg 体重成年犬的数据，其中繁殖期母犬的能量需要量大部分是来自 5~25kg 体重犬的数据。

猫的能量需要量来源于 2.5~7kg 体重成年家猫的数据。猫的维持能量需要量的单位是 kcal ME/kg $BW^{0.67}$，适用于体况评分小于 5.0 的猫（9分标准），用 kcal ME/kg $BW^{0.4}$ 表示体况评分大于 5.0 的猫。怀孕母猫能量需要量是 $BW^{0.67}$ 的函数。哺乳期母猫的能量需要量与 $BW^{0.67}$、BW 和幼仔数目呈函数关系。生长期幼猫每日的能量需要量为维持能量需要量与含有实际体重与理想成年体重比值的函数的乘积。

一、营养需求表格的应用

在设计犬猫通用日粮配方时，使用 DM 或 ME 的方式来表示营养需要量比较合适，如商业日粮，但在为个体动物设计日粮配方时，则采用代谢体重的方式来表示营养需求量会更合适。然而，用 DM 方式表示时，营养需求量会随着日粮的能量浓度变化而变化。也有一些例子表明在用 ME 方式表示时，营养需求量会随体重变化而变化。这些问题会在后面讨论，关于如何校正不同体型动物的差别，表格注脚处已标明。

二、ME 与 DM 表示推荐量的比较

犬猫营养素推荐量最好采用 ME 的表示方式，因为是 ME 决定了一只犬或猫为了维持体重和体况评价而应该摄入的食物量。采用 ME 表示的需要量不会随食物能量浓度的变化而改变，而采用 DM 则不同。一些通过试验所得到的营养素的营养需要量的表示方式是 DM 而不是 ME。我们已经把这些数据转化为用 ME 表示的数据了，假定日粮能量浓度为 4 000 kcal 代谢能/kg 干物质。通过这种方式转化所得的需要量不会随日粮能量浓度变化而发生改变。

例如一只猫摄入 240kcal 代谢能可以维持体重，那么它需要摄入能量浓度为 4 000kcal

代谢能/kg 干物质的日粮 60g，能量浓度为 3 000kcal 代谢能/kg 干物质的日粮 80g。如果一种营养素在前一种日粮中最低需要量是 8g/kg DM 的话，那么在后一种日粮中最低需要量只需达到 6g/kg DM。但对于每单位 ME 来说，该营养素的需要量是固定不变的（在这个例子中为 2g/1 000kcal ME）。

因此，当使用营养需要量表来决定日粮中营养素的需要量时，当日粮的能量浓度（原书说是 nutrient density，译者认为应该是 energy density）不是 4 000kcal ME/kg 时，用 DM 方式表示的数据要先乘以日粮的能量浓度（单位为 kcal ME/kg）再除以 4 000，所得结果才是日粮中的营养素的营养需要量。

三、ME 与 BW 表示需要量的比较

关于营养需要量随体重变化的资料几乎没有。资料表明，很多营养素的需要量与维持能量需要量一样，随代谢体重（偏瘦犬的代谢体重为 $BW^{0.75}$；猫的代谢体重为 $BW^{0.67}$；Rucker 和 Steinberg，2002；Rucker 和 Storms，2002）变化而变化。其他一些营养素的需要量会与 BW 或 BW 的几次方直接相关（Rivers 和 Burger，1989）。

例如，一些人认为，内源氮排出量及其估测所得的蛋白质需要量随 BW0.75 次方变化而变化（Miller 和 Payne，1963；Kendall 等，1982；Rivers 和 Burger，1989）。Kendall 等（1982）报道犬内源氮排出量为 $273mg/kg\ BW^{0.75}$，相应估测的蛋白质的 MR 是 $1.7g/kg\ BW^{0.75}$。采用 ME 表示的蛋白质需要量几乎不随体重变化而变化，并且，最好的表示方式还是用 ME（Schaeffer 等，1989）。

然而一些矿物质的需要量会随体重变化而变化较大，因此这些营养素采用 ME 方式表示的需要量也会随体重变化而变化。在应用 MR 或 SUL 为个体动物设计日粮配方时，就需要考虑会随体重变化的数据。营养素需要量表中维持需要推荐量是以 15kg BW 的中型偏瘦成年犬和 4kg BW 的中型偏瘦成年猫为假定对象计算得到的。对于需要量会随代谢体重变化而变化的营养素，使用 ME 表示的推荐量不会随体型大小发生改变，而对于需要量会随体重变化的营养素，用 ME 表示时会随着体重变化而变化，瘦型犬大约是 $BW^{0.25}$，瘦型猫大约是 $BW^{0.33}$，相关内容列于表 2-2-1 中。用 ME 表示的需要量，对于 6kg 的猫来说要比 2kg 的猫大 40%，100kg 的犬是 2kg 犬的 2 倍（即大型动物的日粮比小型动物需要更高的营养浓度）。

四、关于生物利用率的说明

维生素的最低推荐量是指日粮中所有可利用维生素的总和（包括天然成份和维生素预混料）。由于一些天然形式的维生素的生物利用率很低，因此当维生素主要来源于维生素预混料时，推荐量才是适当的。但如果维生素主要来源于日粮成分，营养素需要量表中所列的最低需要量应该根据维生素的生物利用率进行修正。如想了解不同日粮中维生素的生物利用率，可参考 Baker 的专著（1995）。

表 2-2-1 当需要量与体重变化直接相关时，相对于 ME（每 1 000kcal）的需要量变化率

动物种类	体重（kg）	变化率（%）
犬	2	−40
	5	−24
	10	−10
	15	无变化
	20	+7
	40	+28
	60	+41
	80	+52
	100	+61
瘦形猫	2	−20
	3	−9
	4	无变化
	5	+8
	6	+14

表 2-2-1 阐述的概念是需要量与体重变化直接相关的营养素，当用 ME 表示其需要量时，数值会随体重的变化而不同。此表不是用来设计日粮配方的，而是用来帮助读者根据后面表格的脚注来计算不同体型犬猫的营养需要量。

表 2-2-2 幼犬断奶后的每日代谢能需要量[a,b]

$ME (kcal) = 维持量 \times 3.2 \times [e^{(-0.87p)} - 0.1]$

$ME (kcal) = 130 \times BW_a^{0.75} \times 3.2 \times [e^{(-0.87p)} - 0.1]$

其中：

$p = BW_a / BW_m$
BW_a = 评价时的实际体重（kg）
BW_m = 成年后理想体重（kg）
$e \approx 2.718$，自然对数的底

举例：
16 周龄拉布拉多幼犬，17kg BW，成年理想体重为 35kg
$ME (kcal) = 130 \times 17^{0.75} \times 3.2 \times [e^{(-0.87 \times 17 \div 35)} - 0.1] = 1\ 934kcal$

[a] 这个表格用于断奶后的幼犬。新生幼犬每 100g 体重需要 25kcal 能量（Kienzle 等，1985）。
[b] 不活跃幼犬（如作为宠物，没有训练的要求和机会）的能量维持需要量会低 10%~20%；而非常活跃的幼犬，如犬舍中的大丹幼犬，数值会高一些。

表 2-2-3 断奶后幼犬的营养需要量

营养素	最低营养需要量			适宜摄入量			推荐营养需要量			安全上限值		
	Amt./kg DM (≡4 000kcal)[a]	Amt./1 000 kcal ME[b]	Amt./kg BW$^{0.75}$[c]	Amt./kg DM (≡4 000kcal)[a]	Amt./1 000 kcal ME[b]	Amt./kg BW$^{0.75}$[c]	Amt./kg DM (≡4 000kcal)[a]	Amt./1 000 kcal ME[b]	Amt./kg BW$^{0.75}$[c]	Amt./kg DM (≡4 000kcal)[a]	Amt./1 000 kcal ME[b]	Amt./kg BW$^{0.75}$[c]
4~14周成长中幼犬												
粗蛋白 (g)	180	45	12.5				225	56.3	15.7			
氨基酸												
精氨酸[d] (g)	6.3	1.58	0.44				7.9	1.98	0.55			
组氨酸 (g)	3.1	0.78	0.22				3.9	0.98	0.27			
异亮氨酸 (g)	5.2	1.30	0.36				6.5	1.63	0.45			
蛋氨酸 (g)	2.8	0.70	0.19				3.5	0.88	0.24			
蛋氨酸 & 胱氨酸 (g)	5.6	1.40	0.39				7.0	1.75	0.49			
亮氨酸 (g)	10.3	2.58	0.72				12.9	3.22	0.90			
赖氨酸 (g)	7.0	1.75	0.49				8.8	2.20	0.61			>20	>5.0	>1.39
苯丙氨酸 (g)	5.2	1.30	0.36				6.5	1.63	0.45			
苯丙氨酸 & 酪氨酸[e] (g)	10.4	2.60	0.72				13.0	3.25	0.90			
苏氨酸 (g)	6.5	1.63	0.45				8.1	2.03	0.56			
色氨酸 (g)	1.8	0.45	0.13				2.3	0.58	0.16			
缬氨酸 (g)	5.4	1.35	0.38				6.8	1.70	0.47			
14周及以上成长中幼犬												
粗蛋白 (g)	140	35	9.7				175	43.8	12.2			
氨基酸												
精氨酸[d] (g)	5.3	1.33	0.37				6.6	1.65	0.46			
组氨酸 (g)	2.0	0.50	0.14				2.5	0.63	0.17			
异亮氨酸 (g)	4.0	1.00	0.28				5.0	1.25	0.35			
蛋氨酸 (g)	2.1	0.53	0.15				2.6	0.65	0.18			
蛋氨酸 & 胱氨酸 (g)	4.2	1.05	0.29				5.3	1.33	0.37			
亮氨酸 (g)	6.5	1.63	0.45				8.2	2.05	0.57			
赖氨酸 (g)	5.6	1.40	0.39				7.0	1.75	0.49			>20	>5.0	>1.39

第二章 国外宠物食品法规和标准

（续表）

营养素	最低营养需要量			适宜摄入量			推荐营养需要量			安全上限值		
	Amt./kg DM (≡4 000kcal)[a]	Amt./1 000 kcal ME[b]	Amt./kg BW[0.75c]	Amt./kg DM (≡4 000kcal)[a]	Amt./1 000 kcal ME[b]	Amt./kg BW[0.75c]	Amt./kg DM (≡4 000kcal)[a]	Amt./1 000 kcal ME[b]	Amt./kg BW[0.75c]	Amt./kg DM (≡4 000kcal)[a]	Amt./1 000 kcal ME[b]	Amt./kg BW[0.75c]
苯丙氨酸 (g)	4.0	1.00	0.28									
苯丙氨酸 & 酪氨酸[e] (g)	8.0	2.00	0.56									
苏氨酸 (g)	5.0	1.25	0.35									
色氨酸 (g)	1.4	0.35	0.10									
缬氨酸 (g)	4.5	1.13	0.31									
断奶后成长中幼犬												
总脂肪 (g)				85	21.3	5.9	85	21.3	5.9	330[a]	82.5	23.0
脂肪酸												
亚油酸 (g)				11.8	3.0	0.8	13	3.3	0.8	65[a]	16.3	4.5
α-亚麻酸[f] (g)				0.7	0.18	0.05	0.8	0.2	0.05			
花生四烯酸 (g)				0.3	0.08	0.022	0.3	0.08	0.022			
二十碳五烯酸 & 二十二碳六烯酸[g] (g)				0.5	0.13	0.036	0.5	0.13	0.036			
矿物元素												
钙[h] (g)	8.0	2.0	0.56				12[h]	3.0[h]	0.68[h]			
磷 (g)				10	2.5	0.68	10	2.5	0.68			
镁 (mg)	180	45	12.5				400	100	27.4			
钠 (mg)				2 200	550	100	2 200	550	100			
钾 (g)				4.4	1.1	0.30	4.4	1.1	0.30			
氯 (mg)				2 900	720	200	2 900	720	200			
铁[i] (mg)	72	18	5.0				88	22	6.1			
铜[i] (mg)				11	2.7	0.76	11	2.7	0.76	11[a]	2.8	0.77
锌 (mg)	40	10	2.7				100	25	6.84	18	4.5	1.25
锰 (mg)				5.6	1.4	0.38	5.6	1.4	0.38			
硒 (μg)	210	52.5	13.7				350	87.5	25.1			

（续表）

营养素	最低营养需要量			适宜摄入量			推荐营养需要量			安全上限值		
	Amt./kg DM (=4 000kcal)[a]	Amt./1 000 kcal ME[b]	Amt./kg BW[0.75][c]	Amt./kg DM (=4 000kcal)[a]	Amt./1 000 kcal ME[b]	Amt./kg BW[0.75][c]	Amt./kg DM (=4 000kcal)[a]	Amt./1 000 kcal ME[b]	Amt./kg BW[0.75][c]	Amt./kg DM (=4 000kcal)[a]	Amt./1 000 kcal ME[b]	Amt./kg BW[0.75][c]
碘 (μg)				880	220	61.0	880	220	61.0			
维生素 A[j] (RE)	1 212	303	84				1 515	379	105	15 000[j]	3 750[j]	1 044[j]
胆钙化醇[k]	11.0	2.75	0.76				13.8	3.4	0.96	80	20	5.6
维生素 E (α-生育酚) (mg)	24	6.0	1.7				30	7.5	2.1			
维生素 K (甲萘醌[m]) (mg)	1.3	0.33	0.090				1.64	0.41	0.11			
硫胺素 (mg)	1.08	0.27	0.075				1.38	0.34	0.096			
核黄素 (mg)	4.2	1.05	0.27				5.25	1.32	0.37			
吡哆醇 (mg)	1.2	0.3	0.084				1.5	0.375	0.10			
烟酸 (mg)	13.6	3.4	0.94				17.0	4.25	1.18			
泛酸 (mg)	12	3.0	0.84				15.0	3.75	1.04			
钴胺素 (μg)	28	7	1.95				35	8.75	2.4			
叶酸 (μg)	216	54	15.0				270	68	18.8			
生物素[n]												
胆碱 (mg)	1 360	340	95				1 700	425	118			

[a] 假设日粮能量浓度为4 000kcal ME/kg，计算得到每种营养素的需要量=Amt./kg DM 为单位的数值。
[b] 每种营养素的需要量随日粮高浓度的使用而不应超过Amt./1 000kcal ME 一栏所列数值。
[c] 用 Amt./BW[0.75] 作单位的数值只用于理想体重为35kg的5.5kg 幼犬。如果幼犬重理想体重与此不一致，则实际用表15-2 计算得到饲喂量。
[d] 当4~14周龄的幼犬日粮中粗蛋白最低营养需要量和推荐需要量超过180g 和225g 时，每kg 粗蛋白中需要添加 0.01g 精氨酸。
[e] 如需使毛色更黑亮，精氨酸的需要量应为所列的1.5~2 倍。
[f] α-亚麻酸的需要量不应超过亚油酸和α-亚麻酸总量的60%。
[g] 二十碳五烯酸和二十二碳六烯酸总体重大于0.54g/kg BW。
[h] 哺乳后幼犬钙的铁补铜浓度超过25kg DM 时，其生物效价量（retinol equivalents，RE）表示，1 RE=1μg 全反式视黄醇（all-trans retinol），1 IU 维生素 A=0.3 RE，安全上限值用微克视黄醇表示。
[i] 氧化形式的维生素 A 用视黄醇当量（retinol equivalents，RE）表示，1 RE=1μg 全反式视黄醇（all-trans retinol），1 IU 维生素 A=0.3 RE，安全上限值用微克视黄醇表示。
[j] 1μg 胆钙化醇=40 IU 维生素 D₃。
[k] 对高 PUFA 日粮推荐使用更高浓度的维生素 E，1IU 维生素 E=1 mg all-rac-α-醋酸生育酚。
[l] 大对维生素 K 有代谢需求，其他情况需量未知，而肠道细菌合成的维生素 K 可能足够需要，维生素 K 允许量用其前体物质补充。
[m] 若日粮中不含蛋白（egg white），肠道细菌合成的生物素可能足够需要，如日粮含有抗生素则生物素需额外补充。

表 2-2-4 成年犬日代谢能维持需要量

类型	kcal×kg BW$^{0.75}$
平均需要量的实验犬舍中犬或活跃宠物犬[a]	130
超过平均需要量	
年轻成年实验犬或年轻成年活跃宠物犬	140
成年实验大丹犬或活跃宠物大丹犬	200
成年实验梗犬或活跃宠物梗犬	180
低于平均需要量	
不活跃宠物犬[b]	95
较老的实验犬或较老的活跃宠物犬或实验纽芬兰犬	105

[a] 犬有更多的机会在家庭环境中运动，比如在乡下养了很多犬，或家中有很大的院子。

[b] 犬有较少的机会在家庭环境中运动，老犬或超重犬的能量需求可能比这个数值还小。

表 2-2-5 成年犬维持营养素需要量

营养素	最低营养需要量			充足摄入量			推荐营养需要量			安全上限值		
	Amt./kg DM (≡4 000kcal)[a]	Amt./1 000 kcal ME[b]	Amt./kg BW$^{0.75}$	Amt./kg DM (≡4 000kcal)[a]	Amt./1 000 kcal ME[b]	Amt./kg BW$^{0.75}$	Amt./kg DM (≡4 000kcal)[a]	Amt./1 000 kcal ME[b]	Amt./kg BW$^{0.75}$	Amt./kg DM (≡4 000kcal)[a]	Amt./1 000 kcal ME[b]	Amt./kg BW$^{0.75}$
粗蛋白 (g)	80	20	2.62				100	25	3.28			
氨基酸												
精氨酸[c] (g)	2.8	0.70	0.092				3.5	0.88	0.11			
组氨酸 (g)	1.5	0.37	0.048				1.9	0.48	0.062			
异亮氨酸 (g)	3.0	0.75	0.098				3.8	0.95	0.12			
亚氨酸 (g)	2.6	0.65	0.085				3.3	0.83	0.11			
蛋氨酸&胱氨酸 (g)	5.2	1.30	0.17				6.5	1.63	0.21			
亮氨酸 (g)	5.4	1.35	0.18				6.8	1.70	0.22			
赖氨酸 (g)	2.8	0.70	0.092				3.5	0.88	0.11			
苯丙氨酸 (g)	3.6	0.90	0.12				4.5	1.13	0.15			
苯丙氨酸&酪氨酸[d] (g)	5.9	1.48	0.19				7.4	1.85	0.24			
苏氨酸 (g)	3.4	0.85	0.11				4.3	1.08	0.14			
色氨酸 (g)	1.1	0.28	0.036				1.4	0.35	0.046			
缬氨酸 (g)	3.9	0.98	0.13				4.9	1.23	0.16			
总脂肪 (g)	40						55	13.8	1.8	330[a]	82.5	10.8
脂肪酸												
亚油酸 (g)	9.5			10	2.4	0.3	11	2.8	0.36	65[a]	16.3	2.1
α-亚麻酸[e] (g)	0.36				0.09	0.012	0.44	0.11	0.014			
花生四烯酸&二十碳五烯酸&二十二碳六烯酸[f] (g)	0.44				0.11	0.03	0.44	0.11	0.03	11[a]	2.8	0.37
矿物元素												
钙 (g)	2.0	0.50	0.059	3.0	0.75	0.10	4.0	1.0	0.13			
磷 (g)							3.0	0.75	0.10			
铁 (mg)	180	45	5.91				600	150	19.7			
钠 (mg)	300	75	9.85				800	200	26.2			
钾 (g)				1.0		0.14	4.0	1.0	0.14	>15[g]		
氯 (mg)				300		40	1 200	300	40	23.5[g]		

(续表)

营养素	最低营养需要量		充足摄入量				推荐营养需要量			安全上限值		
	Amt./kg DM (≡4 000kcal) [a]	Amt./1 000 kcal ME [b]	Amt./kg BW[0.75]	Amt./kg DM (≡4 000kcal) [a]	Amt./1 000 kcal ME [b]	Amt./kg BW[0.75]	Amt./kg DM (≡4 000kcal) [a]	Amt./1 000 kcal ME [b]	Amt./kg BW[0.75]	Amt./kg DM (≡4 000kcal) [a]	Amt./1 000 kcal ME [b]	Amt./kg BW[0.75]
铁[g] (mg)				30	7.5	1.0	30	7.5	1.0			
铜[g] (mg)				6	1.5	0.2	6	1.5	0.2			
锌 (mg)				60	15	2.0	60	15	2.0			
锰 (mg)				4.8	1.2	0.16	4.8	1.2	0.16			
硒 (μg)				350	87.5	11.8	350	87.5	11.8			
碘 (μg)	700	175	23.6				880	220	29.6			
维生素												
维生素 A[h] (RE)				1 212	303	40	1 515	379	50	64 000[h]	16 000[h]	2 099[h]
胆钙化醇[i] (μg)				11.0	2.75	0.36	13.8	3.4	0.45	80	20	2.6
维生素 E (α-生育酚)[j] (mg)				24	6.0	0.8	30	7.5	1.0	≥4 mg		
维生素 K[k] (甲萘醌) (mg)				1.3	0.33	0.043	1.63	0.41	0.054			
硫胺素 (mg)				1.8	0.45	0.059	2.25	0.56	0.074			
核黄素 (mg)	4.2	1.05	0.138				5.25	1.3	0.171			
吡哆醇 (mg)				1.2	0.30	0.04	1.5	0.375	0.049			
烟酸 (mg)				13.6	3.4	0.45	17.0	4.25	0.57			
泛酸 (mg)				12	3.0	0.39	15	3.75	0.49			
钴胺素 (μg)				28	7	0.92	35	8.75	1.15			
叶酸 (μg)				216	54	7.1	270	67.5	8.9			
生物素[l]												
胆碱 (mg)				1 360	340	45	1 700	425	56			

[a]假设日粮能量浓度为 4 000kcal ME/kg,计算得到 Amt./kg DM 为单位的数值。
[b]Amt./kg DM 为单位的饲喂量,用 Amt./1 000kcal ME 一栏所列数值乘以 4 000kcal ME/kg,再除以 1 000,得到 Amt./1 000kcal 为单位的饲喂量。
[c]粗蛋白最低营养需要量和推荐营养量超过 80g 和 100g 时,每 1g 粗蛋白中应加入 0.01g 精氨酸。
[d]如需使毛色黑亮,需降低 Amt./kg DM 一栏列出的数值进行饲喂。
[e]α-亚麻酸的需要量随日粮中碳五烯酸 & 二十二碳六烯酸 (all-trans retinol),1 IU 维生素 E=1mg all-rac—醋酸生育酚。
[f]二十碳五烯酸和碳不能利用,其生物利用率太低。
[g]氧化形式的铁和铜不能被利用,其生物利用率太低。
[h]维生素 A 的需要量用视黄醇当量 (retinol equivalents, RE) 表示,1 RE=1μg all-trans 全反式视黄醇 (all-trans retinol),1 IU 维生素 A=0.3 RE,安全上限值用 μg 视黄醇表示。
[i]1μg 胆钙化醇=40 IU 维生素 D₃。
[j]对高 PUFA 日粮推荐使用更高浓度的维生素 E,不适当饲喂天然食物时,需求量未知。
[k]大对维生素 K 有代谢需求,肠道细菌合成的生物素可能足够需要。
[l]若日粮中不含蛋白 (egg white),肠道细菌合成的维生素 K 允许量其前体物质中萘醌表示,当日粮中含有抗生物素则需要额外补充。

— 79 —

表 2-2-6　母犬在妊娠晚期的每日代谢能需要量（交配 4 周后到分娩）[a]

ME（kcal）= 维持量 - 26kcal×kg BW
平均维持需要量 130kcal×kg BW$^{0.75}$
ME（kcal）= 130kcal×kg BW$^{0.75}$ + 26kcal×kg BW
举例：
母犬体重 22kg
维持能量需要量 $22^{0.75}$×130kcal = 10.16×130 = 1 320kcal
妊娠能量需要量 22×26kcal l = 572kcal
总能量需要量 1 320kcal + 572kcal = 1 892kcal

[a] 维持能量需要量变化见表 2-2-4

表 2-2-7　根据幼犬数目和哺乳期计算每日代谢能需要量

哺乳能量需要量：
ME（kcal）= 维持能 + BW×（24n+12m）×L
哺乳维持能量需要估计量：145kcal×BW$^{0.75}$
ME（kcal）= 145kcal×BW$^{0.75}$ + BW×（24n+12m）×L
其中：
BW = 母犬体重（kg）
n = 1 到 4 之间的幼犬数目
m = 5 到 8 之间的幼犬数目（<5 个幼犬则 m=0）
L = 哺乳期阶段修正因子：1 周，0.75；2 周，0.95；3 周，1.1；4 周，1.2（见正文）
举例：
母犬 22kg，6 只幼犬，哺乳第 3 周
维持能量需要量 = $22^{0.75}$×145kcal = 10.16×145kcal = 1 473kcal
幼犬数 = 6：n = 4，m = 2
哺乳第三周阶段：L = 1.1
哺乳能量需要量 = 22×（24×4+12×2）×1.1kcal = 2 904kcal
总能量需要量 = 1 473kcal + 2 904kcal = 4 377kcal

表 2-2-8 母犬妊娠晚期和产乳高峰期的营养需要量[a]

营养素	最低营养需要量		适宜摄入量			推荐营养需要量			安全上限值		
	Amt./kg DM (≡4 000kcal)[b]	Amt./1 000 kcal ME[c]	Amt./kg BW[0.75]d	Amt./kg DM (≡4 000kcal)[b]	Amt./1 000 kcal ME[c]	Amt./kg BW[0.75]d	Amt./kg DM (≡4 000kcal)[b]	Amt./1 000 kcal ME[c]	Amt./kg BW[0.75]d	Amt./kg DM (≡4 000kcal)[b]	Amt./1 000 kcal ME[c]	Amt./kg BW[0.75]c
粗蛋白 (g)				200	50	24.6	200	50	24.6			
氨基酸												
精氨酸[e] (g)				10.0	2.50	1.23	10.0	2.50	1.23			
组氨酸 (g)				4.4	1.10	0.54	4.4	1.10	0.54			
异亮氨酸 (g)				7.1	1.78	0.87	7.1	1.78	0.87			
亮氨酸 (g)				3.1	0.78	0.38	3.1	0.78	0.38			
蛋氨酸 & 胱氨酸 (g)				6.2	1.55	0.76	6.2	1.55	0.76			
亮氨酸 (g)				20.0	5.00	2.46	20.0	5.00	2.46			
赖氨酸 (g)				9.0	2.25	1.11	9.0	2.25	1.11			
苯丙氨酸 (g)				8.3	2.08	1.02	8.3	2.08	1.02			
苯丙氨酸 & 酪氨酸[f] (g)				12.3	3.08	1.51	12.3	3.08	1.51			
苏氨酸 (g)				10.4	2.60	1.28	10.4	2.60	1.28			
色氨酸 (g)				1.2	0.30	0.15	1.2	0.30	0.15			
缬氨酸 (g)				13.0	3.25	1.60	13.0	3.25	1.60			
总脂肪 (g)				85	21.3	10.5	85	21.3	10.5	330[b]	82.5	40.6
脂肪酸												
亚油酸 (g)				11	2.8	1.4	13	3.3	1.6	65[b]	16.3	8.0
α-亚麻酸[g] (g)				0.7	0.18	0.09	0.8	0.2	0.10			
花生四烯酸 (g)												
二十碳五烯酸 & 二十二碳六烯酸[h] (g)				0.5	0.13	0.06	0.5	0.13	0.06	11[b]	2.8	1.4
矿物元素												
钙 (g)				8.0	1.9	0.82	8.0	1.9	0.82			
磷 (g)				5.0	1.2	0.58	5.0	1.2	0.58			
镁 (mg)				600	150	69	600	150	69			
钠 (mg)				2 000	500	238	2 000	500	238			
钾 (g)				3.6	0.9	0.43	3.6	0.9	0.43			
氯 (mg)				3 000	750	358	3 000	750	358			
铁[i] (mg)				70	17	8.67	70	17	8.67			
铜[i] (mg)				12.4	3.1	1.52	12.4	3.1	1.52			

(续表)

营养素	最低营养需要量		适宜摄入量			推荐营养需要量			安全上限值		
	Amt./kg DM (=4 000kcal)[b]	Amt./1 000 kcal ME[c]	Amt./kg BW[0.75d]	Amt./kg DM (=4 000kcal)[b]	Amt./1 000 kcal ME[c]	Amt./kg BW[0.75d]	Amt./kg DM (=4 000kcal)[b]	Amt./1 000 kcal ME[c]	Amt./kg BW[0.75d]	Amt./kg DM (=4 000kcal)[b]	Amt./1 000 kcal ME[c]	Amt./kg BW[0.75c]
锌 (mg)	96	24	11.7				96	24	11.7			
锰 (mg)	7.2	1.8	0.87				7.2	1.8	0.87			
硒 (µg)	350	87.5	43				350	87.5	43			
碘 (µg)	880	220	108				880	220	108			
维生素												
维生素 A[j] (RE)	1 212	303	149				1 515	379	186	15 000[j]	3 750[j]	1 846[j]
胆钙化醇[k] (µg)	11.0	2.75	1.35				13.8	3.4	1.70	80	20	9.8
维生素 E (α-生育酚)[l] (mg)	24	6.0	3.0				30	7.5	3.7			
维生素 K (甲萘醌)[m] (mg)	1.3	0.33	0.16				1.6	0.41	0.20			
硫胺素 (mg)	1.8	0.45	0.22				2.25	0.56	0.28			
核黄素 (mg)	4.2	1.05	0.52				5.3	1.3	0.64			
吡哆醇 (mg)	1.2	0.30	0.15				1.5	0.375	0.185			
烟酸 (mg)	13.6	3.4	1.67				17	4.25	2.09			
泛酸 (mg)	12	3.0	1.48				15	3.75	1.84			
钴胺素 (µg)	28	7	3.45				35	8.75	4.3			
叶酸 (µg)	216	54	26.6				270	67.5	33.2			
生物素[n]												
胆碱 (mg)	1 360	340	167				1 700	425	209			

[a]关于妊娠母犬最低营养需要量的数据很少；哺乳期母犬获得的以 kg DM 和 1 000kcal ME 为单位的数值，也可满足怀孕母犬的营养需要。

[b]假设日粮能量浓度为 4 000kcal ME/kg，计算得到 Amt./kg DM 为单位的数值。

[c]要计算每种营养素的饲喂量，用 Amt./1 000kcal ME 一栏列数值乘以每天的大能量需要（参见表 2-2-6 和表 2-2-7 计算得到，单位 kcal）。

[d]用 Amt./BW[0.75]作单位的数值只应用于一种情况：22kg 母犬，8 只幼犬，在泌乳高峰期，每日消耗 5 000kcal 能量，要想得到母犬不同体重的营养需要量，利用表 2-2-7 计算大的能量需要量，然后乘以 Amt./1 000kcal ME 一栏的数值。

[e]粗蛋白需要量超过 200g 时，每 1g 粗蛋白中应加入 0.01g 精氨酸。

[f]赖氨酸毛色更黑亮。酪氨酸的需要量随日粮中酪五烯酸 & 二十二碳六烯酸含量不同而不同，酪氨酸和 α-亚麻酸的比例应该在 2.6 到 16 之间；注意给出的 α-亚麻酸 0.8g/kg DM，与上一亚油酸 13g/kg DM 比较，比值接近 16，所以已经接近最小推荐量。

[g]α-亚麻酸的需要量由日粮中二十碳五烯酸 & 二十二碳六烯酸总量的 50%~60%，亚油酸和 α-亚麻酸总量的 40%~50%。

[h]二十碳五烯酸应占到二十二碳六烯酸和其他不能被利用的二十二碳六烯酸，其生物利用率较低。

[i]氧化形式的铁不能被利用。

[j]1µg 胆钙化酶=40 IU 维生素 D[3]。

[k]对高 PUFA 日粮推荐使用更高浓度的维生素 E，1 IU 维生素 E=1mg all-rac-醋酸生育酚。

[l]1µg α-生育酚表示，1 RE=1µg 全反式视黄醇 (all-trans retinol)，1 IU 维生素 A=0.3 RE。

[m]成年正常利用有代谢需要，不适当饲喂天然食物时，肠道细菌合成的维生素 K 可能足够需要，需要量未知。

[n]若日粮中不含蛋白 (egg white)，肠道细菌合成的生物素可能足够需要，当日粮中含有抗生素则需要额外补充。

表 2-2-9　断奶幼猫日代谢能需要量

ME (kcal) = 维持量×6.7×$[e^{(-0.189p)}-0.66]$
ME (kcal) = 100×$BW_a^{0.67}$×6.7×$[e^{(-0.189p)}-0.66]$

其中：

$p=BW_a/BW_m$
BW_a=评价时的实际体重（kg）
BW_m=成年后理想体重（kg）
$e≈2.718$，自然对数的底

举例：

幼猫，$BW_a=1kg$，$BW_m=4kg$

ME (kcal) = 100×$1^{0.67}$×6.732×$[e^{(-0.189×1/4)}-0.66]$ = 198kcal

表2-2-10 断奶幼猫的营养需要量

营养素	最低营养需要量			适宜摄入量			推荐营养需要量			安全上限值		
	Amt./kg DM ($\equiv$ 4 000kcal)[a]	Amt./1 000 kcal ME[b]	Amt./kg BW$^{0.67c}$	Amt./kg DM ($\equiv$ 4 000kcal)[a]	Amt./1 000 kcal ME[b]	Amt./kg BW$^{0.67c}$	Amt./kg DM ($\equiv$ 4 000kcal)[a]	Amt./1 000 kcal ME[b]	Amt./kg BW$^{0.67c}$	Amt./kg DM ($\equiv$ 4 000kcal)[a]	Amt./1 000 kcal ME[b]	Amt./kg BW$^{0.67c}$
粗蛋白（g）	180	45	9.40				225	56.3	11.8			
氨基酸												
精氨酸[d]（g）	7.7	1.93	0.40				9.6	2.4	0.50	35	8.75	1.83
组氨酸（g）	2.6	0.65	0.14				3.3	0.83	0.17	>22	>5.5	>1.15
异亮氨酸（g）	4.3	1.08	0.23				5.4	1.4	0.29	>87	>21.7	>4.54
蛋氨酸（g）	3.5	0.88	0.18				4.4	1.1	0.23	13	3.25	0.68
蛋氨酸&胱氨酸（g）	7.0	1.75	0.37				8.8	2.2	0.46			
亮氨酸（g）	10.2	2.55	0.53				12.8	3.2	0.67	>87	>21.7	>4.54
赖氨酸（g）	6.8	1.70	0.35				8.5	2.1	0.44	>58	>14.5	>3.03
苯丙氨酸（g）	4.0	1.00	0.21				5.0	1.3	0.27	>29	>7.25	>1.51
苯丙氨酸&酪氨酸[e]（g）	15.3	3.83	0.80				19.1	4.8	1.00	68	17	3.55
苏氨酸（g）	5.2	1.30	0.27				6.5	1.6	0.33	>51	>12.7	>2.66
色氨酸（g）	1.3	0.33	0.069				1.6	0.40	0.084	17	4.25	0.89
缬氨酸（g）	5.1	1.28	0.27				6.4	1.6	0.33	>87	>21.7	>4.54
谷氨酸（g）										75	18.8	3.92
牛磺酸[f]（g）	0.32	0.080	0.017				0.40	0.10	0.021	>8.9	>2.22	>0.46
总脂肪（g）				90	22.5	4.7	90	22.5	4.7	>330[a]	>82.5	>17.2
脂肪酸												
亚油酸（g）				5.5	1.4	0.29	5.5	1.4	0.29	55[a]	13.8	2.9
α-亚麻酸（g）				0.2	0.05	0.010	0.2	0.05	0.010			
花生四烯酸（g）				0.2	0.05	0.010	0.2	0.05	0.001			
二十碳五烯酸 & 二十二碳六烯酸[g]（g）				0.1	0.025	0.005	0.1	0.025	0.005	>10[g]		
矿物元素												
钙（g）	5.2	1.3	0.274				8.0	2.0	0.410			
磷（g）	4.8	1.2	0.251				7.2	1.8	0.372			
镁（mg）	160	40	8.3				400	100	20			
钠（mg）	1 240	310	65				1 400	350	74			
钾（g）	2.68	0.67	0.14				4.0	1.0	0.209			
氯（mg）	760	190	42				900	225	46.5			

第二章　国外宠物食品法规和标准

(续表)

营养素	最低营养需要量		充足摄入量			推荐营养需要量			安全上限值		
	Amt./kg DM (=4 000kcal)[a]	Amt./1 000 kcal ME[b]	Amt./kg BW[0.67c]	Amt./kg DM (=4 000kcal)[a]	Amt./1 000 kcal ME[b]	Amt./kg BW[0.67c]	Amt./kg DM (=4 000kcal)[a]	Amt./1 000 kcal ME[b]	Amt./kg BW[0.67c]	Amt./kg DM (=4 000kcal)[a]	Amt./1 000 kcal ME[b]	Amt./kg BW[0.67c]
铁[h] (mg)	70	17	3.2				80	20	4.2			
铜[h] (mg)	4.5	1.1	0.23				8.4	2.1	0.44			
锌 (mg)	50	12.5	2.6				75	18.5	3.9			
锰 (mg)				4.8	1.2	0.25	4.8	1.2	0.25			
硒 (μg)	120	30	6.23				300	75	15.8			
碘 (μg)				1 800	450	93	1 800	450	93			
维生素												
维生素 A (μg 视黄醇)[i]				800	200	42	1 000	250	52	80 000[j]	20 000[j]	4 180[j]
胆钙化醇 (μg)[j]	2.78	0.70	0.14				5.6	1.4	0.29	750	188	39
维生素 E (α-生育酚)[k] (mg)				30	7.5	1.6	38	9.4	2.0			
维生素 K[l] (甲萘醌) (mg)				1.0	0.25	0.05	1.0	0.25	0.05			
硫胺素 (mg)	4.4	1.1	0.23				5.5	1.4	0.29			
核黄素 (mg)				3.2	0.80	0.17	4.0	1.0	0.21			
吡哆醇 (mg)	2.0	0.5	0.10				2.50	0.625	0.13			
烟酸 (mg)				32	8.0	1.7	40	10.0	2.1			
泛酸 (mg)	4.6	1.15	0.24				5.70	1.43	0.30			
钴胺素 (μg)				18	4.5	0.9	22.5	5.6	1.18			
叶酸 (μg)	600	150	31				750	188	39			
生物素[m] (μg)				60	15	3.1	75	18.75	3.9			
胆碱 (mg)	2 040	510	107				2 550	637	133			

[a] 假设日粮能量浓度为 4 000kcal ME/kg，计算得到 Amt./kg DM 为单位的数值；"="表示等价于；如果日粮能量浓度不是 4 000kcal ME/kg，则用表中所列数值乘以日粮的实际能量浓度，再除以 4 000，得到实际中以 Amt./kg DM 为单位每种营养素的饲喂量。

[b] 用 Amt./1 000kcal ME 一栏中的数值只用于成年猫体重为 4kg 的幼猫，则用表 2-2-9 得到的幼猫饲喂量，再除以 1 000。

[c] 用 Amt./BW[0.67]单位的数值仅用于成年理想体重超过 180g 和 225g 时，每增加 1g 粗蛋白中应加入 0.02g 精氨酸。

[d] 当蛋白质最低营养需要量和推荐需要量与本丙氨酸相等或略多。

[e] 如需被毛更艳亮，酪氨酸的需要量是半胱氨酸 & 二十二碳六烯酸的推荐量是 0.4g/kg DM 和 1.7g/kg DM。

[f] 对于高消化率的纯化粮不能超过二十碳五烯酸 & 二十二碳六烯酸总量的 60%。

[g] 氧化形式的铁和铜不能被利用，其生物利用率太低。

[h] 维生素 A = 0.3 μg 全反式视黄醇 (all-trans retinol)，1 μg 视黄醇 = 3.333 IU 维生素 A，1 mg all-rac-醋酸生育酚。

[i] 1 μg 胆钙化醇 = 40 IU 维生素 D[3]。

[k] 对高 PUFA 日粮推荐使用更高浓度的维生素 E，1 IU 维生素 E = 1 mg α-rac-醋酸生育酚。

[l] 猫对维生素 K 有代谢需要，不过当猫膳食合成的维生素 K 可能足够需要，如日粮中含有抗生素则需额外补充。

[m] 若日粮中含蛋白 (egg white)，肠道细菌合成的生物素可能足够需要。

— 85 —

表 2-2-11 成年猫日维持代谢能需要量

类型	代谢能需要量
家猫，瘦[b]	100kcal×kg BW$^{0.67}$
家猫，超重[c]	130kcal×kg BW$^{0.4}$
外来品种猫	55~240kcal×kg BW$^{0.75}$

[a] 个体差异允许上下浮动50%。
[b] 体况评分（表2-2-13）≤5（9分评价标准）。
[c] 体况评分（表2-2-13）≤5（9分评价标准）。

表 2-2-12 哺乳母猫日代谢能需要量

幼猫	能量需要量
<3	MEkcal=维持量+18×BW×L
	MEkcal=100×BW$^{0.67}$+18×BW×L
3~4	MEkcal=维持量+60×BW×L
	MEkcal=100×BW$^{0.67}$+60×BW×L
>4	MEkcal=维持量+70×BW×L
	MEkcal=100×BW$^{0.67}$+70×BW×L

L=哺乳期的1至7周，各阶段的因子：0.9, 0.9, 1.2, 1.2, 1.1, 1.0, 0.8
举例：雌性家猫，3.5kg BW（发情期），泌乳高峰期（第3周）
ME kcal=100×3.4$^{0.67}$+（60×3.5×1.2）=231+252=483kcal

表 2-2-13 体况评分体系

分数	犬	猫
1	从远处看肋骨、腰脊椎、盆腔骨和所有的骨头突出物很明显。看不出机体脂肪。肌肉丧失很严重	看得见肋骨的短毛猫。没有明显的脂肪。严重的腹部收缩。腰脊椎和髂骨翼很明显并可触摸得到
2	很容易看见肋骨、腰脊椎、盆腔骨。没有触摸得到的脂肪。能看到一些骨头突出物。很少的肌肉丧失	介于分数1和3等级之间的特征
3	肋骨很容易触摸到，并很容易看见。没有触摸得到的脂肪。腰脊椎的顶端可见。盆腔骨变得突出。明显的腰部和腹部收缩	很容易摸到肋骨，上面有很少的脂肪覆盖。很明显的腰脊椎。肋骨后面明显的腰身。很少的腹部脂肪
4	理想的：很容易摸到肋骨，上面有很少的脂肪覆盖。从上面看，很容易看到腰身，腹部凹陷明显。	介于分数3和5等级之间的特征
5	理想的：可触摸到肋骨并且没有过多的脂肪覆盖。从上面看，可看见肋骨后面的腰身。从侧面看，腹部缩拢	理想的：比例较好，肋骨后面腰深可见，肋骨可触摸到并有少量的脂肪覆盖，腹部脂肪垫最少
6	肋骨可触摸并有少许过量脂肪覆盖。从上面看，腰身看得见但是不明显。腹部凹陷明显	介于分数5和7等级之间的特征
7	触摸肋骨有难度，有厚脂肪覆盖。腰部和尾根部有明显的脂肪沉积。腰身基本上看不见。腹部也未见凹陷	肋骨不容易触摸到并有中度脂肪覆盖。腰身几乎看不见。腹部很明显的圆胖，腹部有中度脂肪垫
8	肋骨触摸不到，并有很厚的脂肪覆盖。腰部和尾根部有很厚的脂肪沉积。腰身不可见。腹部没有凹陷。明显的腹部膨胀。	介于分数7和9等级之间的特征
9	胸部、脊椎和尾根部有大量的脂肪沉积。没有腰身和腹部凹陷。颈部和腿部有脂肪沉积。明显的腹部膨胀。	肋骨触摸不到，并有很厚的脂肪覆盖。腰部、脸部和腿部有大量的脂肪沉积。腹部膨胀而且没有腰身。大量脂肪沉积在腹部

资料来源：Laflamme, 1997a, b。

表 2-2-14 成年母猫维持营养需要量

营养素	最低营养需要量			适宜摄入量			推荐营养需要量			安全上限值		
	Amt./kg DM (≡4 000kcal)[a]	Amt./1 000 kcal ME[b]	Amt./kg BW$^{0.67c}$	Amt./kg DM (≡4 000kcal)[a]	Amt./1 000 kcal ME[b]	Amt./kg BW$^{0.67c}$	Amt./kg DM (≡4 000kcal)[a]	Amt./1 000 kcal ME[b]	Amt./kg BW$^{0.67c}$	Amt./kg DM (≡4 000kcal)[a]	Amt./1 000 kcal ME[b]	Amt./kg BW$^{0.67c}$
粗蛋白 (g)	160	40	3.97				200	50	4.96			
氨基酸												
精氨酸[d] (g)				7.7	1.93	0.19	7.7	1.93	0.19			
组氨酸 (g)				2.6	0.65	0.064	2.6	0.65	0.064			
异亮氨酸[e] (g)				4.3	1.08	0.11	4.3	1.08	0.11			
蛋氨酸 (g)	1.35	0.34	0.033				1.7	0.43	0.042			
蛋氨酸&胱氨酸 (g)	2.7	0.68	0.067				3.4	0.85	0.084			
亮氨酸 (g)				10.2	2.55	0.25	10.2	2.55	0.25			
赖氨酸 (g)	2.7	0.68	0.067				3.4	0.85	0.084			
苯丙氨酸 (g)				4.0	1.00	0.099	4.0	1.00	0.099			
苯丙氨酸&酪氨酸[f] (g)				15.3	3.83	0.38	15.3	3.83	0.38			
苏氨酸 (g)				5.2	1.30	0.13	5.2	1.30	0.13			
色氨酸 (g)				1.3	0.33	0.032	1.3	0.33	0.032			
缬氨酸 (g)				5.1	1.28	0.13	5.1	1.28	0.13			
牛磺酸[g] (g)	0.32	0.08	0.007 9	0.40	0.10	0.009 9	0.40	0.10	0.009 9			
总脂肪 (g)				90	22.5	2.2	90	22.5	2.2	330[a]	82.5	8.2
脂肪酸												
亚油酸 (g)				5.5	1.4	0.14	5.5	1.4	0.14	55[a]	13.8	1.4
α-亚麻酸 (g)				0.02	0.005	0.000 5	0.06	0.015	0.001 5	2[a]	0.5	0.049
花生四烯酸 (g)				0.1	0.025	0.002 5	0.1	0.025	0.002 5			
二十碳五烯酸&二十二碳六烯酸[h] (g)										>15[g]		
矿物元素												
钙 (g)	1.6	0.40	0.04	5.2	1.3	0.13	2.9	0.72	0.071			
磷 (g)	1.4	0.35	0.035				2.6	0.64	0.063			
镁 (mg)	200	50	4.9				400	100	9.5			
钠 (mg)	650	160	16.0				680	170	16.7			
钾 (g)				5.2	1.3	0.13	5.2	1.3	0.13			
氯 (mg)				960	240	23.7	960	240	23.7			
铁[i] (mg)				80	20	1.98	80	20	1.98			
铜[i] (mg)				5.0	1.2	0.119	5.0	1.2	0.119	>600		
锌 (mg)				74	18.5	1.9	74	18.5	1.9			
锰 (mg)				4.8	1.2	0.119	4.8	1.2	0.119			

(续表)

营养素	最低营养需要量			适宜摄入量			推荐营养需要量			安全上限值		
	Amt./kg DM (≡4 000kcal)[a]	Amt./1 000 kcal ME[b]	Amt./kg BW[0.67c]	Amt./kg DM (≡4 000kcal)[a]	Amt./1 000 kcal ME[b]	Amt./kg BW[0.67c]	Amt./kg DM (≡4 000kcal)[a]	Amt./1 000 kcal ME[c]	Amt./kg BW[0.67c]	Amt./kg DM (≡4 000kcal)[a]	Amt./1 000 kcal ME[b]	Amt./kg BW[0.67c]
硒 (μg)	1 300	320	31.6	300	75	6.95	300	75	6.95			
碘 (μg)							1 400	350	35			
维生素												
维生素 A (μg 视黄醇)[j]				800	200	19.8	1 000	250	24.7	100 000[j]	25 000[j]	2 469[j]
胆钙化醇[k] (μg)				5.6	1.4	0.14	7	1.75	0.17	750	188	19
维生素 E (α-生育酚)[l] (mg)				30	7.5	0.74	38	10	0.94			
维生素 K[m] (甲萘醌) (mg)				1.0	0.25	0.025	1.0	0.25	0.025			
硫胺素 (mg)	2.0	0.5	0.05	4.4	1.1	0.11	5.6	1.4	0.14			
核黄素 (mg)	4.6	1.15	0.11	3.2	0.80	0.079	4.0	1.0	0.099			
吡哆醇 (mg)							2.50	0.625	0.06			
烟酸 (mg)				32	8.0	0.79	40	10.0	0.99			
泛酸 (mg)							5.75	1.44	0.14			
钴胺素 (μg)	600	150	15	18	4.5	0.44	22.5	5.6	0.56			
叶酸 (μg)				60	15	1.5	750	188	19			
生物素[n] (μg)							75	18.75	1.9			
胆碱 (mg)	2 040	510	50	2 550	637	63						

[a] 假设日粮能量浓度为 4 000kcal ME/kg, 计算得到 Amt./kg DM, 用 Amt./1 000kcal ME 一栏所列数值乘以 4 000kcal ME/kg, 计算得到每种营养素的饲喂量。
[b] 用 Amt./1 000kcal ME一栏列出的数值进行饲喂。
[c] 用 100kcal×BW[0.67] 一栏列出的数值(译者估计这里应该是 1 000kcal)的能量最低摄入量计算瘦猫 Amt./BW[0.67]单位的营养需要量,从表 2-2-13 中获得日能量需要量,然后乘以 Amt./1 000kcal 一栏的数值,再除以 1 000。
[d] 假设日粮蛋白质量超过 200g 时, 每增加 1g 粗蛋白中应加入 0.02g 精氨酸。
[e] 蛋氨酸使毛色更黑亮。
[f] 如高 PUFA 日粮推荐使用更高浓度的维生素 E, 1IU 维生素 E=1mg all-rac-醋酸生育酚。
[g] 对高消化率的纯化日粮来说,酪氨酸的推荐量是 0.4g/kg 日粮,对于干粮和罐装日粮则分别为 1.0g/kg DM 和 1.7g/kg DM。
[h] 氨化形式的铁不能被利用,其生物利用率大低。
[i] 没指二十碳六烯酸,没指关于二十碳五烯酸的数据。
[j] 1IU 维生素 A=0.3 μg 全反式视黄醇 (all-trans retinol), 1 μg 视黄醇 =3.333 IU 维生素 A, 安全上限值用 μg 视黄醇表示。
[k] 对于高消化率的纯化日粮来说,维生素 K 建议二十碳五烯酸五的利用,建议十碳五烯酸不要超过总量的 20%。
[l] 当蛋白质需要量超过 200g 时,每增加 1g 粗蛋白中应加入 0.02g 精氨酸。
[m] 猫对维生素 K 有代谢需要,不过当饲喂天然食物时,需要量未知,肠道细菌合成的维生素可能足够需要,如日粮中含有抗生物质可甲萘醌表示。
[n] 若日粮中不含蛋白 (egg white), 肠道细菌合成的生物素可能足够需要,否则用 μg 表示需要额外补充。

表 2-2-15 妊娠后期和泌乳期母猫的营养需要量

营养素	最低营养需要量			适宜摄入量			推荐营养需要量			安全上限值		
	Amt./kg DM (=4 000kcal)[b]	Amt./1 000 kcal ME[c]	Amt./kg BW$^{0.67}$d	Amt./kg DM (=4 000kcal)[b]	Amt./1 000 kcal ME[c]	Amt./kg BW$^{0.67}$d[c]	Amt./kg DM (=4 000kcal)[b]	Amt./1 000 kcal ME[c]	Amt./kg BW$^{0.67}$d	Amt./kg DM (=4 000kcal)[b]	Amt./1 000 kcal ME[c]	Amt./kg BW$^{0.67}$d
妊娠期成年猫												
粗蛋白 (g)	170	43	5.90				213	53	7.40			
氨基酸												
精氨酸[e] (g)				15	3.75	0.52	15	3.75	0.52			
组氨酸 (g)				4.3	1.08	0.15	4.3	1.08	0.15			
异亮氨酸 (g)				7.7	1.93	0.27	7.7	1.93	0.27			
蛋氨酸 (g)				5.0	1.25	0.17	5.0	1.25	0.17			
蛋氨酸&胱氨酸 (g)				9.0	2.25	0.31	9.0	2.25	0.31			
亮氨酸 (g)				18	4.50	0.63	18	4.50	0.63			
赖氨酸 (g)				11	2.75	0.38	11	2.75	0.38			
苯丙氨酸&酪氨酸[f] (g)	15.3	3.83	0.53				19.1	4.78	0.66			
苏氨酸 (g)				8.9	2.23	0.31	8.9	2.23	0.31			
色氨酸 (g)				1.9	0.48	0.066	1.9	0.48	0.066			
缬氨酸 (g)				10	2.50	0.35	10	2.50	0.35			
牛磺酸[e] (g)	0.42	0.105	0.015				0.53	0.13	0.018			
哺乳期成年猫												
粗蛋白 (g)	240	60	12.9				300	75	16.10			
氨基酸												
精氨酸[e] (g)				15	3.8	0.81	15	3.8	0.81			
组氨酸 (g)				7.1	1.8	0.39	7.1	1.8	0.39			
异亮氨酸 (g)				12	3.0	0.64	12	3.0	0.64			
蛋氨酸 (g)				6.0	1.5	0.32	6.0	1.5	0.32			
蛋氨酸&胱氨酸 (g)				10.4	2.6	0.56	10.4	2.6	0.56			
亮氨酸 (g)				20	5.0	1.07	20	5.0	1.07			

（续表）

营养素	最低营养需要量			适宜摄入量			推荐营养需要量			安全上限值		
	Amt./kg DM (≡4 000kcal)[b]	Amt./1 000 kcal ME[c]	Amt./kg BW$^{0.67}$[d]	Amt./kg DM (≡4 000kcal)[b]	Amt./1 000 kcal ME[c]	Amt./kg BW$^{0.67d\mathrm{c}}$	Amt./kg DM (≡4 000kcal)[b]	Amt./1 000 kcal ME[c]	Amt./kg BW$^{0.67}$d	Amt./kg DM (≡4 000kcal)[b]	Amt./1 000 kcal ME[c]	Amt./kg BW$^{0.67}$d
赖氨酸 (g)	15.3	3.83		14	3.5	0.75	14	3.5	0.75			
苯丙氨酸 (g)							19.1	4.8	1.03			
苯丙氨酸&酪氨酸[f] (g)			0.52	0.82			10.8	2.7	0.58			
苏氨酸 (g)				10.8	2.7	0.58	10.8	2.7	0.58			
色氨酸 (g)				1.9	0.48	0.10	1.9	0.48	0.10			
缬氨酸 (g)				12	3.0	0.64	12	3.0	0.64			
牛磺酸[g] (g)	0.42	0.105	0.015	0.53	0.13	0.018	0.53	0.13	0.018			
总脂肪 (g)				90	22.5	4.8	90	22.5	4.8	330[b]	82.5	17.6
脂肪酸												
亚油酸 (g)				5.5	1.4	0.3	5.5	1.4	0.3	55[b]	13.8	2.93
α-亚麻酸 (g)				0.2	0.05	0.011	0.2	0.05	0.011			
花生四烯酸 (g)				0.2	0.05	0.011	0.2	0.05	0.011			
二十碳五烯酸 & 二十二碳六烯酸[h] (g)				0.1	0.025	0.006 7	0.1	0.025	0.004 4			
矿物元素												
钙 (g)	4.9	1.22	0.261	10.8	2.7	0.565	10.8	2.7	0.565			
磷 (g)				7.6	1.9	0.411	7.6	1.9	0.411			
镁 (mg)	416	104	22	500	125	32	500	125	32			
钠 (mg)				2 680	670	142	2 680	670	142			
钾 (g)				5.2	1.3	0.277	5.2	1.3	0.277			
氯 (mg)				4 000	1 000	213	4 000	1 000	213			
铁 (mg)				80	20	4.3	80	20	4.3			
铜[i] (mg)				8.8	2.2	0.47	8.8	2.2	0.47			
锌 (mg)	42	10.5	2.2	60	15	3.2	60	15	3.2			
锰 (mg)				7.2	1.8	0.38	7.2	1.8	0.38			
硒 (μg)				300	75	16	300	75	16			

（续表）

营养素	最低营养需要量			适宜摄入量			推荐营养需要量			安全上限值		
	Amt./kg DM (=4 000kcal)[b]	Amt./1 000 kcal ME[c]	Amt./kg BW[0.67]d	Amt./kg DM (=4 000kcal)[b]	Amt./1 000 kcal ME[c]	Amt./kg BW[0.67]dc	Amt./kg DM (=4 000kcal)[b]	Amt./1 000 kcal ME[c]	Amt./kg BW[0.67]d	Amt./kg DM (=4 000kcal)[b]	Amt./1 000 kcal ME[c]	Amt./kg BW[0.67]d
碘（μg）	1 800	450	96	1 800	450	96	1 800	450	96			
维生素												
维生素A[j]（μg视黄醇）										100 000[j]	25 000[j]	5 333[j]
胆钙化醇[k]（μg）	1 600	5.6		400	1.4		500	1.75	107	750	188	40
维生素E（α-生育酚）[l]（mg）	30	7.5	0.30	7.5	0.30	31	7.8	0.37				
维生素K（甲萘醌）[m]（mg）						1.6		1.67				
硫胺素（mg）	1.0	0.25	0.18	1.0	0.25	0.18	1.0	0.25	0.18			
核黄素（mg）	5.0	1.25	0.27	6.3	1.56	0.32						
吡哆醇（mg）	3.2	0.80	0.17	4.0	1.0	0.21						
烟酸（mg）	32	8.0	1.71	2.50	0.625	0.11						
泛酸（mg）	18	4.5	0.80	40	10.0	2.10						
钴胺素（μg）				5.75	0.19	0.31						
叶酸（μg）	600	150		750	187	33	22.5	5.6	1.0			
生物素[n]（μg）				75	18.75	3.3						
胆碱（mg）	2 040	510	27	60	15	2.7	2 550	637	113			

[a]氨基酸除外，关于妊娠母猫的最低日粮浓度的数据几乎没有，对于其他营养素，"="表示等价。
[b]假定日粮能量浓度为4 000kcal ME/kg，计算得到Amt./kg DM为单位的数值。
[c]用Amt./1 000kcal ME作营养素的阈值量，用Amt./1 000kcal ME一栏所列数值乘以日粮能量浓度（通过表2-2-14得到哺乳期/泌乳期母猫能量需要量，BW[0.67]乘以140获得妊娠期/泌乳期母猫以日粮能量浓度乘以4 000，再除以4 000，得到实际中以Amt./kg DM为单位的数值）。
[d]用Amt./BW[0.67]作单位的营养素阈只用于断乳（前）幼猫情况，有3～4只幼猫，4kg母猫泌乳高峰期，每日消耗540kcal ME，这个数值乘以Amt./1 000kcal ME一栏的数值，然后乘以Amt./1 000kcal ME一栏的数值，再除以1 000。
[dc]计算妊娠后期母猫BW[0.67]时，母猫重为140×kg BW[0.67]，这个数乘以Amt./1 000kcal ME一栏的数值，然后乘以Amt./1 000kcal ME一栏的数值，再除以1 000。
[e]如质白质氨基酸含量更高，酪氨酸的需要量会有所增加。
[f]毛色更黑克，酪氨酸的需要量将超过1g/kg DM，每猫加1g粗蛋白应加入0.02g 精氨酸。
[g]猫对毛色更黑克，酪氨酸的需要量将超过1.71，牛磺酸的推荐量是0.53g/kg DM，每猫加1g粗蛋白应加入0.02g 精氨酸。
[h]建议二十碳五烯酸的饱和脂肪酸不能被利用，其生物利用率太低。
[i]氧化形式的铁和铜不能被利用，其生物利用率太低。
[j]1 IU维生素 A = 0.3μg全反视黄醇 (all-trans retinol)，1μg视黄醇 = 3.333 IU维生素 A，安全上限只用μg视黄醇表示。
[k]1μg胆钙化醇=40 IU维生素 D[3]。
[l]对于高PUFA日粮推荐使用更高浓度的维生素E，1 IU维生素 E=1mg all-rac-α-醋酸生育酚。
[m]猫对维生素K有代谢需要，不过当饲喂天然食物时，肠道细菌合成的维生素K可能足够需要。维生素K允许量用共用体物质甲萘醌表示。
[n]若日粮中不含蛋白（egg white），肠道细菌合成的生物素的最小需要量数据只对日粮的值对生素母猫和泌乳期的值比较合适，这个值kg DM和1 000kcal ME形式表示。
除氨基酸外，关于妊娠母猫的最低日粮效度的数据几乎没有，对于其他营养素，母猫妊娠和泌乳期的值对生素母猫和泌乳期的最小需要量补充。

第三节 欧盟 FEDIAF 宠物营养标准

欧洲宠物犬猫营养需要指南,是根据犬猫不同生长阶段的营养需要和对营养物质的消化吸收率,科学的设计适合犬猫的日粮,提高犬猫的健康和福利水平,欧盟宠物食品工业协会与独立的科学家一起负责起草与修订宠物犬猫的营养需要。来自于不同欧盟成员国的专家委员会于 2010 年成立,专家委员会将致力于保持营养指南的科学和权威性,采纳最新研究进展和科学实验数据,保证犬猫对能量、蛋白质、微量元素和维生素等营养素的基本需求和维持最长的寿命(表 2-3-1 至表 2-3-6)。

表 2-3-1 犬最低推荐营养水平(每 100g 干物质)

营养物	单位	成犬	生长期(<14 周)和繁殖期	(≥14 周)成年期	最大值 (L)= 法定 (N)= 营养
			建议最小值		
粗蛋白质	g	18.0	25.0	20.0	—
精氨酸	g	0.52	0.82	0.69	—
组氨酸	g	0.23	0.39	0.25	—
异亮氨酸	g	0.46	0.65	0.50	—
亮氨酸	g	0.82	1.29	0.80	—
赖氨酸	g	0.42	0.88	0.70	成长:2.8(N)
蛋氨酸	g	0.31	0.35	0.26	—
蛋氨酸+半胱氨酸	g	0.62	0.70	0.53	—
苯丙氨酸	g	0.54	0.65	0.50	—
苯丙氨酸+酪氨酸	g	0.89	1.30	1.00	—
苏氨酸	g	0.52	0.81	0.64	—
色氨酸	g	0.17	0.23	0.21	—
缬氨酸	g	0.59	0.68	0.56	—
脂肪	g	5.5	8.50	8.50	—
亚油酸(ω-6)	g	1.32	1.30	1.30	生长期 6.50(N)
花生四烯酸 acid(ω-6)	mg	—	30.0	30.0	
α-亚麻酸(ω-3)	g	—	0.08	0.08	
EPA 二十二碳六烯酸 + DHA 二十碳五烯酸(ω-3)	g		0.05	0.05	

(续表)

营养物	单位	成犬	生长期（<14周）和繁殖期	(≥14周)成年期	最大值 (L)=法定 (N)=营养
矿物质	-	-	-	-	-
钙	g	0.50	1.00	0.80^a - 1.00^b	成犬：2.5 (N) 生长期：1.6 (N) 成年期1.8 (N)
磷	g	0.40	0.90	0.70	成犬：1.60 (N)
钙磷比		1/1~2/1	1/1~1.6/1	1/1~1.6/1^b 或 1.8/1^a	-
钾	g	0.50	0.44	0.44	
钠	g	0.10	0.22	0.22	成犬：1.80 (N)
氯化物	g	0.15	0.33	0.33	成犬：2.25 (N)
镁	g	0.07	0.04	0.04	
微量元素		-	-	-	-
铜	mg	0.72	1.10	1.10	2.8 (L)
碘	mg	0.11	0.15	0.15	1.1 (L)
铁	mg	3.60	8.80	8.80	142 (L)
锰	mg	0.58	0.56	0.56	17.0 (L)
硒	μg	30.0	35.0	35.0	56.8 (L)
锌	mg	7.2	10.0	10.0	28.4 (L) 成长：100 (N)
维生素		-	-	-	-
维生素 A	IU	500	500	500	40 000 (N)
维生素 D	IU	50.0	55.2	50.0	227 (L) 320 (N)
维生素 E	IU	3.60	5.00	5.00	-
硫胺素	mg	0.23	0.14	0.14	
核黄素	mg	0.60	0.53	0.53	
泛酸	mg	1.00	1.50	1.50	
维生素 B_6（吡哆醇）	mg	0.15	0.15	0.15	
维生素 B_{12}	μg	2.20	3.50	3.50	
烟酸	mg	1.10	1.70	1.70	
叶酸	μg	18.0	27.0	27.0	

（续表）

营养物	单位	成犬	生长期（<14周）和繁殖期	(≥14周)成年期	最大值(L) = 法定(N) = 营养
生物素	μg	-	-	-	-
胆碱	mg	120	170	170	-
维生素 K	μg	-	-	-	-

a 为中小型和幼犬生长周期（≥14周）
b 为大型和巨型品种幼犬，直到大约6个月的年龄。只有6个月后，钙可以减少到0.8% DM，钙磷比可以增加到1.8/1。

表 2-3-2 犬最低推荐营养水平（每 1 000 kcal 代谢能单位）

营养物	单位	成犬	生长、繁殖期（<14周）	(≥14周)成年期	最大值(L) = 法定(N) = 营养
			建议最小值		
粗蛋白质	g	45.0	62.5	50.0	-
精氨酸	g	1.30	2.05	1.73	-
组氨酸	g	0.58	0.98	0.63	-
异亮氨酸	g	1.15	1.63	1.25	-
亮氨酸	g	2.05	3.23	2.00	-
赖氨酸	g	1.05	2.20	1.75	成长：7.0（N）
蛋氨酸	g	0.78	0.88	0.65	-
蛋氨酸 + 半胱氨酸	g	1.55	1.75	1.33	-
苯丙氨酸	g	1.35	1.63	1.25	-
苯丙氨酸+酪氨酸	g	2.23	3.25	2.50	-
苏氨酸	g	1.30	2.03	1.60	-
色氨酸	g	0.43	0.58	0.53	-
缬氨酸	g	1.48	1.70	1.40	-
脂肪	g	13.75	21.25	21.25	-
亚油酸（ω-6）	g	3.30	3.25	3.25	生长期16.25（N）
花生四烯酸（ω-6）	mg	-	75.0	75.0	-
亚麻酸（ω-3）	g	-	0.20	0.20	-
EPA 二十二碳六烯酸+DHA 二十碳五烯酸（ω-3）	g	-	0.13	0.13	-

(续表)

营养物	单位	成犬	生长、繁殖期（<14周）	(≥14周)成年期	最大值 (L) = 法定 (N) = 营养
矿物质	-	-	-	-	
钙	g	1.25	2.50	2.0^a~2.5^b	成犬：6.25 (N) 生长期：4.0 (N) 成年期：4.5 (N)
磷	g	1.00	2.25	1.75	成犬：4.0 (N)
钙磷比		1/1~2/1	1/1~1.6/1	1/1~1.6/1^b 或 1.8/1^a	-
钾	g	1.25	1.10	1.50	
钠	g	0.25	0.55	0.55	成犬：4.5 (N)
氯化物	g	0.38	0.83	0.83	成犬：5.6 (N)
镁	g	0.18	0.10	0.10	
微量元素	-	-	-	-	
铜	mg	1.80	2.75	2.75	7.1 (L)
碘	mg	0.26	0.38	0.38	2.8 (L)
铁	mg	9.00	22.0	22.0	355 (L)
锰	mg	1.44	1.40	1.40	42.6 (L)
硒	μg	75.0	87.5	87.5	142 (L)
锌	mg	18.0	25.0	25.0	71 (L) 成长：250 (N)
维生素	-	-	-	-	-
维生素 A	IU	1 250	1 250	1 250	100 000 (N)
维生素 D	IU	125	138	125	568 (L) 800 (N)
维生素 E	IU	9.00	12.50	12.5	-
硫胺素	mg	0.56	0.35	0.35	
核黄素	mg	1.50	1.31	1.31	
泛酸	mg	2.50	3.75	3.75	
维生素（B_6吡哆醇）	mg	0.38	0.38	0.38	
维生素 B_{12}	μg	5.50	8.75	8.75	
烟酸	mg	2.75	4.25	4.25	

(续表)

营养物	单位	成犬	生长、繁殖期（<14周）	（≥14周）成年期	最大值 (L)=法定 (N)=营养
叶酸	μg	45.0	67.5	67.5	-
生物素	μg	-	-	-	-
胆碱	mg	300	425	425	-
维生素K	μg				

a 为中小型犬和幼犬生长期（14周以上）
b 为大型和巨型品种幼犬，直到大约6个月的年龄。6个月后，钙可降至2g/1 000kcal，钙磷比可提高到1.8/1

表2-3-3 犬最低推荐营养水平（每兆焦耳的代谢能单位）

营养物	单位	成犬	生长期（<14周）和繁殖期	（≥14周）成年期	最大值 (L)=法定 (N)=营养
			建议最小值		
粗蛋白质	g	10.76	14.94	11.95	-
精氨酸	g	0.31	0.49	0.41	-
组氨酸	g	0.14	0.23	0.15	-
异亮氨酸	g	0.27	0.39	0.30	-
亮氨酸	g	0.49	0.77	0.48	-
赖氨酸	g	0.25	0.53	0.42	成长 1.67（N）
蛋氨酸	g	0.19	0.21	0.16	-
蛋氨酸+半胱氨酸	g	0.37	0.42	0.32	-
苯丙氨酸	g	0.32	0.39	0.30	-
苯丙氨酸+酪氨酸	g	0.53	0.78	0.60	-
苏氨酸	g	0.31	0.48	0.38	-
色氨酸	g	0.10	0.14	0.13	-
缬氨酸	g	0.35	0.41	0.33	-
脂肪	g	3.29	5.08	5.08	-
亚油酸（ω-6）	g	0.79	0.78	0.78	生长期 3.88（N）
花生四烯酸（ω-6）	mg	-	17.9	17.9	-
亚麻酸（ω-3）	g	-	0.05	0.05	-
EPA 二十二碳六烯酸+DHA 二十碳五烯酸（ω-3）	g	-	0.03	0.03	-
矿物质	-	-	-	-	-

(续表)

营养物	单位	成犬	生长期（<14周）和繁殖期	（≥14周）成年期	最大值 （L）=法定 （N）=营养
钙	g	0.30	0.60	0.48^a~0.60^b	成犬：1.49（N） 生长期：0.96（N） 成年期：1.08（N）
磷	g	0.24	0.54	0.42	成犬 0.96（N）
钙磷比		1/1~2/1	1/1~1.6/1	1/1~1.6/1^b 或 1.8/1^a	—
钾	g	0.30	0.26	0.26	
钠	g	0.06	0.13	0.13	成犬 1.08（N）
氯化物	g	0.09	0.20	0.20	成犬 1.34（N）
镁	g	0.04	0.02	0.02	—
微量元素	—	—	—	—	
铜	mg	0.43	0.66	0.66	1.7（L）
碘	mg	0.06	0.09	0.09	0.68（L）
铁	mg	2.15	5.26	5.26	84.9（L）
锰	mg	0.34	0.33	0.33	10.2（L）
硒	μg	17.9	20.9	20.9	33.9（L）
锌	mg	4.30	5.98	5.98	17.0（L） 成长：60.0（N）
维生素			—	—	
维生素A	IU	299	299	299	23 900（N）
维生素D	IU	29.9	33.0	29.9	136（L）-191（N）
维生素E	IU	2.20	3.00	3.00	—
硫胺素	mg	0.13	0.08	0.08	
核黄素	mg	0.36	0.31	0.31	
泛酸	mg	0.60	0.90	0.90	
维生素B$_6$（吡哆醇）	mg	0.09	0.09	0.09	
维生素B$_{12}$	μg	1.31	2.09	2.09	
烟酸	mg	0.66	1.02	1.02	
叶酸	μg	10.8	16.1	16.1	
生物素	μg	—	—	—	
胆碱	mg	71.7	102	102	
维生素K	μg	—	—	—	

a 为中小型和幼犬生长期（14周以上）
b 为大型和巨型品种幼犬，直到大约6个月的年龄。只有6个月后，钙可以减少到0.48g/MJ，钙磷比可以增加到1.8/1

表 2-3-4　猫最低推荐营养水平（每100g干物质单位）

营养物	单位	成猫	生长期和繁殖期	最大值 (L) = 法定 (N) = 营养
			建议最小值	
粗蛋白	g	25.0	28.0 / 30.0	
精氨酸	g	1.00	1.07 / 1.11	成长 3.5（N）
组氨酸	g	0.30	0.33	
异亮氨酸	g	0.49	0.54	
亮氨酸	g	1.17	1.28	
赖氨酸	g	0.34	0.85	
蛋氨酸	g	0.17	0.44	成长 1.3（N）
蛋氨酸 + 半胱氨酸	g	0.34	0.88	
苯丙氨酸	g	0.46	0.50	
苯丙氨酸 + 酪氨酸	g	1.76	1.91	
苏氨酸	g	0.60	0.65	
色氨酸	g	0.15	0.16	成长 1.7（N）
缬氨酸	g	0.59	0.64	
牛磺酸（宠物罐头食品）	g	0.20	0.25	
牛磺酸（宠物干粮）	g	0.10	0.10	
脂肪	g	9.0	9.0	
亚油酸（ω-6）	g	0.50	0.55	
花生四烯酸（ω-6）	mg	6.00	20.0	
亚麻酸（ω-3）	g	-	0.02	
EPA 二十二碳六烯酸 + DHA 二十碳五烯酸（ω-3）	g	-	0.01	
矿物质				
钙	g	0.59	1.00	
磷	g	0.50	0.84	
钙磷比		1/1~ 2/1	1/1~ 1.5/1	
钾	g	0.60	0.60	
钠	g	0.08	0.16	1.8（N）

(续表)

营养物	单位	成猫	生长期和繁殖期	最大值 (L) = 法定 (N) = 营养
氯化物	g	0.11	0.24	
镁	g	0.04	0.05	
微量元素				
铜	mg	0.50	1.00	2.8 (L)
碘	mg	0.05	0.18	1.1 (L)
铁	mg	8.00	8.00	142 (L)
锰	mg	0.50	1.00	17.0 (L)
硒	μg	30.0	30.0	56.8 (L)
锌	mg	7.50	7.50	28.4 (L) 成猫: 60.0 (N)
维生素	—	—	—	
维生素 A	IU	333	900	成猫 & 成长 40 000 (N) 繁殖期 33 333 (N)
维生素 D	IU	25.0	75.0	227 (L) 3000 (N)
维生素 E	IU	3.80	3.80	
硫胺素	mg	0.56	0.55	
核黄素	mg	0.40	0.40	
泛酸	mg	0.58	0.57	
维生素 B_6（吡哆醇）	mg	0.25	0.40	
维生素 B_{12}	μg	2.25	2.00	
烟酸	mg	4.00	4.00	
叶酸	μg	80.0	80.0	
生物素	μg	7.50	7.00	
胆碱	mg	240	240	
维生素 K	μg	10.0	10.0	

表 2-3-5 猫最低推荐营养水平（每 1 000 kcal 代谢能单位）

营养物	单位	成猫	生长、繁殖期	最大值 （L）= 法定 （N）= 营养
			建议最小值	
粗蛋白	g	62.5	70.0/75.0	
精氨酸	g	2.50	2.68/2.78	成长：8.75（N）
组氨酸	g	0.75	0.83	
异亮氨酸	g	1.24	1.35	
亮氨酸	g	2.93	3.20	
赖氨酸	g	0.85	2.13	
蛋氨酸	g	0.43	1.10	成长 3.25（N）
蛋氨酸 + 半胱氨酸	g	0.85	2.20	
苯丙氨酸	g	1.15	1.25	
苯丙氨酸 + 酪氨酸	g	4.40	4.78	
苏氨酸	g	1.50	1.63	
色氨酸	g	0.37	0.40	成长 4.25（N）
缬氨酸	g	1.47	1.60	
牛磺酸（宠物罐头食品）	g	0.50	0.63	
牛磺酸（宠物干粮）	g	0.25	0.25	
脂肪	g	22.5	22.5	
亚油酸（ω-6）	g	1.25	1.38	
花生四烯酸（ω-6）	mg	15.0	50.0	
亚麻酸（ω-3）	g	—	0.05	
EPA 二十二碳六烯酸 + DHA 二十碳五烯酸（ω-3）	g		0.03	
矿物质				
钙	g	1.48	2.50	
磷	g	1.25	2.10	
钙磷比		1/1~2/1	1/1~1.5/1	
钾	g	1.50	1.50	
钠	g	0.19	0.40	4.5（N）
氯化物	g	0.29	0.60	
镁	g	0.10	0.13	
微量元素				
铜	mg	1.25	2.50	7.1（L）
碘	mg	0.125	0.45	2.8（L）

(续表)

营养物	单位	成猫	生长、繁殖期	最大值 （L）= 法定 （N）= 营养
铁	mg	20.0	20.0	355（L）
锰	mg	1.25	2.50	42.6（L）
硒	μg	75.0	75.0	142（L）
锌	mg	18.8	18.8	71.0（L） 成猫：150（N）
维生素	—	—	—	
维生素 A	IU	833	2 250	成猫 成长期 100 000（N） 繁殖期 83 325（N）
维生素 D	IU	62.5	188	568（L）7 500（N）
维生素 E	IU	9.50	9.50	
硫胺素	mg	1.40	1.38	
核黄素	mg	1.00	1.00	
泛酸	mg	1.44	1.43	
维生素 B_6（吡哆醇）	mg	0.63	1.00	
维生素 B_{12}	μg	5.63	5.00	
烟酸	mg	10.0	10.0	
叶酸	μg	200	200	
生物素	μg	18.8	17.5	
胆碱	mg	600	600	
维生素 K	μg	25.0	25.0	

表 2-3-6　猫最低推荐营养水平-每兆焦耳的代谢能单位（ME）

营养物	单位	成猫	生长、繁殖期	最大值 （L）= 法定 （N）= 营养
			建议最小值	
粗蛋白	g	14.94	16.73／17.93	
精氨酸	g	0.60	0.64/0.66	成长 2.09（N）
组氨酸	g	0.18	0.20	
异亮氨酸	g	0.30	0.32	
亮氨酸	g	0.70	0.76	
赖氨酸	g	0.20	0.51	

(续表)

营养物	单位	成猫	生长、繁殖期	最大值 (L) = 法定 (N) = 营养
蛋氨酸	g	0.10	0.26	成长 0.78 (N)
蛋氨酸 + 半胱氨酸	g	0.20	0.53	
苯丙氨酸	g	0.27	0.30	
苯丙氨酸 + 酪氨酸	g	1.05	1.14	
苏氨酸	g	0.36	0.39	
色氨酸	g	0.09	0.10	成长 1.02 (N)
缬氨酸	g	0.35	0.38	
牛磺酸（宠物罐头食品）	g	0.12	0.15	
牛磺酸（宠物干粮）	g	0.06	0.06	
脂肪	g	5.38	5.38	
亚油酸（ω-6）	g	0.30	0.33	
花生四烯酸（ω-6）	mg	3.59	11.95	
亚麻酸（ω-3）	g	—	0.01	
EPA 二十二碳六烯酸 + DHA 二十碳五烯酸（ω-3）	g	—	0.01	
矿物质				
钙	g	0.35	0.60	
磷	g	0.30	0.50	
钙磷比		1/1~2/1	1/1~1.5/1	
钾	g	0.36	0.36	
钠	g	0.05	0.10	1.08 (N)
氯化物	g	0.07	0.14	
镁	g	0.02	0.03	
微量元素				
铜	mg	0.30	0.60	1.7 (L)
碘	mg	0.03	0.11	0.68 (L)
铁	mg	4.78	4.78	84.9 (L)
锰	mg	0.30	0.60	10.2 (L)
硒	μg	17.9	17.9	33.9 (L)
锌	mg	4.48	4.48	17.0 (L) 成猫 35.9 (N)
维生素				

(续表)

营养物	单位	成猫	生长、繁殖期	最大值 (L) = 法定 (N) = 营养
维生素	IU	199	538	成猫 成长期 23 901 (N) 繁殖期 19 917 (N)
维生素 D	IU	14.9	44.8	136 (L) 1,793 (N)
维生素 E	IU	2.30	2.30	
硫胺素	mg	0.33	0.33	
核黄素	mg	0.24	0.24	
泛酸	mg	0.34	0.34	
维生素 B_6（吡哆醇）	mg	0.15	0.24	
维生素 B_{12}	μg	1.34	1.20	
烟酸	mg	2.39	2.39	
叶酸	μg	47.8	47.8	
生物素	μg	4.48	4.18	
胆碱	mg	143	143	
维生素 K	μg	5.98	5.98	

参考文献

陈志敏,王金全,高秀华.2012.宠物猫营养生理研究进展[J].饲料工业(17):52-56.

陈志敏,王金全,常文环.2014.宠物犬营养需要研究进展[J].饲料工业(17):021.

丁丽敏,夏兆飞.2010.《犬猫营养需要》.北京:中国农业大学出版社.

黎先伟.2013.美国对宠物食品的管理法规[J].兽医导刊(3):74-76.

李凯年,裴海宁.2011.健康犬和猫的饲喂与营养管理研究进展(一)[J].中国动物保健(9):64-66.

李凯年,裴海宁.2011.健康犬和猫的饲喂与营养管理研究进展(二)[J].中国动物保健(10):71-74.

宋伟.2003.宠物食品法规的全球化进程—全世界标签可能达到统一吗?[J].饲料广角(6):30-30.

王金全.2016.宠物犬、猫蛋白质营养研究进展[J].养犬(3):27-30.

王金全.2018.宠物营养与食品[M].北京:中国农业科学技术出版社.

王随元,于炎湖,方军.2006.饲料工业标准汇编(2002—2006)[M].北京:中国标准出版社.

郑宗林,黄朝芳.2001.猫狗的营养需求及饲料开发问题探讨[J].饲料广角(16):14-16.

中国饲料成分及营养价值表(2017年28版),中国饲料数据库.

中华人民共和国农业农村部公告第20号,https://wenku.baidu.com/view/5720cf0bcbaedd3383c4bb4cf7ec4afe05a1b141.html.

中华人民共和国农业农村部公告第21号,http://www.luonan.gov.cn/gk/gk25/gk2501/87129.htm.

中华人民共和国农业农村部公告第22号,http://www.bjny.gov.cn/nyj/232120/232880/232898/8074218/index.html.

AAFCO. AAFCO dog and cat food metabolizable energy protocols. 2011. In: Official Publication- Association of American Feed Control Officials Inc.: 175-180.

Baker D H. 1995. Vitamin bioavailability. Pp. 399-431 in Bioavailabilityof Nutrients for Animals. Amino Acids, Minerals, and Vitamins, C. A. Ammerman, D. H. Baker, and A. J. Lewis, eds. San Diego: Academic Press.

Brennan M A, Derbyshire E, Tiwari B K, et al. 2013. Ready-to-eat snack products: the role of extrusion technology in developing consumer acceptable and nutritious snacks [J]. International Journal of Food Science & Technology, 48 (5): 893-902.

Buchanan R L, Baker R C, Charlton A J, et al. 2011. Pet food safety: a shared concern [J]. British Journal of Nutrition, 106 (S1): S78-S84.

Cheuk W L, Dierking M L. 2002. Pet food composition and method: U. S. Patent 6, 440, 485 [P].

Cheuk W L, Dierking M. 2002. Pet food composition and method: U. S. Patent 6, 436, 463 [P].

Cheuk W L, Hayward L H, Thawnghmung P L. 2002. High meat pet food compositions: U. S. Patent 6, 410, 079 [P].

Colliard L, Ancel J, Benet J J, et al. 2006. Risk factors for obesity in dogs in France [J]. The Journal of nutrition, 136 (7): 1 951S-1 954S.

Di Cerbo A, Morales-Medina J C, Palmieri B, et al. 2017. Functional foods in pet nutrition: focus on dogs and cats [J]. Research in veterinary science, 112: 161-166.

Dzanis D A. 2008. Understanding regulations affecting pet foods [J]. Topics in companion animal medicine, 23 (3): 117-120.

Earle K E, Kienzle E, Opitz B, et al. 1998. Fiber affects digestibility of organic matter and energy in pet foods [J]. The Journal of nutrition, 128 (12): 2 798S-2 800S.

Jones D R, Lewis L D. 2000. Combination container and dry pet food for increased shelf life, freshness, palatability, and nutritional value: U. S. Patent 6, 042, 857 [P].

Karthikeyan N, Singh R P, Johri T S, et al. 2002. Nutritional quality and palatability of pet food from poultry by-product meal [J]. Indian Journal of Animal Sciences, 72 (5): 410-413.

Khoo C, Scherl D. 2010. Method to reduce stool odor of companion animals: U. S. Patent 7, 687, 077 [P].

Khoo C. 2007. Method for Modifying Gut Flora in Animals: U. S. Patent Application 11/617, 801 [P].

Khoo C. 2010. Method to reduce odor of excreta from companion animals: U. S. Patent 7, 722, 905 [P].

Kienzle E. 2002. Further developments in the prediction of metabolizable energy (ME) in pet food [J]. The Journal of nutrition, 132 (6): 1 796S-1 798S.

Kvamme J L, Phillips T D. 2003. Petfood technology [M]. Morris: Watt Trade Press.

Laflamme D P, Abood S K, Fascetti A J, et al. 2008. Pet feeding practices of dog and cat owners in the United States and Australia [J]. Journal of the American Veterinary Medical Association, 232 (5): 687-694.

Laflamme D P, Abood S K, Fascetti A J, et al. 2008. Pet feeding practices of dog and cat owners in the United States and Australia [J]. Journal of the American Veterinary

Medical Association, 232 (5): 687-694.

Laflamme D P, Abood S K, Fascetti A J, et al. 2008. Pet feeding practices of dog and cat owners in the United States and Australia [J]. Journal of the American Veterinary Medical Association, 232 (5): 687-694.

Laue D K, Tucker L A. Recent advances in pet nutrition [M]. 2006Nottingham University Press.

Lepine A, Reinhart G A. 1998. Pet food composition for large breed puppies and method for promoting proper skeletal growth: U. S. Patent 5, 851, 573 [P].

Lin C F, Lin J K, Jewell D E, et al. 1997. Pet food composition of improved palatability and a method of enhancing the palatability of a food composition: U. S. Patent 5, 690, 988 [P].

Linda P Case, Leighann Daristotle DVM, Michael G Hayek, Melody Foess Raasch. 2011. Canine and Feline Nutrition 3 edition A Resource for Companion Animal Professionals- [3].

Lin S, Hsieh F, Huff H E. 1997. Effects of lipids and processing conditions on degree of starch gelatinization of extruded dry pet food [J]. LWT - Food Science and Technology, 30 (7): 754-761.

Logan E I. 2006. Dietary influences on periodontal health in dogs and cats [J]. Veterinary Clinics: Small Animal Practice, 36 (6): 1 385-1 401.

Lund E M, Armstrong P J, Kirk C A, et al. 2006. Prevalence and risk factors for obesity in adult dogs from private US veterinary practices [J]. International Journal of Applied Research in Veterinary Medicine, 4 (2): 177.

Nadeau D B, Jackson M L, Semjenow G A. 2001. Pet food for maintaining normal bowel health: U. S. Patent 6, 280, 779 [P].

National Research Council (NRC). 2006. Nutrient Requirements of Dogs. Washington, D. C.: National Academy Press.

National Research Council (NRC). 2006. Nutrient Requirements of Cats. Washington, D. C.: National Academy Press.

National Research Council (NRC). 1987. Vitamin Tolerance of Animals. Washington, D. C.: National Academy Press.

Nutritional Guidelines for Complete and Complementary Pet Food for Cats and Dogs. 2011. FEDIAF.

National Research Council (NRC). 1995. Nutrient Requirements of Laboratory Animals. Washington, D. C.: National Academy Press.

Qvyjt F. 2005. Pet food composition having enhanced palatability: U. S. Patent Application 10/996, 713 [P].

Rivers J P W, Burger I H. 1989. Allometric considerations in the nutritionof dogs. Pp. 67-112 in Nutrition of the Dog and Cat, I. H. Burger and J. P. W. Rivers, eds. Cambridge, UK: Cambridge University Press.

Scherl D S, Dodd C E, Qvyjt F. 2012. Method for increasing the shelf life of a physically discrete dry pet food composition: U. S. Patent 8, 263, 113 [P].

Scherl D, Logan E, Gross K. 2012. Method to promote oral health in companion animals: U. S. Patent 8, 168, 161 [P].

Shakhar C, Pattanaik A K, Kore K B, et al. 2010. Appraisal of Feeding Practices and Blood Metabolic Profile of Pet Dogs Reared on Homemade Diets [J]. Animal Nutrition and Feed Technology, 10 (1): 61-73.

Swanson K S, Carter R A, Yount T P, et al. 2013. Nutritional sustainability of pet foods [J]. Advances in Nutrition, 4 (2): 141-150.

Tran Q D, Hendriks W H, Van Der Poel A F B. 2008. Effects of extrusion processing on nutrients in dry pet food [J]. Journal of the Science of Food and Agriculture, 88 (9): 1 487-1 493.

van Rooijen C, Bosch G, van der Poel A F B, et al. 2014. Quantitation of Maillard reaction products in commercially available pet foods [J]. Journal of agricultural and food chemistry, 62 (35): 8 883-8 891.

Van Rooijen C, Bosch G, van der Poel A F B, et al. 2013. The Maillard reaction . and pet food processing: effects on nutritive value and pet health [J]. Nutrition research reviews, 26 (2): 130-148.

van Rooijen C, Bosch G, van der Poel A F B, et al. 2013. The Maillard reaction and pet food processing: effects on nutritive value and pet health [J]. Nutrition research reviews, 26 (2): 130-148.

Vester B M, Swanson K. 2007. Nutrient-gene interactions: application to pet nutrition and health [J]. Vet. Focus, 17 (2): 25-32.

Yamka R M, Friesen K G. 2013. Compositions and methods for controlling the weight of animals: U. S. Patent 8, 597, 677 [P].

Zicker S C, Wedekind K J. 2014. Method for prolonging the life of animals: U. S. Patent 8, 722, 112 [P].

Zicker S C. 2008. Evaluating pet foods: how confident are you when you recommend a commercial pet food? [J]. Topics in companion animal medicine, 23 (3): 121-126.

附 录

附录一

饲料添加剂品种目录

《饲料添加剂品种目录》(2013)

《饲料添加剂品种目录(2013)》修订列表(农业农村部2018年4月27日)

《饲料添加剂品种目录》(2013)

类别	通用名称	适用范围
氨基酸、氨基酸盐及其类似物	L-赖氨酸、液体L-赖氨酸(L-赖氨酸含量不低于50%)、L-赖氨酸盐酸盐、L-赖氨酸硫酸盐及其发酵副产物(产自谷氨酸棒杆菌、乳糖发酵短杆菌,L-赖氨酸含量不低于51%)、DL-蛋氨酸、L-苏氨酸、L-色氨酸、L-精氨酸、L-精氨酸盐酸盐、甘氨酸、L-酪氨酸、L-丙氨酸、天(门)冬氨酸、L-亮氨酸、异亮氨酸、L-脯氨酸、苯丙氨酸、丝氨酸、L-半胱氨酸、L-组氨酸、谷氨酸、谷氨酰胺、缬氨酸、胱氨酸、牛磺酸	养殖动物
	半胱胺盐酸盐	畜禽
	蛋氨酸羟基类似物、蛋氨酸羟基类似物钙盐	猪、鸡、牛和水产养殖动物
	N-羟甲基蛋氨酸钙	反刍动物
	α-环丙氨酸	鸡
维生素及类维生素	维生素A、维生素A乙酸酯、维生素A棕榈酸酯、β-胡萝卜素、盐酸硫胺(维生素B_1)、硝酸硫胺(维生素B_1)、核黄素(维生素B_2)、盐酸吡哆醇(维生素B_6)、氰钴胺(维生素B_{12})、L-抗坏血酸(维生素C)、L-抗坏血酸钙、L-抗坏血酸钠、L-抗坏血酸-2-磷酸酯、L-抗坏血酸-6-棕榈酸酯、维生素D_2、维生素D_3、天然维生素E、dl-α-生育酚、dl-α-生育酚乙酸酯、亚硫酸氢钠甲萘醌(维生素K_3)、二甲基嘧啶醇亚硫酸甲萘醌、亚硫酸氢烟酰胺甲萘醌、烟酸、烟酰胺、D-泛醇、D-泛酸钙、DL-泛酸钙、叶酸、D-生物素、氯化胆碱、肌醇、L-肉碱、L-肉碱盐酸盐、甜菜碱、甜菜碱盐酸盐	养殖动物
	25-羟基胆钙化醇(25-羟基维生素D_3)	猪、家禽
	L-肉碱酒石酸盐	宠物
矿物元素及其络(螯)合物[1]	氯化钠、硫酸钠、磷酸二氢钠、磷酸氢二钠、磷酸二氢钾、磷酸氢二钾、轻质碳酸钙、氯化钙、磷酸氢钙、磷酸二氢钙、磷酸三钙、乳酸钙、葡萄糖酸钙、硫酸镁、氧化镁、氯化镁、柠檬酸亚铁、富马酸亚铁、乳酸亚铁、硫酸亚铁、氯化亚铁、氯化铁、碳酸亚铁、氯化铜、硫酸铜、碱式氯化铜、氧化锌、氯化锌、碳酸锌、硫酸锌、乙酸锌、碱式氯化锌、氧化锰、硫酸锰、碳酸锰、磷酸氢锰、碘化钾、碘化钠、碘化钾、碘酸钙、氯化钴、乙酸钴、硫酸钴、亚硒酸钠、钼酸钠、蛋氨酸铜络(螯)合物、蛋氨酸铁络(螯)合物、蛋氨酸锰络(螯)合物、蛋氨酸锌络(螯)合物、赖氨酸铜络(螯)合物、赖氨酸锌络(螯)合物、甘氨酸铜络(螯)合物、甘氨酸铁络(螯)合物、酵母铜、酵母铁、酵母锰、酵母硒、氨基酸铜络合物(氨基酸来源于水解植物蛋白)、氨基酸铁络合物(氨基酸来源于水解植物蛋白)、氨基酸锰络合物(氨基酸来源于水解植物蛋白)、氨基酸锌络合物(氨基酸来源于水解植物蛋白)	养殖动物
	蛋白铜、蛋白铁、蛋白锌、蛋白锰	养殖动物(反刍动物除外)
	羟基蛋氨酸类似物络(螯)合锌、羟基蛋氨酸类似物络(螯)合锰、羟基蛋氨酸类似物络(螯)合铜	奶牛、肉牛、家禽和猪
	烟酸铬、酵母铬、蛋氨酸铬、吡啶甲酸铬	猪

(续表)

类别	通用名称	适用范围
矿物元素及其络（螯）合物[1]	丙酸铬、甘氨酸锌	猪
	丙酸锌	猪、牛和家禽
	硫酸钾、三氧化二铁、氧化铜	反刍动物
	碳酸钴	反刍动物、猫、狗
	稀土（铈和镧）壳糖胺螯合盐	畜禽、鱼和虾
	乳酸锌（α-羟基丙酸锌）	生长育肥猪、家禽
酶制剂[2]	淀粉酶（产自黑曲霉、解淀粉芽孢杆菌、地衣芽孢杆菌、枯草芽孢杆菌、长柄木霉[3]、米曲霉、大麦芽、酸解支链淀粉芽孢杆菌）	青贮玉米、玉米、玉米蛋白粉、豆粕、小麦、次粉、大麦、高粱、燕麦、豌豆、木薯、小米、大米
	α-半乳糖苷酶（产自黑曲霉）	豆粕
	纤维素酶（产自长柄木霉[3]、黑曲霉、孤独腐质霉、绳状青霉）	玉米、大麦、小麦、麦麸、黑麦、高粱
	β-葡聚糖酶（产自黑曲霉、枯草芽孢杆菌、长柄木霉[3]、绳状青霉、解淀粉芽孢杆菌、棘孢曲霉）	小麦、大麦、菜籽粕、小麦副产物、去壳燕麦、黑麦、黑小麦、高粱
	葡萄糖氧化酶（产自特异青霉、黑曲霉）	葡萄糖
	脂肪酶（产自黑曲霉、米曲霉）	动物或植物源性油脂或脂肪
	麦芽糖酶（产自枯草芽孢杆菌）	麦芽糖
	β-甘露聚糖酶（产自迟缓芽孢杆菌、黑曲霉、长柄木霉[3]）	玉米、豆粕、椰子粕
	果胶酶（产自黑曲霉、棘孢曲霉）	玉米、小麦
	植酸酶（产自黑曲霉、米曲霉、长柄木霉[3]、毕赤酵母）	玉米、豆粕等含有植酸的植物籽实及其加工副产品类饲料原料
	蛋白酶（产自黑曲霉、米曲霉、枯草芽孢杆菌、长柄木霉[3]）	植物和动物蛋白
	角蛋白酶（产自地衣芽孢杆菌）	植物和动物蛋白
	木聚糖酶（产自米曲霉、孤独腐质霉、长柄木霉[3]、枯草芽孢杆菌、绳状青霉、黑曲霉、毕赤酵母）	玉米、大麦、黑麦、小麦、高粱、黑小麦、燕麦
微生物	地衣芽孢杆菌、枯草芽孢杆菌、两歧双歧杆菌、粪肠球菌、屎肠球菌、乳酸肠球菌、嗜酸乳杆菌、干酪乳杆菌、德式乳杆菌乳酸亚种（原名：乳酸乳杆菌）、植物乳杆菌、乳酸片球菌、戊糖片球菌、产朊假丝酵母、酿酒酵母、沼泽红假单胞菌、婴儿双歧杆菌、长双歧杆菌、短双歧杆菌、青春双歧杆菌、嗜热链球菌、罗伊氏乳杆菌、动物双歧杆菌、黑曲霉、米曲霉、迟缓芽孢杆菌、短小芽孢杆菌、纤维二糖乳杆菌、发酵乳杆菌、德氏乳杆菌保加利亚亚种（原名：保加利亚乳杆菌）	养殖动物
	产丙酸丙酸杆菌、布氏乳杆菌	青贮饲料、牛饲料

附 录

（续表）

类别	通用名称		适用范围
微生物	副干酪乳杆菌		青贮饲料
	凝结芽孢杆菌		肉鸡、生长育肥猪和水产养殖动物
	侧孢短芽孢杆菌（原名：侧孢芽孢杆菌）		肉鸡、肉鸭、猪、虾
非蛋白氮	尿素、碳酸氢铵、硫酸铵、液氨、磷酸二氢铵、磷酸氢二铵、异丁叉二脲、磷酸脲、氯化铵、氨水		反刍动物
抗氧化剂	乙氧基喹啉、丁基羟基茴香醚（BHA）、二丁基羟基甲苯（BHT）、没食子酸丙酯、特丁基对苯二酚（TBHQ）、茶多酚、维生素E、L-抗坏血酸-6-棕榈酸酯		养殖动物
	迷迭香提取物		宠物
防腐剂、防霉剂和酸度调节剂	甲酸、甲酸铵、甲酸钙、乙酸、双乙酸钠、丙酸、丙酸铵、丙酸钠、丙酸钙、丁酸、丁酸钠、乳酸、苯甲酸、苯甲酸钠、山梨酸、山梨酸钠、山梨酸钾、富马酸、柠檬酸、柠檬酸钾、柠檬酸钠、柠檬酸钙、酒石酸、苹果酸、磷酸、氢氧化钠、碳酸氢钠、氯化钾、碳酸钠		养殖动物
	乙酸钙		畜禽
	焦磷酸钠、三聚磷酸钠、六偏磷酸钠、焦亚硫酸钠、焦磷酸一氢三钠		宠物
	二甲酸钾		猪
	氯化铵		反刍动物
	亚硫酸钠		青贮饲料
着色剂	β-胡萝卜素、辣椒红、β-阿朴-8'-胡萝卜素醛、β-阿朴-8'-胡萝卜素酸乙酯、β,β-胡萝卜素-4,4-二酮（斑蝥黄）		家禽
	天然叶黄素（源自万寿菊）		家禽、水产养殖动物
	虾青素、红法夫酵母		水产养殖动物、观赏鱼
	柠檬黄、日落黄、诱惑红、胭脂红、靛蓝、二氧化钛、焦糖色（亚硫酸铵法）、赤藓红		宠物
	苋菜红、亮蓝		宠物和观赏鱼
调味和诱食物质[4]	甜味物质	糖精、糖精钙、新甲基橙皮苷二氢查耳酮	猪
	香味物质	糖精钠、山梨糖醇	养殖动物
	其他	食品用香料[5]、牛至香酚	
		谷氨酸钠、5'-肌苷酸二钠、5'-鸟苷酸二钠、大蒜素	
粘结剂、抗结块剂、稳定剂和乳化剂	α-淀粉、三氧化二铝、可食脂肪酸钙盐、可食用脂肪酸单/双甘油酯、硅酸钙、硅铝酸钠、硫酸钙、硬脂酸钙、甘油脂肪酸酯、聚丙烯酸树脂Ⅱ、山梨醇酐单硬脂酸酯、聚氧乙烯20山梨醇酐单油酸酯、丙二醇、二氧化硅、卵磷脂、海藻酸钠、海藻酸钾、海藻酸铵、琼脂、瓜尔胶、阿拉伯树胶、黄原胶、甘露糖醇、木质素磺酸盐、羧甲基纤维素钠、聚丙烯酸钠、山梨醇酐脂肪酸酯、蔗糖脂肪酸酯、焦磷酸二钠、单硬脂酸甘油酯、聚乙二醇400、磷脂、聚乙二醇甘油蓖麻酸酯		养殖动物
	丙三醇		猪、鸡和鱼
	硬脂酸		猪、牛和家禽
	卡拉胶、决明胶、刺槐豆胶、果胶、微晶纤维素		宠物

(续表)

类别	通用名称	适用范围
多糖和寡糖	低聚木糖（木寡糖）	鸡、猪、水产养殖动物
	低聚壳聚糖	猪、鸡和水产养殖动物
	半乳甘露寡糖	猪、肉鸡、兔和水产养殖动物
	果寡糖、甘露寡糖、低聚半乳糖	养殖动物
	壳寡糖（寡聚β-(1-4)-2-氨基-2-脱氧-D-葡萄糖）（n=2~10）	猪、鸡、肉鸭、虹鳟鱼
	β-1,3-D-葡聚糖（源自酿酒酵母）	水产养殖动物
	N,O-羧甲基壳聚糖	猪、鸡
其他	天然类固醇萨洒皂角苷（源自丝兰）、天然三萜烯皂角苷（源自可来雅皂角树）、二十二碳六烯酸（DHA）	养殖动物
	糖萜素（源自山茶籽饼）	猪和家禽
	乙酰氧肟酸	反刍动物
	苜蓿提取物（有效成分为苜蓿多糖、苜蓿黄酮、苜蓿皂甙）	仔猪、生长育肥猪、肉鸡
	杜仲叶提取物（有效成分为绿原酸、杜仲多糖、杜仲黄酮）	生长育肥猪、鱼、虾
	淫羊藿提取物（有效成分为淫羊藿苷）	鸡、猪、绵羊、奶牛
	共轭亚油酸	仔猪、蛋鸡
	4,7-二羟基异黄酮（大豆黄酮）	猪、产蛋家禽
	地顶孢霉培养物	猪、鸡
	紫苏籽提取物（有效成分为α-亚油酸、亚麻酸、黄酮）	猪、肉鸡和鱼
	硫酸软骨素	猫、狗
	植物甾醇（源于大豆油/菜籽油，有效成分为β-谷甾醇、菜油甾醇、豆甾醇）	家禽、生长育肥猪

注：

1. 所列物质包括无水和结晶水形态；

2. 酶制剂的适用范围为典型底物，仅作为推荐，并不包括所有可用底物；

3. 目录中所列长柄木霉亦可称为长枝木霉或李氏木霉；

4. 以一种或多种调味物质或诱食物质添加载体等复配而成的产品可称为调味剂或诱食剂，其中：以一种或多种甜味物质添加载体等复配而成的产品可称为甜味剂；以一种或多种香味物质添加载体等复配而成的产品可称为香味剂；

5. 食品用香料见《食品安全国家标准 食品添加剂使用卫生标准》（GB 2760）中食品用香料名单。

附 录

监测期内的新饲料和新饲料添加剂品种目录

序号	产品名称	申请单位	适用范围	批准时间
1	藤茶黄酮	北京伟嘉人生物技术有限公司	鸡	2008年12月
2	溶菌酶	上海艾魁英生物科技有限公司	仔猪、肉鸡	2008年12月
3	丁酸梭菌	杭州惠嘉丰牧科技有限公司	断奶仔猪、肉仔鸡	2009年07月
4	苏氨酸锌螯合物	江西民和科技有限公司	猪	2009年12月
5	饲用黄曲霉毒素 B_1 分解酶（产自发光假蜜环菌）	广州科仁生物工程有限公司	肉鸡、仔猪	2010年12月
6	褐藻酸寡糖	大连中科格莱克生物科技有限公司	肉鸡、蛋鸡	2011年12月
7	低聚异麦芽糖	保龄宝生物股份有限公司	蛋鸡	2012年07月

《饲料添加剂品种目录（2013）》修订列表（农业农村部2018年4月27日）

类别	通用名称	英文通用名称（Common name）	适用范围
氨基酸、氨基酸盐及类似物	蛋氨酸羟基类似物	Methionine Hydroxy Analogue	适用范围扩大至犬、猫
	蛋氨酸羟基类似物钙盐	Methionine Hydroxy Analogue Calcium	适用范围扩大至犬、猫
	L-半胱氨酸盐酸盐	L-Cysteine Monohy drochloride	犬、猫
维生素及类维生素	维生素 K_1	Vitamin K_1	犬、猫
	酒石酸氢胆碱	Choline Bitartrate	犬、猫
矿物元素及其络（螯）合物	烟酸铬	Chromium Nicotinate	适用范围扩大至犬、猫
	酵母铬	Chromium Yeast Complex	适用范围扩大至犬、猫
	蛋氨酸铬	Chromium Methionine Chelate	适用范围扩大至犬、猫
	吡啶甲酸铬	Chromium Tripicolinate	适用范围扩大至犬、猫
	丙酸铬	Chromium Propionate	适用范围扩大至犬、猫
	甘氨酸锌	Zinc Glycinate	适用范围扩大至犬、猫
	乳酸锌（α-羟基丙酸锌）	Zinc Lactate（α-Hydroxy Propionic Acid Zinc）	适用范围扩大至犬、猫
	葡萄糖酸铜	Copper Gluconate	犬、猫
	葡萄糖酸锰	Manganese Gluconate	犬、猫
	葡萄糖酸锌	Zinc Gluconate	犬、猫
	葡萄糖酸亚铁	Ferrous Gluconate	犬、猫
	焦磷酸铁	Ferric Pyrophosphate	犬、猫
	碳酸镁	Magnesium Carbonate	犬、猫
	甘氨酸钙	Calcium Glycinate	犬、猫
	二氢碘酸乙二胺（EDDI）	Ethylenediamine Dihydriodide（EDDI）	犬、猫

(续表)

类别	通用名称	英文通用名称（Common name）	适用范围
酶制剂	溶菌酶（源自鸡蛋清）	Lysozyme（Source：Egg-whites）	适用范围扩大至犬、猫
	β-半乳糖苷酶（产自黑曲霉）	β-Galactosidase（Source：*Aspergillus niger*）	犬、猫
	菠萝蛋白酶（源自菠萝）	Bromelain（Source：*Ananas* spp.）	犬、猫
	木瓜蛋白酶（源自木瓜）	Papain（Source：*Carica papaya* L.）	犬、猫
	胃蛋白酶（源自猪、小牛、小羊、禽类的胃组织）	Pepsin（Source：Hog, Calf, Goat（kid）or Poultry Stomach）	犬、猫
	胰蛋白酶（源自猪或牛的胰腺）	Typsin（Source：Porcine or Bovine Pancreas）	犬、猫
微生物	凝结芽孢杆菌	*Bacillus coagulans*	适用范围扩大至犬、猫
抗氧化剂	硫代二丙酸二月桂酯	Dilauryl Thiodipropionate	犬、猫
	甘草抗氧化物	Antioxidant of Glycyrrhiza	犬、猫
	D-异抗坏血酸	D-Lsoascorbic Acid	犬、猫
	D-异抗坏血酸钠	Sodium D-Lsoascorbate	犬、猫
	植酸（肌醇六磷酸）	Phytic Acid（Inositol Hexaphosphoric Acid）	犬、猫
防腐剂、防霉剂和酸度调节剂	亚硝酸钠[注]	Sodium Nitrite	犬、猫
	氢氧化钙	Calcium Hydroxide	犬、猫
	乙二胺四乙酸二钠	Disodium Ethylene-diamine-tetra-acetate	犬、猫
	乳酸钠	Sodium Lactate	犬、猫
	乳酸钙	Calcium Lactate	犬、猫
	乳酸链球菌素	Nisin	犬、猫
	ε-聚赖氨酸盐酸盐	ε-Polylysine Hydrochloride	犬、猫
	脱氢乙酸	Dehydroacetic Acid	犬、猫
	脱氢乙酸钠	Sodium Dehydroacetate	犬、猫
	琥珀酸	Succinic Acid	犬、猫
	碳酸钾	Potassium Carbonate	犬、猫
	焦磷酸二氢二钠	Disodium Dihydrogen Pyrophosphate	犬、猫
	谷氨酰胺转氨酶	Glutamine Transaminase	犬、猫
	磷酸三钠	Trisodium Orthophosphate	犬、猫
	葡萄糖酸钠	Sodium Gluconate	犬、猫
着色剂	β-胡萝卜素	beta-Carotene	适用范围扩大至犬、猫
	天然叶黄素（源自万寿菊）	Natural Xanthophyll（Marigold Extract）	适用范围扩大至犬、猫
	虾青素	Astaxanthin	适用范围扩大至犬、猫
	胭脂虫红	Carmine Cochineal	犬、猫

（续表）

类别	通用名称	英文通用名称（Common name）	适用范围
着色剂	β-胡萝卜素	beta-Carotene	适用范围扩大至犬、猫
	氧化铁红	Iron Oxide Red	犬、猫
	高粱红	Sorghum Red	犬、猫
	红曲红	Monascus Red	犬、猫
	红曲米	Red Kojic Rice	犬、猫
	叶绿素铜钠（钾）盐	Chlorophyllin Copper Complex (Sodium and Potassium Salts)	犬、猫
	栀子蓝	Gardenia Blue	犬、猫
	栀子黄	Gardenia Yellow	犬、猫
	新红	New Red	犬、猫
	酸性红	Carmoisine	犬、猫
	萝卜红	Radish Red	犬、猫
	番茄红素	Lycopene	犬、猫
调味和诱食物质	海藻糖	Trehalose	犬、猫
	琥珀酸二钠	Disodium Succinate	犬、猫
	甜菊糖苷	Steviol Glycosides	犬、猫
	5'-呈味核苷酸二钠	Disodium 5'-Ribonucleotide	犬、猫
粘结剂、抗结块剂、稳定剂和乳化剂	硬脂酸	Stearic Acid	适用范围扩大至犬、猫
	丙三醇	Glycerine	适用范围扩大至犬、猫
	羟丙基纤维素	Hydroxypropylcellulose	犬、猫
	羟丙基甲基纤维素	Hydroxypropylmethylcellulose	犬、猫
	硬脂酸镁	Magnesium Stearate	犬、猫
	不溶性聚乙烯聚吡咯烷酮(PVPP)	Insoluble Polyvinylpolypyrrolidone (PVPP)	犬、猫
	羧甲基淀粉钠	Sodium Carboxy Methyl Starch	犬、猫
	结冷胶	Gellan Gum	犬、猫
	醋酸酯淀粉	Starch Acetate	犬、猫
	葡萄糖酸-δ-内酯	Glucono delta-Lactone	犬、猫
	羟丙基二淀粉磷酸酯	Hydroxypropyl Distarch Phosphate	犬、猫
	羟丙基淀粉	Hydroxypropyl Starch	犬、猫
	酪蛋白酸钠	Sodium Caseinate	犬、猫
	丙二醇脂肪酸酯	Propylene Glycol Esters of Fatty Acids	犬、猫
	中链甘油三酯	Medium Chain Triglycerides	犬、猫
	亚麻籽胶	Linseed Gum	犬、猫
	乙酰化二淀粉磷酸酯	Acetylated Distarch Phosphate	犬、猫

(续表)

类别	通用名称	英文通用名称（Common name）	适用范围
粘结剂、抗结块剂、稳定剂和乳化剂	麦芽糖醇	Maltitol	犬、猫
	可得然胶	Curdlan	犬、猫
	聚葡萄糖	Polydextrose	犬、猫
多糖和寡糖	低聚木糖（木寡糖）	Xylo-oligosaccharides	适用范围扩大至犬、猫
	低聚壳聚糖	Low-molecular-weight Chitosan	适用范围扩大至犬、猫
	壳寡糖（寡聚β-(1-4)-2-氨基-2-脱氧-D-葡萄糖）(n=2~10)	Chitosan-oligosaccharide（oligo（beta-（1,4）-2-amino-2-deoxy-D-glucose））(n=2~10)	适用范围扩大至犬、猫
	β-1,3-D-葡聚糖（源自酿酒酵母）	β-1,3-D-glucan（Source: *Saccharomyces cerevisiae*）	适用范围扩大至犬、猫
	低聚异麦芽糖	Isomaltooligosaccharide（IMO）	适用范围扩大至犬、猫
其他	苜蓿提取物（有效成分为苜蓿多糖、苜蓿黄酮、苜蓿皂甙）	*Medicago* sativa Extract（Active substance: alfalfa polysaccharide, alfalfa flavonoid, alfalfa saponin）	适用范围扩大至犬、猫
	共轭亚油酸	Conjugated Linoleic Acid	适用范围扩大至犬、猫
	紫苏籽提取物（有效成分为α-亚油酸、亚麻酸、黄酮）	Extrat of Perilla frutescens seed（Active substance: α-Linoleic Acid, Linolenic acid, Flavonoids）	适用范围扩大至犬、猫
	植物甾醇（源于大豆油/菜籽油，有效成分为β-谷甾醇、菜油甾醇、豆甾醇）	Phytosterol（Originated from soybean oil or rapeseed oil, Active substance: β-Sitosterol, Campesterol, Stigmasterol）	适用范围扩大至犬、猫
	透明质酸	Hyaluronic Acid	犬、猫
	透明质酸钠	Sodium Hyaluronate	犬、猫
	乳铁蛋白	Lactoferrin	犬、猫
	酪蛋白磷酸肽（CPP）	Casein Phosphopeptides（CPP）	犬、猫
	酪蛋白钙肽（CCP）	Casein Calcium Peptide（CCP）	犬、猫
	二十碳五烯酸（EPA）	Eicosapentaenoic Acid（EPA）	犬、猫
	二甲基砜（MSM）	Methylsulfonylmethane（MSM）	犬、猫
	硫酸软骨素钠	Sodium Chondroitin Sulfate	犬、猫

注：亚硝酸钠仅限用于水分含量≥20%的宠物饲料，最高限量为100mg/kg。

附录二

饲料原料目录

《饲料原料目录》
《饲料原料目录》修订列表（农业部2013年12月19日）
《饲料原料目录》修订列表（农业部2014年7月24日）
《饲料原料目录》修订列表（农业部2015年4月22日）
《饲料原料目录》修订列表（农业部2017年12月28日）
《饲料原料目录》修订列表（农业农村部2018年4月27日）

《饲料原料目录》

第一部分　通则

一、本目录所称饲料原料，是指来源于动物、植物、微生物或者矿物质，用于加工制作饲料但不属于饲料添加剂的饲用物质（含载体和稀释剂）。饲料生产企业所使用的饲料原料均应属于本目录规定的品种，并符合本目录的要求。

二、本目录之外的物质用作饲料原料的，应当经过科学评价并由农业部公告列入目录后，方可使用。

三、按照本目录生产、经营或使用的饲料原料，应符合《饲料卫生标准》、《饲料标签》等强制性标准的要求。

四、本目录第二部分给出了常用饲料原料加工术语的名称、定义及其形成产品的修饰语，第三部分凡涉及到相应术语的，其含义与第二部分的定义一致。

五、本目录第三部分原料列表给出了原料名称，饲料原料标签中标识的产品名称应与列表中的"原料名称"一致；饲料产品标签中"原料组成"所使用的原料名称也应与列表中的"原料名称"一致。"原料名称"栏内方括号列出的为饲料原料的常用别名，可以与括号前的名称等同使用。"原料名称"栏内圆括号列出的为相关原料不同物质形态，应根据产品实际进行选择。

六、本目录第三部分中原料编号采用三级编号格式，第一级表示大类编号；第二级代表相同大类下的不同原料来源；第三级表示相同原料来源下的不同产品。第二级和第三级原则上按首个中文字的拼音顺序进行排列。

七、本目录第三部分中"强制性标识要求"所规定的为质量要求或卫生特征指标，应在原料标签的分析保证值等项目中列出。

八、本目录第四部分所列单一饲料品种，是根据《饲料和饲料添加剂管理条例》及《饲料和饲料添加剂生产许可管理办法》和《进口饲料和饲料添加剂登记管理办法》，应当办理生产许可证和进口登记证的产品。未取得生产许可证或进口登记证的单一饲料产品不得作为饲料原料生产、经营和使用。

九、生产或使用涉及转基因动物、植物、微生物的饲料原料，还应当遵守《农业转基因生物安全管理条例》的有关规定。

十、饲料生产企业使用目录中所列原料，应按照保证饲料和养殖动物质量安全的原则和要求，根据饲喂对象和原料特点合理选择和使用。

十一、除目录中有特殊规定外，植物性饲料原料的植物学纯度通常不得低于95%。

十二、对饲料原料进行瘤胃保护处理的，应在原料标签中标明瘤胃保护方法。

第二部分 饲料原料加工术语

编号	加工工艺	定义	常用名称/修饰语
1	氨化 Ammoniation	将粗饲料用氨或铵盐进行处理，改善其品质，提高其利用率。	氨化
2	巴氏消毒 Pasteurisation	将物料加热到一定的温度并保持一定的时间、随后急速冷却的操作，以清除物料中的有害微生物。	巴氏灭菌
3	爆裂 Popping	在不加水的条件下，通过加热或烘炒，使谷物熟化、体积膨大、表面出现裂缝。	爆裂
4	剥皮/去皮/脱皮 Peeling	完全或部分去除谷物、豆类、种子、果实或蔬菜的种皮、果皮或内壳。	剥皮/去皮/脱皮
5	超临界萃取 Supercritical extraction	利用液体在超临界区域兼具气液两性的特点及其对溶质溶解能力随压力、温度改变而在相当宽的范围内变化的特性，实现溶质溶解、分离的工艺。一般采用二氧化碳作为萃取剂。	超临界萃取
6	超滤 Ultra-filtration	用孔径为 $0.002\sim0.1\mu m$ 的滤膜过滤液体。	超滤
7	除臭 Deodorization	去除物料（如鱼粉等）腥臭味的工序。	除臭
8	发酵 Fermentation	应用酵母、霉菌或细菌在受控的有氧或厌氧条件下，增殖菌体、分解底物或形成特定代谢产物的过程。	发酵
9	粉碎 Crushing	通过撞击、剪切、磨削等机械作用，使物料颗粒变小。	粉碎
10	分选 Fractionation	通过过筛或气流处理将物料中不同容重、不同粒径的组分分离。	分选
11	风选 Aspiration	利用物料之间或物料与杂质之间悬浮速度的差别，用空气（风力）对物料进行分级或去除杂质的过程。	风选
12	干燥 Drying	去除物料中的水分或者其他挥发成分。	干燥
13	谷物发芽 Malting	使谷物发芽，激活其自身能够使淀粉降解为可发酵碳水化合物、使蛋白质降解为氨基酸和小肽的酶。	麦芽
14	过滤 Filtration	通过多孔介质或膜分离固液混合物。	过滤
15	烘烤 Roasting/Toasting	物料置于火、热气、电或微波等加热环境中，进行烘焙、干燥，以提高消化率、加深颜色或减少天然抗营养因子。	烘烤
16	混合 Mixing	利用机械力、压缩空气或超声波，搅动、拌和物料，使之分布均匀、强化热交换的过程。	混合/搅拌
17	挤压膨化 Extrusion/Extruding	物料经螺杆推进、增压、增温处理后挤出模孔，使其骤然降压膨化，制成特定形状的产品。	膨化
18	挤压膨胀 Expansion/Expanding	物料经螺杆增压挤出模头，使其适度降压而膨大，制成不规则的形状。通常，挤压膨胀的压力和温度低于挤压膨化。	膨胀
19	加热 Heating	通过提高温度，加压或不加压，对物料进行处理的方法。	热处理
20	碱化 Basification	向物料中添加碱性物质使物料由酸性变为碱性（提高pH值）的过程。	碱化

（续表）

编号	加工工艺	定义	常用名称/修饰语
21	胶凝 Gelling	形成不同凝胶强度的固体凝胶物质的过程（使用或不使用胶凝剂）。	凝胶
22	结晶 Crystallization	物质从溶液中形成固态晶体并与液体分离的分离纯化过程。	结晶
23	浸泡 Soaking/Steeping	在一定条件下，对物料（通常是对籽粒）进行湿润和软化的过程，以减少蒸煮时间，或有利于去除种皮，或加快水分吸收以促进发芽进程，或降低天然抗营养因子的浓度。	浸泡
24	浸提/抽提 Extraction	利用有机溶剂从物料中提取油脂，或利用水和水性溶剂提取糖或水溶性物质的过程。	浸提/抽提
25	精炼 Refining	用物理或化学方法将杂质全部或部分去除。	精炼
26	冷凝 Condensation	使物质从气体转变成液体的过程。	冷凝
27	冷却 Chilling	使物料降低温度至高于冰点的过程。	冷却
28	瘤胃保护/过瘤胃 Rumen protection/By-pass rumen	通过加热、加压、汽蒸等物理方法，或者通过使用加工助剂，防止或减缓营养物质在瘤胃内降解的过程。	瘤胃保护/过瘤胃
29	碾米 Rice whitening	碾去糙米皮层的工序。	碾米
30	碾磨/磨碎/磨制/研磨 Grinding/Milling	通过干法或湿法加工减小固体颗粒粒度的过程。	碾磨/磨碎/磨制/研磨
31	浓缩 Concentration	通过去除水分或其他液体成分以提高主体组分浓度的过程。	浓缩/浓度
32	抛光 Polishing	在谷物加工过程中，通过滚筒使其粗糙度降低并获得光亮外表的过程。	抛光
33	喷雾干燥 Spray drying	将液体物料雾化，并以热气体干燥的过程。	喷雾干燥
34	膨化 Puffing	使处于高温、高压状态的物料迅速进入常压，物料中的水分因压力骤降而瞬间蒸发，导致物料组织结构突然膨松成为海绵状的过程。	膨化
35	漂白/脱色 Bleaching	去除物料中天然色泽的过程。	漂白/脱色
36	汽蒸 Steaming	用蒸汽直接加热物料，提高物料的温度和水分，以改变其理化特性。	蒸汽加工
37	切片 Slicing	将物料切成薄片的过程。	切片
38	切碎 Chopping/Cutting	使用刀或其他锋利器具切割物料使其粒度减小。	切碎
39	氢化 Hydrogenation	在使用催化剂的条件下，使甘油酸酯或游离脂肪酸由不饱和转化为饱和状态，或将还原糖转化为多元醇类似物。	加氢
40	清理 Cleaning	用筛选、风选、磁选或其他方法除去物料中所含杂质。	清理
41	青贮 Ensiling	将青绿植物切碎，经过压实、排气、密封，在厌氧条件下进行乳酸发酵，以延长储存时间。	青贮

附　录

（续表）

编号	加工工艺	定义	常用名称/修饰语
42	去糖 Desugaring	用化学或物理方法完全或部分去除糖蜜或其他含糖物质中的单糖和二糖。	去糖/除糖
43	热烫 Blanching	通过蒸煮或汽蒸对有机物进行快速热处理，随后浸入冷水冷却的过程。目的是使天然酶变性、组织软化或去除物料原有的味道。	热烫
44	熔解 Melting	通过加热使物料由固相变成液相的过程。	熔化/熔融
45	揉搓 Rubbing	将秸秆等物料揉搓撕碎的过程。	揉搓
46	乳化 Emulsification	将两种互不相溶的液体（如油、水）混合，使之形成胶体悬浮液的过程。	乳化
47	筛选 Sieving/ Screening	利用物料之间或杂质之间几何尺寸的差别，用过筛的方法将物料分级或去除杂质。	过筛/筛选
48	水解 Hydrolysis	在适宜条件下由水参与的、利用酶、酸、碱或高温高压将物料分解为简单小分子的过程。	水解
49	脱毒/去毒 Detoxification	用物理、化学和生物方法从物料中去除、或破坏有毒有害物质，或减小其浓度的过程。	脱毒/去毒
50	脱胶 Depectinising	从物料中提取胶质的过程，主要指从压榨或浸提油料制取的粗植物油中脱去磷脂等胶体物质的过程。	脱胶
51	脱壳/去壳/砻谷 Dehulling/ Dehusking	通常指通过物理方法去除豆类、谷物或种子等植物的外壳。	脱壳/去壳/砻谷
52	脱盐 Desalination	以离子交换和膜过滤等方法将物料中的钠盐脱除的过程。	脱盐
53	脱脂 Deoiling/ Defatting/ Skimming	指从物料中去除脂类物质的过程。	脱脂/除油
54	压片/碾压 Flaking/ Rolling	利用成对轧辊之间的挤压作用改变籽粒状饲料原料的形状或尺寸，可预先进行着水或调质处理。	压片
55	压榨 Pressing	用机械或液压等外力从固态物料中去除油脂、水分、汁液等液体组分的过程。	油饼/果浆/果渣/糖浆
56	烟熏 Smoking	将食物暴露于植物性材料（通常为木材）燃烧产生的烟中，用于调味、烹饪或保存食物的一种工艺。	烟熏
57	液化 Liquefying	使固相或气相转变成液相的过程。	液化
58	油炸 Frying	物料在油脂中进行蒸煮的过程。	油炸
59	预糊化 Pregelatinization	为显著提高其在冷水中的膨胀特性而对淀粉进行改性处理的过程。	预糊化
60	造粒 Granulation	对饲料原料进行处理以获得特定粒度和均匀度的过程。	颗粒
61	蒸发 Evaporation	通过汽化或蒸馏获得浓缩物质的过程。	蒸发
62	蒸谷 Parboiling	在一定温度和压力下，对浸泡过的稻谷用蒸汽加热的过程。是生产蒸谷米水热处理工段的工序之一。目的是提高出米率，改善储藏特性和食用品质。	蒸谷

（续表）

编号	加工工艺	定义	常用名称/修饰语
63	蒸馏 Distillation	通过使液体沸腾并将挥发气体收集到一个单独的容器内对液体不同组分进行分离的过程。	蒸馏
64	蒸煮/蒸炒/熟化 Cooking	在特定设备对物料进行特定时间的湿热或加压处理，使淀粉糊化、蛋白变性和灭菌。	蒸煮/蒸炒/熟化
65	制粉 Flour milling	粉碎干燥的谷物并使其各部分分离，形成预定质量的粉、麸皮、中粉等一系列工序。	粉/麸皮/中粉
66	制粒 Pelleting	将粉状物料经（或不经）调质，挤出压模模孔，制成颗粒的过程。	颗粒

第三部分 饲料原料列表

1. 谷物及其加工产品

原料编号	原料名称	特征描述	强制性标识要求
1.1		大麦及其加工产品	
1.1.1	大麦	包括皮大麦（*Hordeum vulgare* L.）和裸大麦（青稞）（*Hordeum vulgare* var. *nudum*）籽实。可经瘤胃保护。	
1.1.2	大麦次粉	以大麦为原料经制粉工艺产生的副产品之一，由糊粉层、胚乳及少量细麸组成。	淀粉 粗蛋白质 粗纤维
1.1.3	大麦蛋白粉	大麦分离出麸皮和淀粉后以蛋白质为主要成分的副产品。	粗蛋白质
1.1.4	大麦粉	大麦经制粉工艺加工形成的以大麦粉为主、含有少量细麦麸和胚的粉状产品。	淀粉 粗蛋白质
1.1.5	大麦粉浆粉	大麦经湿法加工提取蛋白、淀粉后的液态副产物经浓缩、干燥形成的产品。	粗蛋白质
1.1.6	大麦麸	以大麦为原料碾磨制粉过程中所分离的麦皮层。	粗纤维
1.1.7	大麦壳	大麦经脱壳工艺除去的外壳。	粗纤维
1.1.8	大麦糖渣	大麦生产淀粉糖的副产品。	粗蛋白质 水分
1.1.9	大麦纤维	从大麦籽实中提取的纤维，或者生产大麦淀粉过程中提取的纤维类产物。	粗纤维
1.1.10	大麦纤维渣[大麦皮]	大麦淀粉加工的副产品，主要成分为纤维素，含有少部分胚乳。	粗纤维
1.1.11	大麦芽	大麦发芽后的产品。	粗蛋白质 粗纤维
1.1.12	大麦芽粉	大麦芽经干燥、碾磨获得的产品。	粗蛋白质 粗纤维
1.1.13	大麦芽根	发芽大麦或大麦芽清理过程中的副产品，主要由麦芽根、大麦细粉、外皮和碎麦芽组成。	粗蛋白质 粗纤维
1.1.14	烘烤大麦	大麦经适度烘烤形成的产品。	淀粉 粗蛋白质

附 录

(续表)

原料编号	原料名称	特征描述	强制性标识要求
1.1.15	喷浆大麦皮	大麦生产淀粉及胚芽的副产品喷上大麦浸泡液干燥后获得的产品。	粗蛋白质 粗纤维
1.1.16	膨化大麦	大麦在一定温度和压力条件下经膨化处理获得的产品。	淀粉 淀粉糊化度
1.1.17	全大麦粉	不去除任何皮层的完整大麦籽粒经碾磨获得的产品。	淀粉 粗蛋白质
1.1.18	压片大麦	去壳大麦经汽蒸、碾压后的产品。其中可含有少部分大麦壳。可经瘤胃保护。	淀粉 淀粉糊化度
1.2		稻谷及其加工产品	
1.2.1	稻谷	禾本科草本植物栽培稻（*Oryza sativa* L.）的籽实。	
1.2.2	糙米	稻谷脱去颖壳后的产品，由皮层、胚乳和胚组成。	淀粉 粗纤维
1.2.3	糙米粉	糙米经碾磨获得的产品。	淀粉 粗蛋白质 粗纤维
1.2.4	大米	稻谷经脱壳并碾去皮层所获得的产品。	淀粉 粗蛋白质
1.2.5	大米次粉	由大米加工米粉和淀粉（包含干法和湿法碾磨、过筛）的副产品之一。	淀粉 粗蛋白质 粗纤维
1.2.6	大米蛋白粉	生产大米淀粉后以蛋白质为主的副产物。由大米经湿法碾磨、筛分、分离、浓缩和干燥获得。	粗蛋白质
1.2.7	大米粉	大米经碾磨获得的产品。	淀粉 粗蛋白质
1.2.8	大米酶解蛋白	大米蛋白粉经酶水解、干燥后获得的产品。	酸溶蛋白（三氯乙酸可溶蛋白） 粗蛋白质 粗灰分 钙含量
1.2.9	大米抛光次粉	去除米糠的大米在抛光过程中产生的粉状副产品。	粗蛋白质 粗纤维
1.2.10	大米糖渣	大米生产淀粉糖的副产品。	粗蛋白质 水分
1.2.11	稻壳粉［砻糠粉］	稻谷在砻谷过程中脱去的颖壳经粉碎获得的产品。	粗纤维
1.2.12	稻米油［米糠油］	米糠经压榨或浸提制取的油。	酸价过氧化值
1.2.13	米糠	糙米在碾米过程中分离出的皮层，含有少量胚和胚乳。	粗脂肪 酸价粗纤维
1.2.14	米糠饼	米糠经压榨取油后的副产品。	粗蛋白质 粗脂肪 粗纤维
1.2.15	米糠粕［脱脂米糠］	米糠或米糠饼经浸提取油后的副产品。	粗蛋白质 粗纤维
1.2.16	膨化大米（粉）	大米或碎米在一定温度和压力条件下，经膨化处理获得的产品。	淀粉 淀粉糊化度

(续表)

原料编号	原料名称	特征描述	强制性标识要求
1.2.17	碎米	稻谷加工过程中产生的破碎米粒（含米糁）。	淀粉 粗蛋白质
1.2.18	统糠	稻谷加工过程中自然产生的含有稻壳的米糠，除不可避免的混杂外，不得人为加入稻壳粉。	粗脂肪 粗纤维 酸价
1.2.19	稳定化米糠	通过挤压、膨化、微波等稳定化方式灭酶处理过的米糠。	粗脂肪 粗纤维 酸价
1.2.20	压片大米	预糊化大米经压片获得的产品。	淀粉 淀粉糊化度
1.2.21	预糊化大米	大米或碎米经湿热、压力等预糊化工艺处理后形成的产品。	淀粉 淀粉糊化度
1.2.22	蒸谷米次粉	经蒸谷处理的去壳糙米粗加工的副产品。主要由种皮、糊粉层、胚乳和胚芽组成，并经碳酸钙处理。	粗蛋白质 粗纤维 碳酸钙
1.3		高粱及其加工产品	
1.3.1	高粱	高粱（*Sorghum bicolor*（L.）Moench.）籽实。	
1.3.2	高粱次粉	以高粱为原料经制粉工艺产生的副产品之一，由糊粉层、胚乳及少量细麸组成。	淀粉 粗纤维
1.3.3	高粱粉浆粉	高粱湿法提取蛋白、淀粉后的液态副产物经浓缩、干燥形成的产品。	粗蛋白质 水分
1.3.4	高粱糠	加工高粱米时脱下的皮层、胚和少量胚乳的混合物。	粗脂肪 粗纤维
1.3.5	高粱米	高粱籽粒经脱皮工艺去除皮层后的产品。	淀粉 粗蛋白质
1.3.6	去皮高粱粉	高粱籽粒去除种皮、胚芽后，将胚乳部分研磨成适当细度获得的粉状产品。	淀粉 粗蛋白质
1.3.7	全高粱粉	不去除任何皮层的完整高粱籽粒经碾磨获得的产品。	淀粉 粗蛋白质
1.4		黑麦及其加工产品	
1.4.1	黑麦	黑麦（*Secale cereale* L.）籽实。	
1.4.2	黑麦次粉	以黑麦为原料经制粉工艺形成的副产品之一，由糊粉层、胚乳及少量细麸组成。	淀粉 粗纤维
1.4.3	黑麦粉	黑麦经制粉工艺制成的以黑麦粉为主、含有少量细麦麸和胚的粉状产品。	淀粉 粗蛋白质
1.4.4	黑麦麸	以黑麦为原料碾磨制粉过程中所分出的麦皮层。	淀粉 粗纤维
1.4.5	全黑麦粉	不去除任何皮层的完整黑麦籽粒经碾磨获得的产品。	淀粉 粗蛋白质
1.5		酒糟类	
1.5.1	干白酒糟	白酒生产中，以一种或几种谷物或者薯类为原料，以稻壳等为填充辅料，经固态发酵、蒸馏提取白酒后的残渣，再经烘干粉碎的产品。	粗蛋白质 粗灰分 粗纤维
1.5.2	干黄酒糟	黄酒生产过程中，原料发酵后过滤获得的滤渣经干燥获得的产品。	粗蛋白质 粗脂肪 粗纤维

(续表)

原料编号	原料名称	特征描述	强制性标识要求
1.5.3	____干酒精糟 [DDG] 1. 大麦 2. 大米 3. 玉米 4. 高粱 5. 小麦 6. 黑麦 7. 谷物 8. 薯类	谷物籽实或薯类经酵母发酵、蒸馏除去乙醇后，对剩余的釜溜物过滤获得的滤渣进行浓缩、干燥制成的产品。产品名称应标明具体的谷物来源。根据谷物种类不同，可分为大麦干酒精糟、大米干酒精糟、玉米干酒精糟、高粱干酒精糟、小麦干酒精糟、黑麦干酒精糟。以两种及两种以上谷物籽实获得的产品标称为谷物干酒精糟。可经瘤胃保护。	粗蛋白质 粗脂肪 粗纤维 水分
1.5.4	____干酒精糟可溶物 [DDS] 1. 大麦 2. 大米 3. 玉米 4. 高粱 5. 小麦 6. 黑麦 7. 谷物 8. 薯类	谷物籽实或薯类经酵母发酵、蒸馏除去乙醇后，对剩余的釜溜物过滤获得的滤液进行浓缩、干燥制成的产品。产品名称应标明具体的谷物来源。根据谷物种类不同，可分为大麦干酒精糟可溶物、大米干酒精糟可溶物、玉米干酒精糟可溶物、高粱干酒精糟可溶物、小麦干酒精糟可溶物、黑麦干酒精糟可溶物。以两种及两种以上谷物籽实获得的产品标称为谷物干酒精糟可溶物。可经瘤胃保护。	粗蛋白质 粗脂肪 水分
1.5.5	干啤酒糟	以大麦为主要原料生产啤酒的过程中，经糖化工艺后过滤获得的残渣，再经干燥获得的产品。	粗蛋白质 粗脂肪 粗纤维
1.5.6	含可溶物的____干酒精糟 [____干全酒精糟] [DDGS] 1. 大麦 2. 大米 3. 玉米 4. 高粱 5. 小麦 6. 黑麦 7. 谷物 8. 薯类	谷物籽实或薯类经酵母发酵、蒸馏除去乙醇后，对剩余的全釜溜物（酒糟全液，至少含四分之三固体成分）进行浓缩、干燥制成的产品。产品名称应标明具体的谷物来源。根据谷物种类不同，可分为含可溶物的大麦干酒精糟、含可溶物的大米干酒精糟、含可溶物的玉米干酒精糟、含可溶物的高粱干酒精糟、含可溶物的小麦干酒精糟、含可溶物的黑麦干酒精糟。以两种及两种以上谷物籽实获得的产品标称为含可溶物的干谷物酒精糟。可经瘤胃保护。	粗蛋白质 粗脂肪 粗纤维 水分
1.5.7	____湿酒精糟 [DWG] 1. 大麦 2. 大米 3. 玉米 4. 高粱 5. 小麦 6. 黑麦 7. 谷物 8. 薯类	谷物籽实或薯类经酵母发酵、蒸馏除去乙醇后，剩余的釜溜物经过滤后获得的滤渣。产品名称应标明具体的谷物来源。根据谷物种类不同，可分为大麦湿酒精糟、大米湿酒精糟、玉米湿酒精糟、高粱湿酒精糟、小麦湿酒精糟、黑麦湿精酒糟。以两种及两种以上谷物籽实获得的产品标称为谷物湿酒精糟。	粗蛋白质 粗脂肪 粗纤维 水分

(续表)

原料编号	原料名称	特征描述	强制性标识要求
1.5.8	___湿酒糟可溶物[DWS] 1. 大麦 2. 大米 3. 玉米 4. 高粱 5. 小麦 6. 黑麦 7. 谷物 8. 薯类	谷物籽实或薯类经酵母发酵、蒸馏除去乙醇后，剩余的釜溜物经过滤后获得的滤液。产品名称应标明具体的谷物来源。根据谷物种类不同，可分为大麦湿酒糟可溶物、大米湿酒糟可溶物、玉米湿酒糟可溶物、高粱湿酒糟可溶物、小麦湿酒糟可溶物、黑麦湿酒糟可溶物。以两种及两种以上谷物籽实获得的产品标称为谷物湿酒糟可溶物。	
1.6	荞麦及其加工产品		
1.6.1	荞麦	蓼科一年生草本植物栽培荞麦（*Fagopyrum esculentum* Moench.）的瘦果。	
1.6.2	荞麦次粉	以荞麦为原料经制粉工艺形成的副产品之一，由糊粉层、胚乳及少量细麸组成。	淀粉 粗纤维
1.6.3	荞麦麸	荞麦经制粉工艺所分离出的麦皮层。	淀粉 粗纤维
1.6.4	全荞麦粉	以不去除任何皮层的完整荞麦经碾磨获得的产品。	淀粉 粗蛋白质
1.7	筛余物		
1.7.1	___筛余物 1. 大麦 2. 大米 3. 玉米 4. 高粱 5. 小麦 6. 黑麦 7. 荞麦 8. 黍 9. 粟 10. 小黑麦 11 燕麦	谷物籽实清理过程中筛选出的瘪的或破碎的籽实、种皮和外壳。因谷物种类不同，可分为大麦筛余物、大米筛余物、玉米筛余物、高粱筛余物、小麦筛余物、黑麦筛余物、荞麦筛余物、黍筛余物、粟筛余物、小黑麦筛余物、燕麦筛余物。	粗纤维 粗灰分
1.8	黍及其加工产品		
1.8.1	黍［黄米］	禾本科草本植物栽培黍（*Panicum miliaceum* L.）的籽实。	
1.8.2	黍米粉	黍米（脱皮或不脱皮）经制粉工艺加工而成的粉状产品。	淀粉 粗蛋白质
1.8.3	黍米糠	黍糙米在碾米过程中分离出的皮层，含有少量胚和胚乳。	粗脂肪 粗纤维 酸价
1.9	粟及其加工产品		
1.9.1	粟［谷子］	粟（*Setaria italica* (L.) var. *germanica* (Mill.) Schred）的籽实。	
1.9.2	小米	粟经脱皮工艺除去皮层后的部分。按粒质不同分为粳性小米和糯性小米。	淀粉 粗脂肪

附 录

(续表)

原料编号	原料名称	特征描述	强制性标识要求
1.9.3	小米粉	小米经碾磨获得的粉状产品。	淀粉 粗蛋白质
1.9.4	小米糠	碾米机碾下的糙小米的皮层。	粗脂肪 粗纤维
1.10		小黑麦及其加工产品	
1.10.1	小黑麦	小黑麦（*Triticum × Secale cereale*）籽实，小麦与黑麦通过杂交和杂种染色体加倍而形成的新果实。	
1.10.2	全小黑麦粉	以完整小黑麦籽实不去除任何皮层经碾磨获得的产品。	淀粉 粗蛋白质
1.10.3	小黑麦次粉	以小黑麦为原料经制粉工艺形成的副产品之一。由糊粉层、胚乳及少量细麸组成。	淀粉 粗纤维
1.10.4	小黑麦粉	小黑麦经制粉工艺制成的以小黑麦粉为主、含有少量细麦麸和胚的粉状产品。	淀粉 粗蛋白质
1.10.5	小黑麦麸	以小黑麦为原料碾磨制粉过程中所分出的麦皮层。	淀粉 粗纤维
1.11		小麦及其加工产品	
1.11.1	小麦	小麦（*Triticum aestivum* L.）的籽实。可经瘤胃保护。	
1.11.2	发芽小麦［芽麦］	发芽的小麦。	粗蛋白质 粗纤维
1.11.3	谷朊粉［活性小麦面筋粉］［小麦蛋白粉］	以小麦或小麦粉为原料，去除淀粉和其他碳水化合物等非蛋白质成分后获得的小麦蛋白产品。由于水合后具有高度粘弹性，又称活性小麦面筋粉。	粗蛋白质 吸水率
1.11.4	喷浆小麦麸	将小麦浸泡液喷到小麦麸皮上并经干燥获得的产品。	粗蛋白质 粗纤维
1.11.5	膨化小麦	小麦在一定温度和压力条件下，经膨化处理获得的产品。	淀粉 粗蛋白质 淀粉糊化度
1.11.6	全小麦粉	不去除任何皮层的完整小麦籽粒经碾磨获得的产品。	淀粉 粗蛋白质 面筋量
1.11.7	小麦次粉	以小麦为原料经制粉工艺生产面粉的副产品之一，由糊粉层、胚乳及少量细麸组成。	淀粉 粗纤维
1.11.8	小麦粉［面粉］	小麦经制粉工艺制成的以面粉为主、含有少量细麦麸和胚的粉状产品。	淀粉 粗蛋白质 面筋量
1.11.9	小麦粉浆粉	小麦提取淀粉、谷朊粉后的液态副产物经浓缩、干燥获得的产品。	粗蛋白质 水分
1.11.10	小麦麸［麸皮］	小麦在加工过程中所分出的麦皮层。	粗纤维
1.11.11	小麦胚	小麦加工时提取的胚及混有少量麦皮和胚乳的副产品。	粗蛋白质 粗脂肪
1.11.12	小麦胚芽饼	小麦胚经压榨取油后的副产品。	粗蛋白质 粗脂肪

（续表）

原料编号	原料名称	特征描述	强制性标识要求
1.11.13	小麦胚芽粕	小麦胚经浸提取油后的副产品。	粗蛋白质
1.11.14	小麦胚芽油	小麦胚经压榨或浸提制取的油脂。产品须由有资质的食品生产企业提供。	酸价 过氧化值
1.11.15	小麦水解蛋白	谷朊粉经部分水解后获得的产品。	粗蛋白质
1.11.16	小麦糖渣	小麦生产淀粉糖的副产品。	粗蛋白质 水分
1.11.17	小麦纤维	从小麦籽实中提取的纤维，或者生产小麦淀粉过程中提取的纤维类产物。	粗纤维
1.11.18	小麦纤维渣[小麦皮]	小麦淀粉加工副产品。主要成分为纤维素，含有少部分胚乳。	粗纤维 水分
1.11.19	压片小麦	去壳小麦经汽蒸、碾压后的产品。其中可含有少量小麦壳。可经瘤胃保护。	淀粉 粗蛋白质
1.11.20	预糊化小麦	将粉碎或破碎小麦经湿热、压力等预糊化工艺处理后获得的产品。	淀粉 粗蛋白质 淀粉糊化度
1.12		燕麦及其加工产品	
1.12.1	燕麦	燕麦（*Avena sativa* L.）的籽实。可经瘤胃保护。	
1.12.2	膨化燕麦	碾磨或破碎燕麦在一定温度和压力条件下，经膨化处理获得的产品。	淀粉 淀粉糊化度
1.12.3	全燕麦粉	不去除任何皮层的完整燕麦籽粒经碾磨获得的产品。	淀粉 粗蛋白质
1.12.4	脱壳燕麦	燕麦的去壳籽实，可经蒸汽处理。	淀粉
1.12.5	燕麦次粉	以燕麦为原料经制粉工艺形成的副产品之一，由糊粉层、胚乳及少量细麸组成。	淀粉 粗纤维
1.12.6	燕麦粉	燕麦经制粉工艺制成的以燕麦粉为主、含有少量细麦麸和胚的粉状产品。	淀粉 粗蛋白质
1.12.7	燕麦麸	以燕麦为原料碾磨制粉过程中所分离出的麦皮层。	粗纤维
1.12.8	燕麦壳	燕麦经脱皮工艺后脱下的外壳。	粗纤维
1.12.9	燕麦片	燕麦经汽蒸、碾压后的产品。可包括少部分的燕麦壳。	淀粉 粗蛋白质
1.13		玉米及其加工产品	
1.13.1	玉米	玉米（*Zea mays* L.）籽实。可经瘤胃保护。	
1.13.2	喷浆玉米皮	将玉米浸泡液喷到玉米皮上并经干燥获得的产品。	粗蛋白质 粗纤维
1.13.3	膨化玉米	玉米在一定温度和压力条件下，经膨化处理获得的产品。	淀粉 淀粉糊化度
1.13.4	去皮玉米	玉米籽实脱去种皮后的产品。	淀粉 粗蛋白质
1.13.5	压片玉米	去皮玉米经汽蒸、碾压后的产品。其中可含有少部分种皮。	淀粉 淀粉糊化度
1.13.6	玉米次粉	生产玉米粉、玉米碴过程中的副产品之一。主要由玉米皮和部分玉米碎粒组成。	淀粉 粗纤维

(续表)

原料编号	原料名称	特征描述	强制性标识要求
1.13.7	玉米蛋白粉	玉米经脱胚、粉碎、去渣、提取淀粉后的黄浆水，再经脱水制成的富含蛋白质的产品，粗蛋白质含量不低于50%（以干基计）。	粗蛋白质
1.13.8	玉米淀粉渣	生产柠檬酸等玉米深加工产品过程中，玉米经粉碎、液化、过滤获得的滤渣，再经干燥获得的产品。	淀粉 粗蛋白质 粗脂肪 水分
1.13.9	玉米粉	玉米经除杂、脱胚（或不脱胚）、碾磨获得的粉状产品。	淀粉 粗蛋白质
1.13.10	玉米浆干粉	玉米浸泡液经过滤、浓缩、低温喷雾干燥后获得的产品。	粗蛋白 二氧化硫
1.13.11	玉米酶解蛋白	玉米蛋白粉经酶水解、干燥后获得的产品。	酸溶蛋白（三氯乙酸可溶蛋白） 粗蛋白质 粗灰分 钙含量
1.13.12	玉米胚	玉米籽实加工时所提取的胚及混有少量玉米皮和胚乳的副产品。	粗蛋白质 粗脂肪
1.13.13	玉米胚芽饼	玉米胚经压榨取油后的副产品。	粗蛋白质 粗脂肪 粗纤维
1.13.14	玉米胚芽粕	玉米胚经浸提取油后的副产品。	粗蛋白质 粗纤维
1.13.15	玉米皮	玉米加工过程中分离出来的皮层。	粗纤维
1.13.16	玉米糁［玉米碴］	玉米经除杂、脱胚、碾磨和筛分等系列工序加工而成的颗粒状产品。	淀粉 粗蛋白质
1.13.17	玉米糖渣	玉米生产淀粉糖的副产品。	淀粉 粗蛋白质 粗脂肪 水分
1.13.18	玉米芯粉	玉米的中心穗轴经研磨获得的粉状产品。	粗纤维
1.13.19	玉米油［玉米胚芽油］	由玉米胚经压榨或浸提制取的油。产品须由有资质的食品生产企业提供。	粗脂肪 酸价 过氧化值

2. 油料籽实及其加工产品

原料编号	原料名称	特征描述	强制性标识要求
2.1	扁桃［杏］及其加工产品		
2.1.1	扁桃［杏］仁饼	扁桃（*Amygdalus Communis* L.）仁或杏（*Armeniaca vulgaris* Lam.）仁经压榨取油后的副产品。	粗蛋白质 粗脂肪 粗纤维
2.1.2	扁桃［杏］仁粕	扁桃仁或杏仁饼经浸提取油后的副产品。	粗蛋白质 粗纤维

(续表)

原料编号	原料名称	特征描述	强制性标识要求
2.1.3	扁桃［杏］仁油	扁桃仁或杏仁经压榨或浸提制取的油脂。产品须由有资质的食品生产企业提供。	酸价 过氧化值
2.2	菜籽及其加工产品		
2.2.1	菜籽［油菜籽］	十字花科草本植物栽培油菜（*Brassica napus* L.），包括甘蓝型、白菜型、芥菜型油菜的小颗粒球形种子。可经瘤胃保护。	
2.2.2	菜籽饼［菜饼］	菜籽经压榨取油后的副产品。可经瘤胃保护。	粗蛋白质 粗脂肪
2.2.3	菜籽蛋白	利用菜籽或菜籽粕生产的蛋白质含量不低于50%（以干基计）的产品。	粗蛋白质
2.2.4	菜籽皮	油菜籽经脱皮工艺脱下的种皮。	粗脂肪 粗纤维
2.2.5	菜籽粕［菜粕］	油菜籽经预压浸提或直接溶剂浸提取油后获得的副产品，或由菜籽饼浸提取油后获得的副产品。可经瘤胃保护。	粗蛋白质 粗纤维
2.2.6	菜籽油［菜油］	菜籽经压榨或浸提制取的油。产品须由有资质的食品生产企业提供。	酸价 过氧化值
2.2.7	膨化菜籽	菜籽在一定温度和压力条件下，经膨化处理获得的产品。可经瘤胃保护。	粗蛋白质 粗脂肪
2.2.8	双低菜籽	油菜籽中油的脂肪酸中芥酸含量不高于5.0%，饼粕中硫甙含量不高于45.0μmol/g的油菜籽品种。可经瘤胃保护。	芥酸 硫甙
2.2.9	双低菜籽粕［双低菜粕］	双低菜籽预压浸提或直接溶剂浸提取油后获得的副产品，或由双低菜籽饼浸提取油后获得的副产品。可经瘤胃保护。	粗蛋白 粗纤维 硫甙
2.3	大豆及其加工产品		
2.3.1	大豆	豆科草本植物栽培大豆（*Glycine max.* L. Merr.）的种子。	
2.3.2	大豆分离蛋白	以低温大豆粕为原料，利用碱溶酸析原理，将蛋白质和其他可溶性成分萃取出来，再在等电点下析出蛋白质，蛋白质含量不低于90%（以干基计）的产品。	粗蛋白质
2.3.3	大豆磷脂油	在大豆原油脱胶过程中分离出的、经真空脱水获得的含油磷脂。	丙酮不溶物 粗脂肪 酸价 水分
2.3.4	大豆酶解蛋白	大豆或大豆加工产品（脱皮豆粕/大豆浓缩蛋白）经酶水解、干燥后获得的产品。	酸溶蛋白（三氯乙酸可溶蛋白） 粗蛋白质 粗灰分 钙
2.3.5	大豆浓缩蛋白	低温大豆粕除去其中的非蛋白成分后获得的蛋白质含量不低于65%（以干基计）的产品。	粗蛋白质
2.3.6	大豆胚芽粕［大豆胚芽粉］	大豆胚芽脱油后的产品。	粗蛋白质 粗纤维

（续表）

原料编号	原料名称	特征描述	强制性标识要求
2.3.7	大豆胚芽油	大豆胚芽经压榨或浸提制取的油。产品须由有资质的食品生产企业提供。	酸价 过氧化值
2.3.8	大豆皮	大豆经脱皮工艺脱下的种皮。	粗蛋白质 粗纤维
2.3.9	大豆筛余物	大豆籽实清理过程中筛选出的瘪的或破碎的籽实、种皮和外壳。	粗纤维 粗灰分
2.3.10	大豆糖蜜	醇法大豆浓缩蛋白生产中，萃取液经浓缩获得的总糖不低于55%、粗蛋白质不低于8%的粘稠物（以干基计）。	总糖 蔗糖 粗蛋白质 水分
2.3.11	大豆纤维	从大豆中提取的纤维物质。	粗纤维
2.3.12	大豆油［豆油］	大豆经压榨或浸提制取的油。产品须由有资质的食品生产企业提供。	酸价 过氧化值
2.3.13	豆饼	大豆籽粒经压榨取油后的副产品。可经瘤胃保护。	粗蛋白质 粗脂肪
2.3.14	豆粕	大豆经预压浸提或直接溶剂浸提取油后获得的副产品，或由大豆饼浸提取油后获得的副产品。可经瘤胃保护。	粗蛋白质 粗纤维
2.3.15	豆渣	大豆经浸泡、碾磨、加工成豆制品或提取蛋白后的副产品。	粗蛋白质 粗纤维
2.3.16	烘烤大豆（粉）	烘烤的大豆或将其粉碎后的产品。可经瘤胃保护。	
2.3.17	膨化大豆［膨化大豆粉］	全脂大豆经清理、破碎（磨碎）、膨化处理获得的产品。	粗蛋白质 粗脂肪
2.3.18	膨化大豆蛋白［大豆组织蛋白］	大豆分离蛋白、大豆浓缩蛋白在一定温度和压力条件下，经膨化处理获得的产品。	粗蛋白质
2.3.19	膨化豆粕	豆粕经膨化处理，或大豆胚片经膨胀豆粕制油工艺提油后获得的产品。	粗纤维
2.4	番茄籽及其加工产品		
2.4.1	番茄籽粕	番茄（*Lycopersicon esculentum* Mill.）籽经压榨或浸提取油后的副产品。	粗蛋白质 粗纤维
2.4.2	番茄籽油	番茄籽经压榨或浸提制取的油。产品须由有资质的食品生产企业提供。	酸价 过氧化值
2.5	橄榄及其加工产品		
2.5.1	橄榄饼［油橄榄饼］	木犀科常绿乔木油树的椭圆形或卵形黑果油橄榄（*Olea europaea* L.）果实经压榨取油后的副产品。	粗蛋白质 粗脂肪 粗纤维
2.5.2	橄榄粕［油橄榄粕］	油橄榄饼经浸提取油后获得的副产品。	粗蛋白质 粗纤维
2.5.3	橄榄油	橄榄经压榨或浸提制取的油。产品须由有资质的食品生产企业提供。	酸价 过氧化值
2.6	核桃及其加工产品		
2.6.1	核桃仁饼	脱壳或部分脱壳（含壳率≤30%）的核桃（*Juglans regia* L.）经压榨取油后的副产品。	粗蛋白质 粗脂肪 粗纤维

（续表）

原料编号	原料名称	特征描述	强制性标识要求
2.6.2	核桃仁粕	核桃仁经预压浸提或直接溶剂浸提取油后获得的副产品，或由核桃仁饼浸提取油后获得的副产品。	粗蛋白质 粗纤维
2.6.3	核桃仁油	核桃仁经压榨或浸提制取的油。产品须由有资质的食品生产企业提供。	酸价 过氧化值
2.7	红花籽及其加工产品		
2.7.1	红花籽	菊科植物红花（*Carthamus tinctorius* L.）的种子。	
2.7.2	红花籽饼	红花籽（仁）经压榨取油后的副产品。	粗蛋白质 粗脂肪 粗纤维
2.7.3	红花籽壳	红花籽脱壳取仁后的产品。	粗纤维
2.7.4	红花籽粕	红花籽（仁）经浸提取油后的副产品。	粗蛋白质 粗纤维
2.7.5	红花籽油	红花籽（仁）经压榨或浸提制取的油。产品须由有资质的食品生产企业提供。	酸价 过氧化值
2.8	花椒籽及其加工产品		
2.8.1	花椒籽	芸香科花椒属植物青花椒（*Zanthoxylun schinifolium* Sieb. et Zucc.）或花椒（*Zanthoxylum bungeanum* Maxim. var. *bungeanum*）的干燥成熟果实中的籽。	
2.8.2	花椒籽饼［花椒饼］	花椒籽经压榨取油后的副产品。	粗蛋白质 粗脂肪 粗纤维
2.8.3	花椒籽粕［花椒粕］	花椒籽经预压浸提或直接溶剂浸提取油后获得的副产品，或由花椒饼浸提取油获得的副产品。	粗蛋白质 粗纤维
2.8.4	花椒籽油	花椒籽经压榨或浸提制取的油。产品须由有资质的食品生产企业提供。	酸价 过氧化值
2.9	花生及其加工产品		
2.9.1	花生	豆科草本植物栽培花生（*Arachis hypogaea* L.）荚果的种子，椭圆形，种皮有黑、白、紫红等色。	
2.9.2	花生饼［花生仁饼］	脱壳或部分脱壳（含壳率≤30%）的花生经压榨取油后的副产品。	粗蛋白质 粗脂肪 粗纤维
2.9.3	花生蛋白	由花生及花生粕生产的蛋白质含量不低于65%（以干基计）的产品。	粗蛋白质 粗纤维
2.9.4	花生红衣	花生仁外衣，含有丰富单宁和硫胺。	粗纤维
2.9.5	花生壳	花生的外壳。	粗纤维
2.9.6	花生粕［花生仁粕］	花生经预压浸提或直接溶剂浸提取油后获得的副产品，或由花生饼浸提取油获得的副产品。	粗蛋白质 粗脂肪 粗纤维
2.9.7	花生油	花生（仁）经压榨或浸提制取的油。产品须由有资质的食品生产企业提供。	酸价 过氧化值
2.10	可可及其加工产品		
2.10.1	可可饼（粉）	脱壳后的可可（*Theobroma cacao* L.）豆经压榨取油后的副产品，可经粉碎。	粗蛋白质 粗脂肪 粗纤维

附　录

(续表)

原料编号	原料名称	特征描述	强制性标识要求
2.10.2	可可油[可可脂]	可可豆经压榨或浸提制取的油。产品须由有资质的食品生产企业提供。	酸价 过氧化值
2.11	葵花籽及其加工产品		
2.11.1	葵花籽[向日葵籽]	菊科草本植物栽培向日葵（*Helianthus annuus* L.）短卵形瘦果的种子。可经瘤胃保护。	
2.11.2	葵花头粉[向日葵盘粉]	葵花盘脱除葵花籽后剩余物粉碎烘干的产品。	粗纤维 粗灰分
2.11.3	葵花籽壳[向日葵壳]	向日葵籽的外壳。	粗纤维
2.11.4	葵花籽仁饼[向日葵籽仁饼]	部分脱壳的向日葵籽经压榨取油后的副产品。	粗蛋白质 粗脂肪 粗纤维
2.11.5	葵花籽仁粕[向日葵籽仁粕]	部分脱壳的向日葵籽菜籽经预压浸提或直接溶剂浸提取油后获得的副产品。可经瘤胃保护。	粗蛋白质 粗纤维
2.11.6	葵花籽油[向日葵籽油]	向日葵籽经压榨或浸提制取的油。产品须由有资质的食品生产企业提供。	酸价 过氧化值
2.12	棉籽及其加工产品		
2.12.1	棉籽	锦葵科草木或多年生灌木棉花（*Gossypium* spp.）蒴果的种子。不得用于水产饲料。可经瘤胃保护。	
2.12.2	棉仁饼	按脱壳程度，含壳量低的棉籽饼称为棉仁饼。	粗蛋白质 粗脂肪 粗纤维
2.12.3	棉籽饼[棉饼]	棉籽经脱绒、脱壳和压榨取油后的副产品。	粗蛋白质 粗脂肪 粗纤维
2.12.4	棉籽蛋白	由棉籽或棉籽粕生产的粗蛋白质含量在50%（以干基计）以上的产品。	粗蛋白质 游离棉酚
2.12.5	棉籽壳	棉籽剥壳，以及仁壳分离后以壳为主的产品。	粗纤维
2.12.6	棉籽酶解蛋白	棉籽或棉籽蛋白粉经酶水解、干燥后获得的产品。	酸溶蛋白（三氯乙酸可溶蛋白） 粗蛋白质 粗灰分 游离棉酚 钙
2.12.7	棉籽粕[棉粕]	棉籽经脱绒、脱壳、仁壳分离后，经预压浸提或直接溶剂浸提取油后获得的副产品，或由棉籽饼浸提取油获得的副产品。可经瘤胃保护。	粗蛋白质 粗纤维
2.12.8	棉籽油[棉油]	棉籽经压榨或浸提制取的油。产品须由有资质的食品生产企业提供。	酸价 过氧化值
2.12.9	脱酚棉籽蛋白[脱毒棉籽蛋白]	以棉籽为原料，在低温条件下，经软化、轧胚、浸出提油后并将棉酚以游离状态萃取脱除后得到的粗蛋白含量不低于50%、游离棉酚含量不高于400mg/kg、氨基酸占粗蛋白比例不低于87%的产品。	粗蛋白质 粗纤维 游离棉酚 氨基酸占粗蛋白比例

(续表)

原料编号	原料名称	特征描述	强制性标识要求
2.13	木棉籽及其加工产品		
2.13.1	木棉籽饼	木棉（Bombax malabaricum DC.）籽经压榨取油后的副产品。	粗蛋白质 粗脂肪 粗纤维
2.13.2	木棉籽粕	木棉籽经预压浸提或直接溶剂浸提取油后获得的副产品，或由木棉籽饼浸提取油获得的副产品。	粗蛋白质 粗纤维
2.13.3	木棉籽油	木棉籽经压榨或浸提制取的油。产品须由有资质的食品生产企业提供。	酸价 过氧化值
2.14	葡萄籽及其加工产品		
2.14.1	葡萄籽粕	葡萄（Vitis vinifera L.）籽经浸提取油后的副产品。	粗蛋白质 粗纤维
2.14.2	葡萄籽油	葡萄籽经浸提制取的油。产品须由有资质的食品生产企业提供。	酸价 过氧化值
2.15	沙棘籽及其加工产品		
2.15.1	沙棘籽饼	沙棘（Hippophae rhamnoides L.）籽经压榨取油后的副产品。	粗蛋白质 粗脂肪 粗纤维
2.15.2	沙棘籽粕	沙棘籽经浸提或超临界萃取取油后的副产品。	粗蛋白质 粗纤维
2.15.3	沙棘籽油	沙棘籽经压榨或浸提制取的油。产品须由有资质的食品生产企业提供。	酸价 过氧化值
2.16	酸枣及其加工产品		
2.16.1	酸枣粕	酸枣（Ziziphus jujube Mill. var. spinosa (Bunge) Hu ex H. F. Chou）果仁经浸提取油后的副产品。	粗蛋白质 粗纤维
2.16.2	酸枣油	酸枣果仁经浸提制取的油。产品须由有资质的食品生产企业提供。	酸价 过氧化值
2.17	文冠果加工产品		
2.17.1	文冠果粕	文冠果（Xanthoceras sorbifolia Bunge.）种子经压榨取油后的副产品。	粗蛋白质 粗纤维
2.17.2	文冠果油	文冠果种子经压榨制取的油。产品须由有资质的食品生产企业提供。	酸价 过氧化值
2.18	亚麻籽及其加工产品		
2.18.1	亚麻籽［胡麻籽］	亚麻（Linum usitatissimum L.）的种子。可经瘤胃保护。	
2.18.2	亚麻饼［亚麻籽饼，亚麻仁饼，胡麻饼］	亚麻籽经压榨取油后的副产品。	粗蛋白质 粗脂肪 粗纤维
2.18.3	亚麻粕［亚麻籽粕，亚麻仁粕，胡麻粕］	亚麻籽经浸提取油后的副产品。	粗蛋白质 粗纤维
2.18.4	亚麻籽油	亚麻籽经压榨或浸提制取的油。产品须由有资质的食品生产企业提供。	酸价 过氧化值
2.19	椰子及其加工产品		
2.19.1	椰子饼	以干燥的椰子（Cocos nucifera L.）胚乳（即椰肉）为原料，经压榨取油后的副产品。	粗蛋白质 粗脂肪 粗纤维

附　录

（续表）

原料编号	原料名称	特征描述	强制性标识要求
2.19.2	椰子粕	以干燥的椰子胚乳（即椰肉）为原料，经预榨以及溶剂浸提取油后的副产品。	粗蛋白质 粗纤维
2.19.3	椰子油	椰子胚乳（即椰肉）经压榨或浸提制取的油。产品须由有资质的食品生产企业提供。	酸价 过氧化值
2.20	油棕榈及其加工产品		
2.20.1	棕榈果	棕榈（*Trachycarpus fortunei* Hook.）果穗上的含油未加工脱脂和未分离果核的果（肉）实。	粗脂肪 粗蛋白 粗纤维
2.20.2	棕榈饼［棕榈仁饼］	棕榈仁经压榨取油后的副产品。	粗蛋白质 粗脂肪 粗纤维
2.20.3	棕榈粕［棕榈仁粕］	棕榈仁经浸提取油后的副产品。	粗蛋白质 粗纤维
2.20.4	棕榈仁	油棕榈果实脱壳后的果仁。	
2.20.5	棕榈仁油	棕榈仁经压榨或浸提制取的油。产品须由有资质的食品生产企业提供。	酸价 过氧化值
2.20.6	棕榈油	棕榈果肉经压榨或浸提制取的油。产品须由有资质的食品生产企业提供。	酸价 过氧化值
2.21	月见草籽及其加工产品		
2.21.1	月见草籽	月见草（*Oenothera biennis* L.）籽实。	
2.21.2	月见草籽粕	月见草籽经冷榨、浸提取油后的副产品。	粗蛋白质 粗纤维
2.21.3	月见草籽油	月见草籽经冷榨、浸提制取的油。产品须由有资质的食品生产企业提供。	酸价 过氧化值
2.22	芝麻及其加工产品		
2.22.1	芝麻籽	芝麻（*Sesamum indicum* L.）种子。	
2.22.2	芝麻饼［油麻饼］	芝麻籽经压榨取油后的副产品。	粗蛋白质 粗脂肪 粗纤维
2.22.3	芝麻粕	芝麻籽经预压浸提或直接溶剂浸提取油后的副产品，或芝麻籽饼浸提取油后的副产品。	粗蛋白质 粗纤维
2.22.4	芝麻油	芝麻籽经压榨或浸提制取的油。产品须由有资质的食品生产企业提供。	酸价 过氧化值
2.23	紫苏及其加工产品		
2.23.1	紫苏籽	紫苏（*Perilla frutescens* L.）的籽实。	
2.23.2	紫苏饼［紫苏籽饼］	紫苏籽经压榨取油后的副产品。	粗蛋白质 粗脂肪 粗纤维
2.23.3	紫苏粕［紫苏籽粕］	紫苏籽或紫苏籽饼经浸提取油后的副产品。	粗蛋白质 粗纤维
2.23.4	紫苏油	紫苏籽经压榨或浸提制取的油。产品须由有资质的食品生产企业提供。	酸价 过氧化值
2.24	其他		
2.24.1	氢化脂肪	植物油脂经氢化反应获得的产品。产品须由有资质的食品生产企业提供。	酸价 过氧化值

3. 豆科作物籽实及其加工产品（大豆及其加工产品见第 2 部分）

原料编号	原料名称	特征描述	强制性标识要求
3.1	扁豆及其加工产品		
3.1.1	扁豆	豆科蝶形花亚科扁豆属扁豆（*Lablab purpureus* L.）的籽实。	
3.1.2	去皮扁豆	扁豆籽实去皮后的产品。	粗蛋白质 粗纤维
3.2	菜豆及其加工产品		
3.2.1	菜豆［芸豆］	豆科菜豆属菜豆（*Phaseolus vulgaris* L.）的籽实。	
3.3	蚕豆及其加工产品		
3.3.1	蚕豆	豆科野豌豆属蚕豆（*Vicia faba* L.）的籽实。	
3.3.2	蚕豆粉浆蛋白粉	用蚕豆生产淀粉时，从其粉浆中分离出淀粉后经干燥获得的粉状副产品。	粗蛋白质
3.3.3	蚕豆皮	蚕豆籽实经去皮工艺脱下的种皮。	粗纤维 粗灰分
3.3.4	去皮蚕豆	蚕豆籽实去皮后的产品。	粗蛋白质 粗纤维
3.3.5	压片蚕豆	去皮蚕豆经汽蒸、碾压处理获得的产品。	粗蛋白质
3.4	瓜尔豆及其加工产品		
3.4.1	瓜尔豆胚芽粕	豆科瓜尔豆属瓜尔豆（*Cyamopsis tetragonoloba* L.）籽实的胚芽经浸提制取瓜尔豆胶后的副产品。	粗蛋白质
3.4.2	瓜尔豆粕	瓜尔豆籽实经浸提制取瓜尔豆胶后的副产品。	粗蛋白质
3.5	红豆及其加工产品		
3.5.1	红豆［赤豆、红小豆］	豆科豇豆属红豆（*Vigna angulari* (Willd.) Ohwi et H. Ohashi）的籽实。	
3.5.2	红豆皮	红豆籽实经脱皮工艺脱下的种皮。	粗纤维 粗灰分
3.5.3	红豆渣	红豆经湿法提取淀粉和蛋白后所得的副产品。	粗纤维 粗灰分 水分
3.6	角豆及其加工产品		
3.6.1	角豆粉	豆科长角豆属长角豆（*Ceratonia siliqua* L.）的籽实和豆荚一起粉碎后获得的产品。	粗蛋白质 粗纤维 总糖
3.7	绿豆及其加工产品		
3.7.1	绿豆	豆科豇豆属绿豆（*Vigna radiata* L.）的籽实。	
3.7.2	绿豆粉浆蛋白粉	用绿豆生产淀粉时，从其粉浆中分离出淀粉后经干燥获得的粉状副产品。	粗蛋白质
3.7.3	绿豆皮	绿豆籽实经去皮工艺脱下的种皮。	粗纤维 粗灰分
3.7.4	绿豆渣	绿豆经湿法提取淀粉和蛋白后所得的副产品。	粗纤维 粗灰分 水分
3.8	豌豆及其加工产品		
3.8.1	豌豆	豆科豌豆属豌豆（*Pisum sativum* L.）的籽实。可经瘤胃保护。	

附 录

（续表）

原料编号	原料名称	特征描述	强制性标识要求
3.8.2	去皮豌豆	豌豆籽实去皮后的产品。	粗蛋白质 粗纤维
3.8.3	豌豆次粉	豌豆制粉过程中获得的副产品，主要由胚乳和少量豆皮组成。	粗蛋白质 粗纤维
3.8.4	豌豆粉	豌豆经粉碎所得的产品。	粗蛋白质 粗纤维
3.8.5	豌豆粉浆蛋白粉	用豌豆生产淀粉时，从其粉浆中分离出淀粉后经干燥获得的粉状副产品。	粗蛋白质
3.8.6	豌豆粉浆粉	豌豆经湿法提取淀粉和蛋白后所得的液态副产物，经浓缩、干燥获得的粉状产品。主要由可溶性蛋白和碳水化合物组成。	粗蛋白质 水分
3.8.7	豌豆皮	豌豆籽实经去皮工艺脱下的种皮。	粗纤维 粗灰分
3.8.8	豌豆纤维	从豌豆中提取的纤维物质。	粗纤维
3.8.9	豌豆渣	豌豆经湿法提取淀粉和蛋白后所得的副产品。	粗纤维 粗灰分 水分
3.8.10	压片豌豆	去皮豌豆经汽蒸、碾压获得的产品。	粗蛋白质
3.9	鹰嘴豆及其加工产品		
3.9.1	鹰嘴豆	豆科鹰嘴豆属鹰嘴豆（*Cicer arietinum* L.）的籽实。	
3.10	羽扇豆及其加工产品		
3.10.1	羽扇豆	苦味物质含量低的豆科羽扇豆属多叶羽扇豆（*Lupinus polyphyllus* Lindl.）的籽实。	
3.10.2	去皮羽扇豆	羽扇豆籽实经去皮后的产品。	粗蛋白质 粗纤维
3.10.3	羽扇豆皮	羽扇豆籽实经去皮工艺脱下的种皮。	粗纤维 粗灰分
3.10.4	羽扇豆渣	羽扇豆提取蛋白或寡糖组分后获得的副产品。	粗纤维 粗灰分 水分
3.11	其他		
3.11.1	___豆荚	本目录所列豆科植物籽实的豆荚，产品名称应标明原料的来源，如：豌豆荚。	粗纤维
3.11.2	___豆荚粉	本目录所列豆科植物籽实的豆荚经粉碎获得的产品，产品名称应标明原料的来源，如：角豆荚粉。	粗纤维
3.11.3	烘烤___豆	豆科菜豆属（*Phaseolus* L.）或豇豆属（*Vigna* Savi）植物的籽实经适当烘烤后的产品。产品名称应标明原料的来源，如：烘烤菜豆。可经瘤胃保护。	粗蛋白质

4. 块茎、块根及其加工产品

原料编号	原料名称	特征描述	强制性标识要求
4.1	白萝卜及其加工产品		
4.1.1	萝卜干（片、块、粉、颗粒）	萝卜（*Raphanus sativus* L.）经切块、干燥、粉碎工艺获得的不同形态的产品。产品名称应注明产品形态，如：白萝卜干。	水分
4.2	大蒜及其加工产品		
4.2.1	大蒜粉（片）	百合科葱属蒜（*Allium sativum* L.）经粉碎或切片获得的白色至黄色粉末或片状物。	
4.2.2	大蒜渣	大蒜取油后的副产品。	粗纤维 水分
4.3	甘薯及其加工产品		
4.3.1	甘薯［红薯、白薯、番薯、山芋、地瓜、红苕］干（片、块、粉、颗粒）	旋花科番薯属甘薯（*Ipomoea batatas* L.）植物的块根，经切块、干燥、粉碎工艺获得的不同形态的产品。产品名称应注明产品形态，如：甘薯干。	水分
4.3.2	甘薯渣	甘薯提取淀粉后的副产品。	粗纤维 粗灰分 水分
4.3.3	紫薯干（片、块、粉、颗粒）	旋花科番薯属紫薯（*Ipomoea batatas* (L.) Lam）的块根，经切块、干燥、粉碎工艺获得的不同形态的产品。产品名称应注明产品形态，如：紫薯干。	水分
4.4	胡萝卜及其加工产品		
4.4.1	胡萝卜干（片、块、粉、颗粒）	胡萝卜（*Daucus carota* L.）经切块、干燥、粉碎工艺获得的不同形态的产品。产品名称应注明产品形态，如：胡萝卜干。	水分
4.4.2	胡萝卜渣	胡萝卜经榨汁或提取胡萝卜素后获得的副产品。	粗纤维 粗灰分 水分
4.5	菊苣及其加工产品		
4.5.1	菊苣根干（片、块、粉、颗粒）	菊科菊苣属菊苣（*Cichorium intybus* L.）的块根，经干燥、粉碎工艺获得的不同形态的产品。产品名称应注明产品形态，如：菊苣根粉。	水分 总糖
4.5.2	菊苣渣	菊苣制取菊糖或香料后的副产品，由浸提或压榨后的菊苣片组成。	粗纤维 粗灰分 水分
4.6	菊芋及其加工产品		
4.6.1	菊糖	菊科向日葵属菊芋（*Helianthus tuberosus* L.）的块根中提取的果聚糖。产品须由有资质的食品生产企业提供。	菊糖
4.6.2	菊芋渣	菊芋提取菊糖后的副产物。	粗纤维 粗灰分 水分
4.7	马铃薯及其加工产品		
4.7.1	马铃薯［土豆、洋芋、山药蛋］干（片、块、粉、颗粒）	马铃薯（*Solanum tuberosum* L.）经切块、切片、干燥、粉碎等工艺获得的不同形态的产品。产品名称应注明产品形态，如：马铃薯干。	水分

(续表)

原料编号	原料名称	特征描述	强制性标识要求
4.7.2	马铃薯蛋白粉	马铃薯提取淀粉后经干燥获得的粉状产品。主要成分为蛋白质。	粗蛋白质
4.7.3	马铃薯渣	马铃薯经提取淀粉和蛋白后的副产物。	粗纤维 粗灰分 水分
4.8	魔芋及其加工产品		
4.8.1	魔芋干（片、块、粉、颗粒）	天南星科魔芋属魔芋（*Amorphophalms konjac*）的块根经切块、切片、干燥、粉碎等工艺获得的不同形态的产品。产品名称应注明产品形态，如：魔芋干。	水分
4.9	木薯及其加工产品		
4.9.1	木薯干（片、块、粉、颗粒）	木薯（*Manihot esculenta* Crantz.）经切块、切片、干燥、粉碎等工艺获得的不同形态的产品。产品名称应注明产品形态，如：木薯干。	水分
4.9.2	木薯渣	木薯提取淀粉后的副产物。	粗纤维 粗灰分 水分
4.10	藕及其加工产品		
4.10.1	藕[莲藕]干（片、块、粉、颗粒）	莲藕经切块、切片、干燥、粉碎等工艺获得的不同形态的产品。产品名称应注明产品形态，如：莲藕干。	水分
4.11	甜菜及其加工产品		
4.11.1	甜菜粕［渣］	藜科甜菜属甜菜（*Beta vulgaris* L.）的块根制糖后的副产品，由浸提或压榨后的甜菜片组成。	粗纤维 粗灰分 水分
4.11.2	甜菜粕颗粒	以甜菜粕为原料，添加废糖蜜等辅料经制粒形成的产品。	粗纤维 粗灰分 水分
4.11.3	甜菜糖蜜	从甜菜中提糖后获得的液体副产物。	总糖 粗灰分 水分
	蔗糖	见 13.4.1	
4.12	食用瓜类及其加工产品		
4.12.1	___瓜	可食用瓜类或其去除瓜籽后的产品。可鲜用或对其进行干燥加工处理，产品名称应标明使用原料的来源，如：南瓜。	水分
4.12.2	___瓜籽	可食用瓜类的籽实经干燥等工艺加工获得的产品，产品名称应标明使用原料的来源，如：南瓜籽。	粗蛋白

5. 其他籽实、果实类产品及其加工产品

原料编号	原料名称	特征描述	强制性标识要求
5.1	辣椒及其加工产品		
5.1.1	辣椒（粉）	辣椒（*Capsicum annuum* L.）经干燥、粉碎后所得的产品。	粗蛋白 粗灰分
5.1.2	辣椒渣	辣椒皮提取红色素后的副产品。	粗蛋白质 粗灰分

— 139 —

（续表）

原料编号	原料名称	特征描述	强制性标识要求
5.1.3	辣椒籽粕	辣椒籽取油后的副产品。	粗蛋白质 粗纤维
5.2	水果或坚果及其加工产品		
5.2.1	鳄梨[牛油果]干（片、块、粉）	鳄梨（*Persea americana* Mill.）经切片、切块、干燥、粉碎等工艺获得的不同形态的产品。产品名称应注明产品形态，如：鳄梨干。	总糖 水分
5.2.2	鳄梨[牛油果]浓缩汁	鳄梨压榨后的汁液经浓缩后获得的产品。产品须由有资质的食品生产企业提供。	总糖 水分
5.2.3	____果仁	可食用的坚果仁或水果仁，产品名称应标明使用原料的来源。	粗蛋白质 粗脂肪
5.2.4	____果渣	可食用水果榨汁或果品加工过程中获得的副产品，产品名称应标明使用原料的来源，如：柑橘渣。	粗纤维 粗灰分 水分
5.3	枣及其加工产品		
5.3.1	枣	食用枣（*Ziziphus jujuba* Mill.）。	
5.3.2	枣粉	食用枣经干燥、粉碎获得的产品。	粗纤维 粗灰分

6. 饲草、粗饲料及其加工产品

原料编号	原料名称	特征描述	强制性标识要求
6.1	干草及其加工产品		
6.1.1	____草颗粒（块）	收割的牧草经自然干燥或烘干脱水、粉碎及制粒或压块后获得的产品。不得含有有毒有害草。产品名称应标明草的品种，如：苜蓿草颗粒、苜蓿草块。	粗蛋白质 中性洗涤纤维
6.1.2	____干草	收割的牧草经自然干燥或烘干脱水后获得的产品。不得含有有毒有害草。产品名称应标明草的品种，如：苜蓿干草。	粗蛋白质 中性洗涤纤维
6.1.3	____干草粉	收割的牧草经自然干燥或烘干脱水、粉碎后获得的产品。不得含有有毒有害草。产品名称应标明草的品种，如：苜蓿干草粉。	粗蛋白质 中性洗涤纤维
6.1.4	苜蓿渣	苜蓿干草粉用水提取苜蓿多糖等成分后获得的副产品。可经烘干、粉碎或挤压成颗粒状。	粗蛋白质 中性洗涤纤维
6.2	秸秆及其加工产品		
6.2.1	____氨化秸秆	以收获籽实后的玉米秸、麦秸、稻秸为原料，在密闭的条件下按一定比例喷洒液氨、尿素、碳铵等氨源，在适宜的温度下经一定时间的发酵而获得的产品。产品名称应标明作物的品种，如：玉米氨化秸秆。如原料为多种秸秆，产品名称直接标注氨化秸秆。	粗灰分 中性洗涤纤维 氨源种类
6.2.2	____碱化秸秆	用烧碱（氢氧化钠）或石灰水（氢氧化钙）浸泡或喷洒玉米秸、麦秸、稻秸等粗饲料而获得的产品。产品名称应标明作物的品种，如：玉米碱化秸秆。如原料为多种秸秆，产品名称直接标注碱化秸秆。	粗灰分 中性洗涤纤维

附　录

（续表）

原料编号	原料名称	特征描述	强制性标识要求
6.2.3	＿＿秸秆	成熟农作物干的茎叶（穗）。产品名称应标明作物的品种，如：玉米秸秆。	粗灰分 中性洗涤纤维
6.2.4	＿＿秸秆粉	成熟农作物的茎叶（穗）经自然或人工干燥、粉碎后获得的产品。产品名称应标明作物的品种，如：玉米秸秆粉。	粗灰分 中性洗涤纤维
6.2.5	＿＿秸秆颗粒（块）	成熟农作物的茎叶（穗）经自然或人工干燥、粉碎、制粒或压块后获得的产品。产品名称应标明作物的品种，如：玉米秸秆颗粒，玉米秸秆块。	粗灰分 中性洗涤纤维
6.3	青绿饲料		
6.3.1	＿＿青绿粗饲料	指可饲用的植物新鲜茎叶，主要包括天然牧草、栽培牧草、田间杂草、菜叶类、水生植物。产品不得含有有毒有害草。产品名称应标明植物品种，如：苜蓿。	粗蛋白质 中性洗涤纤维 水分
6.4	青贮饲料		
6.4.1	＿＿半干青贮饲料	又称低水分青贮饲料，是将青贮原料经过预干蒸发，使水分降低到40%～50%时进行青贮而获得的产品。有可能使用青贮添加剂。产品名称应标明青贮原料的品种，如：玉米半干青贮饲料。	粗灰分 中性洗涤纤维 青贮添加剂品种及用量 水分
6.4.2	＿＿黄贮饲料	以收获籽实后的农作物秸秆为原料，通过添加微生物菌剂、酸化剂、酶制剂等添加剂，有可能添加适量水，在密闭缺氧的条件下，通过厌氧乳酸菌的发酵作用而获得的一类粗饲料产品。包括压袋装产品。产品名称应标明农作物的品种，如玉米黄贮饲料。	粗灰分 中性洗涤纤维 青贮添加剂品种及用量 水分
6.4.3	＿＿青贮饲料	将含水率65%～75%的青绿粗饲料切碎后，在密闭缺氧的条件下，通过厌氧乳酸菌的发酵作用而获得的一类粗饲料产品。产品名称应标明粗饲料的品种，如：玉米青贮饲料。	粗灰分 中性洗涤纤维 青贮添加剂品种及用量 水分
6.5	其他粗饲料		
6.5.1	灌木或树木茎叶	指可饲用的3米以下的多年生木本植物的成熟植株及各种树木新鲜或干燥的茎叶。产品名称应标明灌木或树木的品种，如：大叶杨茎叶。	粗灰分 中性洗涤纤维 水分
6.5.2	灌木或树木茎叶粉	指可饲用的3米以下的多年生木本植物的成熟植株及各种树木的茎叶经干燥、粉碎后获得的产品。产品名称应标明灌木与树木的品种，如：松针粉。	粗灰分 中性洗涤纤维 水分
6.5.3	灌木与树木茎叶颗粒（块）	指可饲用的3米以下的多年生木本植物的成熟植株及各种树木的茎叶经干燥、粉碎、制粒后获得的产品。产品名称应标明灌木与树木的品种，如：大叶杨茎叶颗粒。	粗灰分 中性洗涤纤维 水分

7. 其他植物、藻类及其加工产品

原料编号	原料名称	特征描述	强制性标识要求
7.1	甘蔗加工产品		
7.1.1	甘蔗糖蜜	甘蔗（*Saccharum officinarum* L.）经制糖工艺提取糖后获得的黏稠液体或甘蔗糖蜜精炼提取糖后获得的液体副产品。	蔗糖 水分
7.1.2	甘蔗渣	甘蔗提取糖后剩余的植物部分，主要由纤维组成。	粗纤维 水分
	蔗糖	见 13.4.1 和 13.4.3	
7.2	丝兰及其加工产品		
7.2.1	丝兰粉	丝兰（*Yucca schidigera* Roezl.）干燥、粉碎后得到的粉状产品。	吸氨量 水分
7.3	甜叶菊及其加工产品		
7.3.1	甜叶菊渣	甜叶菊（*Stevia rebaudiana*（Bertoni）Hemsl L.）提取甜菊糖后的副产物。	粗蛋白质 粗纤维 粗灰分 水分
7.4	万寿菊及其加工产品		
7.4.1	万寿菊渣	万寿菊（*Tagetes erecta* L.）提取叶黄素后的副产物。	粗蛋白质 粗纤维 粗灰分 水分
7.5	藻类及其加工产品		
7.5.1	＿＿藻	可食用大型海藻（如海带、巨藻、龙须藻）或食品企业加工食用大型海藻剩余的边角料，可经冷藏、冷冻、干燥、粉碎处理。产品名称应标明海藻品种和产品物理性状，如：海带粉。	粗蛋白质 粗灰分
7.5.2	＿＿藻渣	可食用大型海藻经提取活性成分后的副产品，产品名称应标明使用原料的来源，如：海带渣。	总糖 粗灰分 水分
7.5.3	裂壶藻粉	以裂壶藻（*Schizochytrium* sp.）种为原料，通过发酵、分离、干燥等工艺生产的富含DHA的藻粉。	粗脂肪 DHA
7.5.4	螺旋藻粉	螺旋藻（*Spirulina platensis*）干燥、粉碎后的产品。	粗蛋白质 粗灰分
7.5.5	拟微绿球藻粉	以拟微绿球藻（*Nannochloropsis* sp.）种为原料，通过培养、浓缩、干燥等工艺生产的富含EPA的藻粉。	粗脂肪 EPA
7.5.6	微藻粕	裂壶藻粉、拟微绿球藻粉或小球藻粉浸提脂肪后，经干燥得到的副产品。	粗蛋白 粗灰分
7.5.7	小球藻粉	以小球藻（*Chlorella* sp.）种为原料，通过培养、浓缩、干燥等工艺生产的富含 EPA 和 DHA 的藻粉。	粗脂肪 EPA DHA
7.6	其他可饲用天然植物（仅指所称植物或植物的特定部位经干燥或干燥、粉碎获得的产品）		
7.6.1	八角茴香	木兰科八角属植物八角（*Illicium verum* Hook.）的干燥成熟果实。	
7.6.2	白扁豆	豆科扁豆属（*Lablab* Adans.）植物的干燥成熟种子。	

(续表)

原料编号	原料名称	特征描述	强制性标识要求
7.6.3	百合	百合科百合属植物卷丹（*Lilium lancifolium* Thunb.）、百合（*Lilium brownii* F. E. Brown var. *viridulum* Baker）或细叶百合（*Lilium pumilum* DC.）的干燥肉质鳞叶。	
7.6.4	白芍	毛茛科芍药亚科芍药属植物芍药（*Paeonia lactiflora* Pall.）的干燥根。	
7.6.5	白术	菊科苍术属植物白术（*Atrctylodes macrocephala* Koidz.）的干燥根茎。	
7.6.6	柏子仁	柏科侧柏属植物侧柏（*Platycladus orientalis*（L.）Franco）的干燥成熟种仁。	
7.6.7	薄荷	唇形科薄荷属植物薄荷（*Mentha haplocalyx* Briq.）的干燥地上部分。	
7.6.8	补骨脂	豆科补骨脂属植物补骨脂（*Psoralea corylifolia* L.）的干燥成熟果实。	
7.6.9	苍术	菊科苍术属植物苍术（*Atractylodes lancea*（Thunb.）DC.）或北苍术（*Atractylodes chinensis*（DC.）Koidz）的干燥根茎。	
7.6.10	侧柏叶	柏科侧柏属植物侧柏（*Platycladus orientalis*（L.）Franco）的干燥枝梢和叶。	
7.6.11	车前草	车前科车前属植物车前（*Plantago asiatica* L.）或平车前（*Plantago depressa* Willd.）的干燥全草。	
7.6.12	车前子	车前科车前属植物车前（*Plantago asiatica* L.）或平车前（*Plantago depressa* Willd.）的干燥成熟种子。	
7.6.13	赤芍	毛茛科芍药亚科芍药属植物芍药（*Paeonia lactiflora* Pall.）或川赤芍（*Paeonia veitchii* Lynch）的干燥根。	
7.6.14	川芎	伞形科藁本属植物川芎（*Ligusticum chuanxiong* Hort.）的干燥根茎。	
7.6.15	刺五加	五加科五加属植物刺五加（*Acanthopanax senticosus*（Rupr. et Maxim.）Harms）的干燥根和根茎或茎。	
7.6.16	大蓟	菊科蓟属植物蓟（*Cirsium japonicum* Fisch. ex DC.）的干燥地上部分。	
7.6.17	淡豆豉	豆科大豆属植物大豆（*Glycine max*（L.）Merr.）的成熟种子的发酵加工品。	
7.6.18	淡竹叶	禾本科淡竹叶属植物淡竹叶（*Lophatherum gracile* Brongn.）的干燥茎叶。	
7.6.19	当归	伞形科当归属植物当归（*Angelica sinensis*（Oliv.）Diels）的干燥根。	
7.6.20	党参	桔梗科党参属植物党参（*Codonopsis pilosula*（Franch.）Nannf.）、素花党参（*Codonopsis pilosula* Nannf. var. *modesta*（Nannf.）L. T. Shen）或川党参（*Codonopsis tangshen* Oliv.）的干燥根。	
7.6.21	地骨皮	茄科枸杞属植物枸杞（*Lycium chinense* Mill.）或宁夏枸杞（*Lycium barbarum* L.）的干燥根皮。	

(续表)

原料编号	原料名称	特征描述	强制性标识要求
7.6.22	丁香	桃金娘科蒲桃属植物丁香（*Syzygium aromaticum*（L.）Merr. et Perry）的干燥花蕾。	
7.6.23	杜仲	杜仲科杜仲属植物杜仲（*Eucommia ulmoides* Oliv.）的干燥树皮。	
7.6.24	杜仲叶	杜仲科杜仲属植物杜仲（*Eucommia ulmoides* Oliv.）的干燥叶。	
7.6.25	榧子	红豆杉科榧树属植物榧树（*Torreya grandis* Fort.）的干燥成熟种子。	
7.6.26	佛手	芸香科柑橘属植物佛手（*Citrus medica* L. var. *sarcodactylis* (Noot.) Swingle）的干燥果实。	
7.6.27	茯苓	多孔菌科茯苓属真菌茯苓（*Poria cocos*（Schw.）Wolf）的干燥菌核。	
7.6.28	甘草	豆科甘草属植物甘草（*Glycyrrhiza uralensis* Fisch.）、胀果甘草（*Glycyrrhiza inflata* Batal.）或洋甘草（*Glycyrrhiza glabra* L.）的干燥根和根茎。	
7.6.29	干姜	姜科姜属植物姜（*Zingiber officinale* Rosc.）的干燥根茎。	
7.6.30	高良姜	姜科山姜属植物高良姜（*Alpinia officinarum* Hance）的干燥根茎。	
7.6.31	葛根	豆科葛属植物葛（*Pueraria lobata*（Willd.）Ohwi）的干燥根。	
7.6.32	枸杞子	茄科枸杞属植物枸杞（*Lycium chinense* Mill.）或宁夏枸杞（*Lycium barbarum* L.）的干燥成熟果实。	
7.6.33	骨碎补	骨碎补科骨碎补属植物骨碎补（*Davallia mariesii* Moore ex Bak.）的干燥根茎。	
7.6.34	荷叶	睡莲科莲亚科莲属植物莲（*Nelumbo nucifera* Gaertn.）的干燥叶。	
7.6.35	诃子	使君子科诃子属植物诃子（*Terminalia chebula* Retz.）或微毛诃子（*Terminalia chebula* Retz. var. *tomentella*（Kurz）C. B. Clarke）的干燥成熟果实。	
7.6.36	黑芝麻	胡麻科胡麻属植物芝麻（*Sesamum indicum* L.）的干燥成熟种子。	
7.6.37	红景天	景天科红景天属植物大花红景天（*Rhodiola crenulata*（Hook. F. et Thoms.）H. Ohba）的干燥根和根茎。	
7.6.38	厚朴	木兰科木兰属植物厚朴（*Magnolia officinalis* Rehd. et Wils.）或凹叶厚朴（*Magnolia officinalis* subsp. *biloba*（Rehd. et Wils.）Cheng.）的干燥干皮、根皮和枝皮。	
7.6.39	厚朴花	木兰科木兰属植物厚朴（*Magnolia officinalis* Rehd. et Wils.）或凹叶厚朴（*Magnolia officinalis* subsp. *biloba*（Rehd. et Wils.）Cheng.）的干燥花蕾。	
7.6.40	胡芦巴	豆科植物胡芦巴（*Trigonella foenum-graecum* L.）的干燥成熟种子。	

附 录

(续表)

原料编号	原料名称	特征描述	强制性标识要求
7.6.41	花椒	芸香科花椒属植物青花椒（*Zanthoxylum schinifolium* Sieb. et Zucc.）或花椒（*Zanthoxylum bungeanum* Maxim）的干燥成熟果皮。	
7.6.42	槐角［槐实］	豆科槐属植物槐（*Sophora japonica* L.）的干燥成熟果实。	
7.6.43	黄精	百合科黄精属植物滇黄精（*Polygonatum kingianum* Coll. et Hemsl.）、黄精（*Polygonatum sibiricum* Delar.）或多花黄精（*Polygonatum cyrtonema* Hua）的干燥根茎。	
7.6.44	黄芪	豆科植物蒙古黄芪（*Astragalus membranaceus* (Fisch.) Bge. var. *Mongholicus* (Bge.) Hsiao）或膜荚黄芪（*Astragalus membranaceus* (Fisch.) Bge.）的干燥根。	
7.6.45	藿香	唇形科藿香属植物藿香（*Agastache rugosa* (Fisch. et Mey.) O. Ktze）的干燥地上部分。	
7.6.46	积雪草	伞形科积雪草属植物积雪草（*Centella asiatica* (L.) Urb.）的干燥全草。	
7.6.47	姜黄	姜科姜黄属植物姜黄（*Curcuma longa* L.）的干燥根茎。	
7.6.48	绞股蓝	葫芦科绞股蓝属（*Gynostemma* Bl.）植物。	
7.6.49	桔梗	桔梗科桔梗属植物桔梗（*Platycodon grandiflorus* (Jacq.) A. DC.）的干燥根。	
7.6.50	金荞麦	蓼科荞麦属植物金荞麦（*Fagopyrum dibotrys* (D. Don) Hara）的干燥根茎。	
7.6.51	金银花	忍冬科忍冬属植物忍冬（*Lonicera japonica* Thunb.）的干燥花蕾或带初开的花。	
7.6.52	金樱子	蔷薇科蔷薇属植物金樱子（*Rosa laevigata* Michx.）的干燥成熟果实。	
7.6.53	韭菜子	百合科葱属植物韭菜（*Allium tuberosum* Rottl. ex Spreng.）的干燥成熟种子。	
7.6.54	菊花	菊科菊属植物菊花（*Dendranthema morifolium* (Ramat.) Tzvel.）的干燥头状花序。	
7.6.55	橘皮	芸香科柑橘属植物橘（*Citrus Reticulata* Blanco）及其栽培变种的成熟果皮。	
7.6.56	决明子	豆科决明属植物决明（*Cassia tora* L.）的干燥成熟种子。	
7.6.57	莱菔子	十字花科萝卜属植物萝卜（*Raphanus sativus* L.）的干燥成熟种子。	
7.6.58	莲子	睡莲科莲亚科莲属植物莲（*Nelumbo nucifera* Gaertn.）的干燥成熟种子。	
7.6.59	芦荟	百合科芦荟属植物库拉索芦荟（*Aloe barbadensis* Miller）叶。也称"老芦荟"。	
7.6.60	罗汉果	葫芦科罗汉果属植物罗汉果（*Siraitia grosvenorii* (Swingle) C. Jeffrey ex Lu et Z. Y. Zhang）的干燥果实。	
7.6.61	马齿苋	马齿苋科马齿苋属植物马齿苋（*Portulaca oleracea* L.）的干燥地上部分。	

(续表)

原料编号	原料名称	特征描述	强制性标识要求
7.6.62	麦冬[麦门冬]	百合科沿阶草属植物麦冬（*Ophiopogon japonicus*（L. f）Ker-Gawl.）的干燥块根。	
7.6.63	玫瑰花	蔷薇科蔷薇属植物玫瑰（*Rosa rugosa* Thunb.）的干燥花蕾。	
7.6.64	木瓜	蔷薇科木瓜属植物皱皮木瓜（*Chaenomeles speciosa*（Sweet）Nakai.）的干燥近成熟果实。	
7.6.65	木香	菊科川木香属植物川木香（*Dolomiaea souliei*（Franch.）Shih）的干燥根。	
7.6.66	牛蒡子	菊科牛蒡属植物牛蒡（*Arctium lappa* L.）的干燥成熟果实。	
7.6.67	女贞子	木犀科女贞属植物女贞（*Ligustrum lucidum* Ait.）的干燥成熟果实。	
7.6.68	蒲公英	菊科植物蒲公英（*Taraxacum mongolicum* Hand. Mazz.）、碱地蒲公英（*Taraxacum borealisinense* Kitam.）或同属数种植物的干燥全草。	
7.6.69	蒲黄	香蒲科植物水烛香蒲（*Typha angustifolia* L.）、东方香蒲（*Typha orientalis* Presl）或同属植物的干燥花粉。	
7.6.70	茜草	茜草科茜草属植物茜草（*Rubia cordifolia* L.）的干燥根及根茎。	
7.6.71	青皮	芸香科柑橘属植物橘（*Citrus reticulata* Blanco）及其栽培变种的干燥幼果或未成熟果实的果皮。	
7.6.72	人参	五加科人参属植物人参（*Panax ginseng* C. A. Mey.）的干燥根及根茎。	
7.6.73	人参叶	五加科人参属植物人参（*Panax ginseng* C. A. Mey.）的干燥叶。	
7.6.74	肉豆蔻	肉豆蔻科肉豆蔻属植物肉豆蔻（*Myristica fragrans* Houtt.）的干燥种仁。	
7.6.75	桑白皮	桑科桑属植物桑（*Morus alba* L.）的干燥根皮。	
7.6.76	桑椹	桑科桑属植物桑（*Morus alba* L.）的干燥果穗。	
7.6.77	桑叶	桑科桑属植物桑（*Morus alba* L.）的干燥叶。	
7.6.78	桑枝	桑科桑属植物桑（*Morus alba* L.）的干燥嫩枝。	
7.6.79	沙棘	胡颓子科沙棘属植物沙棘（*Hippophae rhamnoides* L.）的干燥成熟果实。	
7.6.80	山药	薯蓣科薯蓣属植物薯蓣（*Dioscorea opposita* Thunb.）的干燥根茎。	
7.6.81	山楂	蔷薇科山楂属植物山里红（*Crataegus pinnatifida* Bge. var. *major* N. E. Br.）或山楂（*Crataegus pinnatifida* Bge.）的干燥成熟果实。	
7.6.82	山茱萸	山茱萸科山茱萸属植物山茱萸（*Cornus officinalis* Sieb. et Zucc.）的干燥成熟果肉。	
7.6.83	生姜	姜科姜属植物姜（*Zingiber officinale* Rosc.）的新鲜根茎。	
7.6.84	升麻	毛茛科升麻属植物大三叶升麻（*Cimicifuga heracleifolia* Kom.）、兴安升麻（*Cimicifuga dahurica*（Turcz.）Maxim.）或升麻（*Cimicifuga foetida* L.）的干燥根茎。	
7.6.85	首乌藤	蓼科何首乌属植物何首乌（*Fallopia multiflora*（Thunb.）Harald.）的干燥藤茎。	

附　录

(续表)

原料编号	原料名称	特征描述	强制性标识要求
7.6.86	酸角	豆科酸豆属植物酸豆（*Tamarindus indica* L.）的果实。	
7.6.87	酸枣仁	鼠李科枣属植物酸枣（*Ziziphus jujuba* Mill. var. *spinosa* (Bunge) Hu ex H. F. Chow）的干燥成熟种子。	
7.6.88	天冬［天门冬］	百合科天门冬属植物天门冬（*Asparagus cochinchinensis* (Lour.) Merr.）的干燥块根。	
7.6.89	土茯苓	百合科菝葜属植物土茯苓（*Smilax glabra* Roxb.）的干燥根茎。	
7.6.90	菟丝子	旋花科菟丝子属植物南方菟丝子（*Cuscuta australis* R. Br.）或菟丝子（*Cuscuta chinensis* Lam.）的干燥成熟种子。	
7.6.91	五加皮	五加科五加属植物五加（*Acanthopanax gracilistylus* W. W. Smith）的干燥根皮。	
7.6.92	乌梅	蔷薇科杏属植物梅（*Armeniaca mume* Sieb.）的干燥近成熟果实。	
7.6.93	五味子	木兰科五味子属植物五味子（*Schisandra chinensis* (Turcz.) Baill.）的干燥成熟果实。	
7.6.94	鲜白茅根	禾本科白茅属植物白茅（*Imperata cylindrica* (L.) Beauv.）的新鲜根茎。	
7.6.95	香附	莎草科莎草属植物香附子（*Cyperus rotundus* L.）的干燥根茎。	
7.6.96	香薷	唇形科石荠苎属植物石香薷（*Mosla chinensis* Maxim.）或江香薷（*Mosla chinensis* 'Jiangxiangru'）的干燥地上部分。	
7.6.97	小蓟	菊科蓟属植物刺儿菜（*Cirsium setosum* (willd.) MB.）的干燥地上部分。	
7.6.98	薤白	百合葱属植物薤白（*Allium macrostemon* Bunge.）或藠头（*Allium chinense* G. Don）的干燥鳞茎。	
7.6.99	洋槐花	豆科刺槐属植物刺槐（*Robinia pseudoacacia* L.）的花，可经干燥、粉碎。	
7.6.100	杨树花	杨柳科杨属（*Populus* L.）植物的花，可经干燥、粉碎。	
7.6.101	野菊花	菊科菊属植物野菊（*Dendranthema indicum* L.）的干燥头状花序。	
7.6.102	益母草	唇形科益母草属植物益母草（*Leonurus artemisia* (Lour.) S. Y. Hu）的新鲜或干燥地上部分。	
7.6.103	薏苡仁	禾本科薏苡属植物薏苡（*Coix lacryma-jobi* L.）的干燥成熟种仁。	
7.6.104	益智［益智仁］	姜科山姜属植物益智（*Alpinia oxyphylla* Miq.）的干燥成熟果实。	
7.6.105	银杏叶	银杏科银杏属植物银杏（*Ginkgo biloba* L.）的干燥叶。	
7.6.106	鱼腥草	三白草科蕺菜属植物蕺菜（*Houttuynia cordata* Thunb.）的新鲜全草或干燥地上部分。	
7.6.107	玉竹	百合科黄精属植物玉竹（*Polygonatum odoratum* (Mill.) Druce）的干燥根茎。	
7.6.108	远志	远志科远志属植物远志（*Polygala tenuifolia* Willd.）或西伯利亚远志（*Polygala sibirica* L.）的干燥根。	
7.6.109	越橘	杜鹃花科越橘属（*Vaccinium* L.）植物的果实或叶。	

(续表)

原料编号	原料名称	特征描述	强制性标识要求
7.6.110	泽兰	唇形科地笋属植物硬毛地笋（*Lycopus lucidus* Turcz. var. *hirtus* Regel）的干燥地上部分。	
7.6.111	泽泻	泽泻科泽泻属植物东方泽泻（*Alisma orinentale*（Samuel.）Juz.）的干燥块茎。	
7.6.112	制何首乌	何首乌（*Fallopia multiflora*（Thunb.）Harald.）的炮制加工品。	
7.6.113	枳壳	芸香科柑橘属植物酸橙（*Citrus aurantium* L.）及其栽培变种的干燥未成熟果实。	
7.6.114	知母	百合科知母属植物知母（*Anemarrhena asphodeloides* Bge.）的干燥根茎。	
7.6.115	紫苏叶	唇形科紫苏属植物紫苏（*Perilla frutescens*（L.）Britt.）的干燥叶（或带嫩枝）。	

8. 乳制品及其副产品

原料编号	原料名称	特征描述	强制性标识要求
8.1	干酪及干酪制品		
8.1.1	奶酪[干酪]	可食用的奶酪，根据使用要求可对其进行脱水干燥、碾磨粉碎等加工处理。产品须由有资质的乳制品生产企业提供。	蛋白质 脂肪 水分
8.2	酪蛋白及其加工制品		
8.2.1	酪蛋白[干酪素]	以脱脂乳为原料，用酸、盐、凝乳酶等使乳中的酪蛋白凝集，再经脱水、干燥、粉碎获得的产品。该产品蛋白质含量不低于80%。产品须由有资质的乳制品生产企业提供。	蛋白质 赖氨酸
8.2.2	水解酪蛋白	将酪蛋白经酶水解、干燥获得的产品。该产品蛋白质含量不低于74%。产品须由有资质的乳制品生产企业提供。	蛋白质 赖氨酸
8.3	奶油及其加工制品		
8.3.1	奶油[黄油]	以乳和（或）稀奶油（经发酵或不发酵）为原料，添加或不添加其他原料、食品添加剂和营养强化剂，经加工制成的脂肪含量不低于80%的产品。产品须由有资质的乳制品生产企业提供。	脂肪 酸价 过氧化值 水分
8.3.2	稀奶油	从乳中分离出的含脂肪的部分，添加或不添加其他原料、食品添加剂和营养强化剂，经加工制成的脂肪含量在10%~80%的产品。产品须由有资质的乳制品生产企业提供。	脂肪 酸价 过氧化值 水分
8.4	乳及乳粉		
8.4.1	___乳	生牛乳或生羊乳，包括全脂乳、脱脂乳、部分脱脂乳。产品名称应标明具体的动物种类和产品类型，如：全脂牛乳，脱脂羊乳。产品须由有资质的乳制品生产企业提供。该产品仅限于宠物饲料（食品）使用。	蛋白质 脂肪 本产品仅限于宠物饲料（食品）使用

（续表）

原料编号	原料名称	特征描述	强制性标识要求
8.4.2	____初乳（粉）	产奶动物（牛或羊）在分娩后前5天内分泌的乳汁或将其加工制成的粉状产品，产品名称应标明具体的动物种类，如：牛初乳，羊初乳粉。产品须由有资质的乳制品生产企业提供。该产品仅限于宠物饲料（食品）使用。	蛋白质 脂肪 IgG 本产品仅限于宠物饲料（食品）使用
8.4.3	____乳粉［奶粉］	以生牛乳或羊乳为原料，经加工制成的粉状产品，包括全脂、脱脂、部分脱脂乳粉和调制乳粉。产品名称应标明具体的动物品种来源和产品类型，如：全脂牛乳粉，脱脂羊乳粉。产品须由有资质的乳制品生产企业提供。	蛋白质 脂肪
8.5	乳清及其加工制品		
8.5.1	乳清粉	以乳清为原料经干燥制成的粉末状产品。产品须由有资质的乳制品生产企业提供。	蛋白质 粗灰分 乳糖
8.5.2	分离乳清蛋白	乳清蛋白粉的一种，蛋白质含量不低于90%。产品须由有资质的乳制品生产企业提供。	蛋白质 粗灰分
8.5.3	浓缩乳清蛋白	乳清蛋白粉的一种，蛋白质含量不低于34%。产品须由有资质的乳制品生产企业提供。	蛋白质 粗灰分 乳糖
8.5.4	乳钙［乳矿物盐］	从乳清液中分离出的高钙含量的产品。钙含量不低于22%。产品须由有资质的乳制品生产企业提供。	钙 磷 粗灰分
8.5.5	乳清蛋白粉	以乳清为原料，经分离、浓缩、干燥等工艺制成的蛋白质含量不低于25%的粉末状产品。产品须由有资质的乳制品生产企业提供。	蛋白质 粗灰分 乳糖
8.5.6	脱盐乳清粉	以乳清为原料，经脱盐、干燥制成的粉末状产品，乳糖含量不低于61%，粗灰分不高于3%。产品须由有资质的乳制品生产企业提供。	蛋白质 粗灰分 乳糖
8.6	乳糖及其加工制品		
8.6.1	乳糖	将乳清蒸发、结晶、干燥后获得的产品，乳糖含量不低于98%。产品须由有资质的乳制品生产企业提供。	乳糖

9. 陆生动物产品及其副产品

原料编号	名称	特征描述	强制性标识要求
9.1	动物油脂类产品		
9.1.1	____油	分割可食用动物组织过程中获得的含脂肪部分，经熬油提炼获得的油脂。原料应来自单一动物种类，新鲜无变质或经冷藏、冷冻保鲜处理；不得使用发生疫病和含禁用物质的动物组织。本产品不得加入游离脂肪酸和其他非食用动物脂肪。产品中总脂肪酸不低于90%，不皂化物不高于2.5%，不溶杂质不高于1%。名称应标明具体的动物种类，如：猪油。	粗脂肪 不皂化物 酸价 丙二醛

（续表）

原料编号	名称	特征描述	强制性标识要求
9.1.2	___油渣（饼）	屠宰、分割可食用动物组织过程中获得的含脂肪部分，经提炼油脂后获得的固体残渣。原料应来自单一动物种类，新鲜无变质或经冷藏、冷冻保鲜处理；不得使用发生疫病和含禁用物质的动物组织。产品名称应标明具体的动物种类，如：猪油渣。	粗蛋白质 粗脂肪
9.2	昆虫加工产品		
9.2.1	蚕蛹（粉）	蚕蛹经干燥获得的产品。可将其粉碎。	粗蛋白质 粗脂肪 酸价
9.2.2	蚕蛹粕［脱脂蚕蛹（粉）］	蚕蛹（粉）脱脂处理后获得的产品。	粗蛋白质 粗脂肪 酸价
9.2.3	蜂花粉	蜜蜂采集被子植物雄蕊花药或裸子植物小孢子囊内的花粉细胞，形成的团粒状物。产品须由有资质的食品生产企业提供。	总糖
9.2.4	蜂胶	蜜蜂科昆虫意大利蜂（*Apis mellifera* L.）等的干燥分泌物，可进行适当加工。产品须由有资质的食品生产企业提供。	总糖
9.2.5	蜂蜡	蜜蜂科昆虫中华蜜蜂（*Apis cerana* Fabricius）或意大利蜂分泌的蜡，可进行适当加工。产品须由有资质的食品生产企业提供。	粗脂肪
9.2.6	蜂蜜	蜜蜂科昆虫中华蜜蜂或意大利蜂所酿的蜜，可进行适当加工。产品须由有资质的食品生产企业提供。	总糖
9.2.7	___虫（粉）	昆虫经干燥获得的产品，可对其进行粉碎。此类昆虫在不影响公共健康和动物健康的前提下方可进行上述加工。产品名称应标明具体动物种类，如：黄粉虫（粉）。	粗蛋白质 粗脂肪 酸价
9.2.8	脱脂___虫粉	对昆虫（粉）采用超临界萃取等方法进行脱脂后获得的产品。此类昆虫在不影响人类和动物健康的前提下方可进行上述加工。产品名称应标明具体动物种类，如：脱脂黄粉虫粉。	粗蛋白质 粗脂肪
9.3	内脏、蹄、角、爪、羽毛及其加工产品		
9.3.1	肠膜蛋白粉	食用动物的小肠黏膜提取肝素钠后的剩余部分，经除臭、脱盐、水解、干燥、粉碎获得的产品。不得使用发生疫病和含禁用物质的动物组织。	粗蛋白质 粗灰分 盐分
9.3.2	动物内脏	新鲜可食用动物的内脏。可以鲜用或对其进行冷藏、冷冻、蒸煮、干燥和烟熏处理。原料应来源于同一动物种类，不得使用发生疫病和含禁用物质的动物组织。产品名称需标注保鲜（加工）方法、具体动物种类和动物内脏名称，可在产品名称中标注物理形态。如：鲜猪肝、冻猪肺、熟猪心、烟熏猪大肠、脱水猪肝粒。该产品仅限于宠物饲料（食品）使用。	粗蛋白质 水分 本产品仅限于宠物饲料（食品）使用

附　录

（续表）

原料编号	名称	特征描述	强制性标识要求
9.3.3	动物内脏粉	新鲜或经冷藏、冷冻保鲜的食用动物内脏经高温蒸煮、干燥、粉碎获得的产品。原料应来源于同一动物种类，除不可避免的混杂外，不得含有蹄、角、牙齿、毛发、羽毛及消化道内容物，不得使用发生疫病和含禁用物质的动物组织。产品名称需标明具体动物种类，若能确定原料来源于何种动物内脏，产品名称可标明动物内脏名称，如：鸡内脏粉、猪内脏粉、猪肝脏粉。	粗蛋白质 粗脂肪 胃蛋白酶消化率
9.3.4	动物器官	新鲜可食用动物的器官，可以鲜用或对其进行冷藏、冷冻、蒸煮、干燥和烟熏处理。原料应来源于同一动物种类，不得使用发生疫病和含禁用物质的动物组织。产品名称需标明具体动物种类，如：羊蹄、猪耳。该产品仅限于宠物饲料（食品）使用。	本产品仅限于宠物饲料（食品）使用
9.3.5	动物水解物	洁净的可食用动物的肉、内脏和器官经研磨粉碎、水解获得的产品，可以是液态、半固态或经加工制成的固态粉末。原料应来源于同一动物种类，新鲜无变质或经冷藏、冷冻保鲜处理，除不可避免的混杂外，不得含有蹄、角、牙齿、毛发、羽毛及消化道内容物。不得使用发生疫病和含禁用物质的动物组织。产品名称需标明具体动物种类和物理形态，如：猪水解液、牛水解膏、鸡水解粉。该产品仅限于宠物饲料（食品）使用。	粗蛋白质 pH值 水分 本产品仅限于宠物饲料（食品）使用
9.3.6	膨化羽毛粉	家禽羽毛经膨化、粉碎后获得的产品。原料不得使用发生疫病和变质家禽羽毛。	粗蛋白质 粗灰分 胃蛋白酶消化率
9.3.7	___皮	新鲜可食用动物的皮，可以鲜用或对其进行冷藏、冷冻、蒸煮、干燥和烟熏处理。原料应来源于同一动物种类，不得使用发生疫病和变质的动物皮，不得使用皮革及鞣革副产品。产品名称需标注具体动物种类，如：水牛皮。该产品仅限于宠物饲料（食品）使用。	粗蛋白质 水分 本产品仅限于宠物饲料（食品）使用
9.3.8	禽爪皮粉	加工禽爪过程中脱下的类角质外皮经干燥、粉碎获得的产品。原料应来源于同一动物种类，产品名称应标明具体动物种类，如：鸡爪皮粉。	粗蛋白质 粗脂肪 粗灰分
9.3.9	水解蹄角粉	动物的蹄、角经水解、干燥、粉碎获得的产品。若能确定原料来源为某一特定动物种类和部位，则产品名称应标明该动物种类和部位，如：水解猪蹄粉。	粗蛋白质 胃蛋白酶消化率
9.3.10	水解畜毛粉	未经提取氨基酸的清洁未变质的家畜毛发经水解、干燥、粉碎获得的产品。本产品胃蛋白酶消化率不低于75%。	粗蛋白质 粗灰分 胃蛋白酶消化率
9.3.11	水解羽毛粉	家禽羽毛经水解后，干燥、粉碎获得的产品。原料不得使用发生疫病和变质的家禽羽毛。本产品胃蛋白酶消化率不低于75%。产品名称应注明水解的方法（酶解、酸解、碱解、高温高压水解），如：酶解羽毛粉。	粗蛋白质 粗灰分 胃蛋白酶消化率
9.4	禽蛋及其加工产品		
9.4.1	蛋粉	食用鲜蛋的蛋液，经巴氏消毒、干燥、脱水获得的产品。产品不含蛋壳或其他非蛋原料。	粗蛋白质 粗灰分

（续表）

原料编号	名称	特征描述	强制性标识要求
9.4.2	蛋黄粉	食用鲜蛋的蛋黄，经巴氏消毒、干燥、脱水获得的产品。产品不含蛋壳或其他非蛋原料。	粗蛋白质 粗脂肪
9.4.3	蛋壳粉	禽蛋壳经灭菌、干燥、粉碎获得的产品。	粗灰分 钙
9.4.4	蛋清粉	食用鲜蛋的蛋清，经巴氏消毒、干燥、脱水获得的产品。产品不含蛋壳或其他非蛋原料。	粗蛋白质
9.5	蚯蚓及其加工产品		
9.5.1	蚯蚓粉	蚯蚓经干燥、粉碎的产品。	粗蛋白质 粗灰分
9.6	肉、骨及其加工产品		
9.6.1	___骨	新鲜的食用动物的骨骼。可以鲜用或对其进行冷藏、冷冻、蒸煮、干燥处理。原料应来源于同一动物种类，不得使用发生疫病和变质的动物骨骼。产品名称需标明保鲜（加工）方法和具体动物种类。如：鲜牛骨、冻猪软骨。该产品仅限于宠物饲料（食品）使用。	钙 灰分 水分 本产品仅限于宠物饲料（食品）使用
9.6.2	___骨粉（粒）	未变质的食用动物骨骼经灭菌、干燥、粉碎获得的产品。原料应来源于同一动物种类，不得使用发生疫病和变质的动物骨骼。产品名称需标明具体动物种类，如：猪骨粉、牛骨粒。	粗灰分 钙 总磷
9.6.3	骨胶	可食用动物骨骼经轧碎、脱油、水解获得的蛋白类产品。原料不得使用发生疫病和变质的动物骨骼。	凝胶强度 勃氏黏度 粗灰分
9.6.4	___骨髓	新鲜可食用动物骨腔内的软组织。可以鲜用或对其进行冷藏、冷冻、蒸煮、干燥处理。原料应来源于同一动物种类，不得使用发生疫病和变质的动物骨骼。产品名称需标明保鲜（加工）方法和动物种类。如：鲜牛骨髓。该产品仅限于宠物饲料（食品）使用。	粗蛋白质 粗脂肪 水分 本产品仅限于宠物饲料（食品）使用
9.6.5	明胶	以来源于食用动物的皮、骨、韧带、肌腱中的胶原为原料，经水解获得的可溶性蛋白类产品。原料不得使用发生疫病和变质的动物组织，不得使用皮革及鞣革副产品。产品须由有资质的食品或药品生产企业提供。	凝胶强度 勃氏黏度 粗灰分
9.6.6	___肉	食用动物的鲜肉或带骨肉、带皮肉。可以鲜用或对其进行冷藏、冷冻、蒸煮、干燥或烟熏处理。原料应来源于同一动物种类，不得使用发生疫病和含禁用物质的动物组织。产品名称需标明保鲜（加工）方法和动物种类，如：鲜羊肉、冻猪肉、熟鸡肉、干牛肉、烟熏鸡肉。该产品仅限于宠物饲料（食品）使用。	粗蛋白质 粗脂肪 水分 本产品仅限于宠物饲料（食品）使用
9.6.7	___肉粉	以分割可食用鲜肉过程中余下的部分为原料，经高温蒸煮、灭菌、脱脂、干燥、粉碎获得的产品。原料应来源于同一动物种类，除不可避免的混杂，不得添加蹄、角、畜毛、羽毛、皮革及消化道内容物；不得额外添加骨；不得使用发生疫病和含禁用物质的动物组织。产品中总磷含量不高于3.5%，钙含量不超过磷含量的2.2倍，胃蛋白酶消化率不低于85%。产品名称应标明具体动物种类，如：鸡肉粉。	粗蛋白质 粗脂肪 总磷 胃蛋白酶消化率 酸价

附　　录

(续表)

原料编号	名称	特征描述	强制性标识要求
9.6.8	＿＿肉骨粉	以分割可食用鲜肉过程中余下的部分为原料，经高温蒸煮、灭菌、脱脂、干燥、粉碎获得的产品。原料应来源于同一动物种类，除不可避免的混杂，不得添加蹄、角、畜毛、羽毛、皮革及消化道内容物。不得使用发生疫病和含禁用物质的动物组织。产品中总磷含量不低于3.5%，钙含量不超过磷含量的2.2倍，胃蛋白酶消化率不低于85%。产品名称应标明具体动物种类，如：鸡肉骨粉。	粗蛋白质 粗脂肪 总磷 胃蛋白酶消化率 酸价
9.6.9	酸化骨粉[骨质磷酸氢钙]	脱胶骨粉经食品级或饲料级磷酸酸化、干燥、粉碎获得的产品。	粗灰分 总磷 钙
9.6.10	脱胶骨粉	食用动物骨骼经脱胶、干燥、粉碎获得的产品。原料不得使用发生疫病和变质的动物骨骼。	粗灰分 总磷 钙
9.7	血液制品		
9.7.1	喷雾干燥＿＿血浆蛋白粉	以屠宰食用动物得到的新鲜血液分离出的血浆为原料，经灭菌、喷雾干燥获得的产品。原料应来源于同一动物种类，不得使用发生疫病和变质的动物血液。产品名称应标明具体动物来源，如：喷雾干燥猪血浆蛋白粉。	粗蛋白质 免疫球蛋白（IgG或IgY）
9.7.2	喷雾干燥＿＿血球蛋白粉	以屠宰食用动物得到的新鲜血液分离出的血细胞为原料，经灭菌、喷雾干燥获得的产品。原料应来源于同一动物种类，不得使用发生疫病和变质的动物血液。产品名称应标明具体动物来源，如：喷雾干燥猪血球蛋白粉。	粗蛋白质
9.7.3	水解＿＿血粉	以屠宰食用动物得到的新鲜血液为原料，经水解、干燥获得的产品。原料应来源于同一动物种类，不得使用发生疫病和变质的动物血液。产品名称应标明具体动物来源，如：水解猪血粉。	粗蛋白质 胃蛋白酶消化率
9.7.4	水解＿＿血球蛋白粉	以屠宰食用动物得到的新鲜血液分离出的血球为原料，经破膜、灭菌、酶解、浓缩、喷雾干燥等一系列工序获得的产品。原料应来源于同一动物种类，不得使用发生疫病和变质的动物血液。产品名称应标明具体动物来源，如：水解猪血球蛋白粉。	粗蛋白质 胃蛋白酶消化率
9.7.5	水解珠蛋白粉	以屠宰食用动物获得的新鲜血液分离出的血球为原料，经破膜、灭菌、酶解、分离等工序得到得珠蛋白，再经浓缩、喷雾干燥获得的产品。粗蛋白质含量不低于90%。	粗蛋白质 赖氨酸
9.7.6	＿＿血粉	以屠宰食用动物得到的新鲜血液为原料，经干燥获得的产品。原料应来源于同一动物种类，不得使用发生疫病和变质的动物血液。产品粗蛋白质含量不低于85%。产品名称应标明具体动物来源，如：鸡血粉。	粗蛋白质
9.7.7	血红素蛋白粉	以屠宰食用动物得到的新鲜血液分离出的血球为原料，经破膜、灭菌、酶解、分离等工序获得血红素，再浓缩、喷雾干燥获得的产品。卟啉铁含量（以铁计）不低于1.2%。	粗蛋白质 卟啉铁（血红素铁）

— 153 —

10. 鱼、其他水生生物及其副产品

原料编号	原料名称	特征描述	强制性标识要求
10.1	贝类及其副产品		
10.1.1	___贝	新鲜可食用的贝类，可以鲜用或根据使用要求对其进行冷藏、冷冻、蒸煮、干燥处理。产品名称中应标明贝的种类，如：扇贝、牡蛎。	
10.1.2	贝壳粉	贝类的壳经过干燥、粉碎获得的产品。	粗灰分 钙
10.1.3	干贝粉	食品企业加工食用干贝（扇贝柱）剩余的边角料（不包括壳），经干燥、粉碎获得的产品。	粗蛋白质 粗脂肪 组胺
10.2	甲壳类动物及其副产品		
10.2.1	虾	新鲜的虾。可以鲜用或根据使用要求对其进行冷藏、冷冻、蒸煮、干燥处理。	
10.2.2	磷虾粉	以磷虾（*Euphausia superba*）为原料，经干燥、粉碎获得的产品。	粗蛋白质 粗灰分 盐分 挥发性盐基氮
10.2.3	虾粉	虾经蒸煮、干燥、粉碎获得的产品。	粗蛋白质 粗灰分 盐分 挥发性盐基氮
10.2.4	虾膏	以虾为原料，经油脂分离、酶解、浓缩获得的膏状物。	粗蛋白质 粗灰分 水分 挥发性盐基氮
10.2.5	虾壳粉	以食品企业加工虾仁过程中剥离出的虾头、虾壳为原料，经干燥、粉碎获得的产品。	粗灰分
10.2.6	虾油	以海洋虾类经蒸煮、压榨、分离获得的毛油为原料，再进行精炼获得的产品。	脂肪 酸价 碘价
10.2.7	蟹	新鲜的蟹。可以鲜用或根据使用要求对其进行冷藏、冷冻、蒸煮、干燥处理。	
10.2.8	蟹粉	以蟹或蟹的某一部分为原料，经蒸煮、压榨、干燥、粉碎获得的产品。产品中粗蛋白质含量不低于25%。	粗蛋白质 粗灰分 挥发性盐基氮
10.2.9	蟹壳粉	以蟹壳为原料，经烘干、粉碎获得的产品。	粗灰分
10.3	水生软体动物及其副产品		
10.3.1	乌贼	新鲜的乌贼。可以鲜用或根据使用要求对其进行冷藏、冷冻、蒸煮、干燥处理。	
10.3.2	乌贼粉	乌贼经蒸煮、压榨、干燥、粉碎获得的产品。	粗蛋白质 粗脂肪 粗灰分 挥发性盐基氮
10.3.3	乌贼膏	以乌贼内脏为原料，经油脂分离、酶解、浓缩获得的膏状物。	粗蛋白质 粗脂肪 粗灰分 挥发性盐基氮 水分

（续表）

原料编号	原料名称	特征描述	强制性标识要求
10.3.4	乌贼内脏粉	乌贼膏或与载体混合后，经过干燥获得的产品。使用的载体应为饲料法规中许可使用的原料，并在标签中注明载体名称。	粗蛋白质 粗灰分 载体名称 挥发性盐基氮
10.3.5	乌贼油	从乌贼内脏中分离出的油脂。	粗脂肪 酸价 碘价
10.3.6	鱿鱼	新鲜的鱿鱼。可以鲜用根据使用要求可对其进行冷藏、冷冻、蒸煮或干燥处理。	粗脂肪 酸价
10.3.7	鱿鱼粉	鱿鱼经蒸煮、压榨、干燥、粉碎获得的产品。	粗蛋白质 粗脂肪 挥发性盐基氮
10.3.8	鱿鱼膏	以鱿鱼内脏为原料，经油脂分离、酶解、浓缩获得的膏状物。	粗蛋白质 粗脂肪 粗灰分 挥发性盐基氮 水分
10.3.9	鱿鱼内脏粉	鱿鱼膏或与载体混合后，经过干燥获得的产品。使用的载体应为饲料法规中许可使用的原料，并在标签中注明载体名称。	粗蛋白质 粗灰分 载体名称 挥发性盐基氮
10.3.10	鱿鱼油	从鱿鱼内脏中分离出的油脂。	粗脂肪 酸价 碘价
10.4	鱼及其副产品		
10.4.1	鱼	鲜鱼的全部或部分鱼体。可以鲜用或根据使用要求对其进行冷藏、冷冻、蒸煮、干燥处理。不得使用发生疫病和受污染的鱼。	粗蛋白质 水分
10.4.2	白鱼粉	鳕鱼、鲽鱼、鹭鱼等白肉鱼种的全鱼或其为原料加工水产品后剩余的鱼体部分（包括鱼骨、鱼内脏、鱼头、鱼尾、鱼皮、鱼眼、鱼鳞和鱼鳍），经蒸煮、压榨、脱脂、干燥、粉碎获得的产品。	粗蛋白质 粗脂肪 粗灰分 赖氨酸 组胺 挥发性盐基氮
10.4.3	水解鱼蛋白粉	以全鱼或鱼的某一部分为原料，经浓缩、水解、干燥获得的产品。产品中粗蛋白质含量不低于50%。	粗蛋白质 粗脂肪 粗灰分
10.4.4	鱼粉	全鱼或经分割的鱼体经蒸煮、压榨、脱脂、干燥、粉碎获得的产品。在干燥过程中可加入鱼溶浆。不得使用发生疫病和受污染的鱼。该产品原料若来源于淡水鱼，产品名称应标明"淡水鱼粉"。	粗蛋白质 粗脂肪 粗灰分 赖氨酸 挥发性盐基氮
10.4.5	鱼膏	以鲜鱼内脏等下杂物为原料，经油脂分离、酶解、浓缩获得的膏状物。	粗蛋白质 粗灰分 挥发性盐基氮 水分

(续表)

原料编号	原料名称	特征描述	强制性标识要求
10.4.6	鱼骨粉	鱼类的骨骼经粉碎、烘干获得的产品。	钙 磷 粗灰分
10.4.7	鱼排粉	加工鱼类水产品过程中剩余的鱼体部分（包括鱼骨、鱼内脏、鱼头、鱼尾、鱼皮、鱼眼、鱼鳞和鱼鳍）经蒸煮、烘干、粉碎获得的产品。	粗蛋白质 粗脂肪 粗灰分 挥发性盐基氮
10.4.8	鱼溶浆	以鱼粉加工过程中得到的压榨液为原料，经脱脂、浓缩或水解后再浓缩获得的膏状产品。产品中水分含量不高于50%。	粗蛋白质 粗脂肪 挥发性盐基氮 水分
10.4.9	鱼溶浆粉	鱼溶浆或与载体混合后，经过喷雾干燥或低温干燥获得的产品。使用载体应为饲料法规中许可使用的原料，并在产品标签中标明载体名称。	粗蛋白质 盐分 挥发性盐基氮 载体名称
10.4.10	鱼虾粉	以鱼、虾、蟹等水产动物及其加工副产物为原料，经蒸煮、压榨、干燥、粉碎等工序获得的产品。不得使用发生疫病和受污染的鱼。	粗蛋白质 粗脂肪 挥发性盐基氮 粗灰分
10.4.11	鱼油	对全鱼或鱼的某一部分经蒸煮、压榨获得的毛油，再进行精炼获得的产品。	粗脂肪 酸价 碘价 丙二醛
10.5	其他		
10.5.1	卤虫卵	卤虫及其卵。	空壳率 孵化率

11. 矿物质

原料编号	原料名称	特征描述	强制性标识要求
11.1	天然矿物质		
11.1.1	凹凸棒石（粉）	天然水合镁铝硅酸盐矿物，可以是粒状或经粉碎后的粉。	镁 水分
	贝壳粉	见 10.1.2	
11.1.2	沸石粉	天然斜发沸石或丝光沸石经粉碎获得的产品。	钙 吸蓝量 吸氨值 水分
11.1.3	高岭土	以高岭石簇矿为主的含有矿物元素的天然矿物，水合硅铝酸盐含量不低于65%。在配合饲料中用量不得超过2.5%。不得含有石棉。	铅 水分
11.1.4	海泡石	一种水合富镁硅酸盐黏土矿物。	水分
11.1.5	滑石粉	天然硅酸镁盐类矿物滑石经精选、净化、粉碎、干燥获得的产品。	水分

(续表)

原料编号	原料名称	特征描述	强制性标识要求
11.1.6	麦饭石	天然的无机硅铝酸盐。	水分
11.1.7	蒙脱石	由颗粒极细的水合铝硅酸盐构成的矿物,一般为块状或土状。蒙脱石是膨润土的功能成分,需要从膨润土中提纯获得。	吸蓝量 吸氨值 水分
11.1.8	膨润土［斑脱岩、膨土岩］	以蒙脱石为主要成分的黏土岩—蒙脱石黏土岩。	水分
11.1.9	石粉	用机械方法直接粉碎天然含碳酸钙的石灰石、方解石、白垩沉淀、白垩岩等而制得。钙含量不低于35%。	钙
11.1.10	蛭石	含有硅酸镁、铝、铁的天然矿物质经加热膨胀形成的产品。不得含有石棉。	水分 氟

12. 微生物发酵产品及副产品

原料编号	原料名称	特征描述	强制性标识要求
12.1	饼粕、糟渣发酵产品		
12.1.1	发酵豆粕	以豆粕为主要原料（≥95%）,以麸皮、玉米皮等为辅助原料,使用农业部《饲料添加剂品种目录》中批准使用的饲用微生物菌种进行固态发酵,并经干燥制成的蛋白质饲料原料产品。	粗蛋白质 酸溶蛋白 水苏糖 水分
12.1.2	发酵____果渣	以果渣为原料,使用农业部《饲料添加剂品种目录》中批准使用的饲用微生物进行固体发酵获得的产品。产品名称应标明具体原料来源,如：发酵苹果渣。	粗纤维 粗灰分 水分
12.1.3	发酵棉籽蛋白	以脱壳程度高的棉籽粕或棉籽蛋白为主要原料（≥95%）,以麸皮、玉米等为辅助原料,使用农业部《饲料添加剂品种目录》中批准使用的酵母菌和芽胞杆菌进行固态发酵,并经干燥制成的粗蛋白质含量在50%以上的产品。	粗蛋白质 酸溶蛋白 游离棉酚 水分
12.1.4	酿酒酵母发酵白酒糟	以鲜白酒糟为基质,经酿酒酵母固体发酵、自溶、干燥、粉碎后得到的产品。	粗蛋白 粗纤维 酸溶蛋白 木质素
12.2	单细胞蛋白		
12.2.1	产朊假丝酵母蛋白	以玉米浸泡液、葡萄糖、葡萄糖母液等为培养基,利用产朊假丝酵母液体发酵,经喷雾干燥制成的粉末状产品。	粗蛋白质 粗灰分
12.2.2	啤酒酵母粉	啤酒发酵过程中产生的废弃酵母,以啤酒酵母细胞为主要组分,经干燥获得的产品。	粗蛋白质 粗灰分
12.2.3	啤酒酵母泥	啤酒发酵中产生的泥浆状废弃酵母,以啤酒酵母细胞为主且含有少量啤酒。	粗蛋白质 粗灰分
12.3	利用特定微生物和特定培养基培养获得的菌体蛋白类产品（微生物细胞经休眠或灭活）		

（续表）

原料编号	原料名称	特征描述	强制性标识要求
12.3.1	谷氨酸渣［味精渣］	利用谷氨酸棒杆菌和由蔗糖、糖蜜、淀粉或其水解液等植物源成分及铵盐（或其他矿物质）组成的培养基发酵生产L-谷氨酸后剩余的固体残渣。菌体应灭活。可进行干燥处理。	粗蛋白质 粗灰分 铵盐 水分
12.3.2	核苷酸渣	利用谷氨酸棒杆菌和由蔗糖、糖蜜、淀粉或其水解液等植物源成分及铵盐（或其他矿物质）组成的培养基发酵生产5'-肌苷酸二钠、5'-鸟苷酸二钠后剩余的固体残渣。菌体应灭活。可进行干燥处理。	粗蛋白质 粗灰分 铵盐 水分
12.3.3	赖氨酸渣	利用谷氨酸棒杆菌和由蔗糖、糖蜜、淀粉或其水解液等植物源成分及铵盐（或其他矿物质）组成的培养基发酵生产L-赖氨酸后剩余的固体副产物。菌体应灭活。可进行干燥处理。	粗蛋白质 粗灰分 铵盐 水分
12.4	糟渣类发酵副产物		
12.4.1	＿＿醋糟 1. 糯米 2. 高粱 3. 麦麸 4. 米糠 5. 甘薯 6. 水果 7. 谷物	以所列物质为原料，经米曲霉、黑曲霉、啤酒酵母和醋杆菌发酵酿造提取食醋后所得的固体副产物。产品若来源于以单一原料，产品名称应标明其来源，如：糯米醋糟。	粗蛋白质 粗纤维 粗灰分 水分
	谷物酒糟类产品	见1.5	
12.4.2	酱油糟	以大豆、豌豆、蚕豆、豆饼、麦麸及食盐等为原料，经米曲霉、酵母菌及乳酸菌发酵酿制酱油后剩余的残渣经灭菌、干燥后获得的固体副产物。	粗蛋白质 粗脂肪 食盐
12.4.3	柠檬酸糟	以含有淀粉的植物性原料发酵生产柠檬酸的过程中，发酵液经过滤剩余的滤渣经脱水干燥获得的固体产品。产品可经粉碎。	粗蛋白质 粗灰分
12.4.4	葡萄酒糟（泥）	工业法生产葡萄汁的副产物，由分离发酵葡萄汁后的液体/糊状物组成。	粗蛋白质 粗灰分

13. 其他饲料原料

原料编号	原料名称	特征描述	强制性标识要求
13.1	淀粉及其加工产品		
13.1.1	＿＿淀粉	谷物、豆类、块根、块茎等食用植物性原料经淀粉制取工艺（提取、脱水和干燥）获得的产品。产品名称应标明植物性原料的来源，如：玉米淀粉。产品须由有资质的食品生产企业提供。	淀粉 水分
13.1.2	糊精	淀粉在酸或酶的作用下进行低度水解反应所获得的小分子的中间产物。产品须由有资质的食品生产企业提供。	还原糖 葡萄糖当量 水分

(续表)

原料编号	原料名称	特征描述	强制性标识要求
13.2	食品类产品及副产品		
13.2.1	果蔬加工产品及副产品	新鲜水果和蔬菜在食品工业加工过程中获得的干燥或冷冻的产品。该类产品在不影响公共健康和动物健康的前提下方可生产和使用。产品名称应标明相应的水果、蔬菜和调味料种类的具体名称,如:番茄皮渣。	粗纤维 酸不溶灰分 淀粉 粗脂肪
13.2.2	食品工业产品及副产品	食品工业(方便面和挂面、饼干和糕点、面包、肉制品、巧克力和糖果)生产过程中获得的前食品注①和副产品(仅指上述食品在生产过程中因边角、不完整、散落、规格混杂原因而不能成为商品的部分)。可进行干燥处理。该类产品在不影响公共健康和动物健康的前提下方可生产和使用。产品名称应标明具体种类和来源,如:火腿肠粉。	粗蛋白质 粗脂肪 盐分 货架期 水分
13.3	食用菌及其加工产品		
13.3.1	白灵侧耳(白灵菇)	侧耳科侧耳属食用菌白灵侧耳(*Pleurotus eryngii* var. *tuoliensia*)及其干燥产品。	
13.3.2	刺芹侧耳(杏鲍菇)	侧耳科侧耳属食用菌刺芹侧耳(*Pleurotus eryngii*)及其干燥产品。	
13.4	糖类		
13.4.1	白糖[蔗糖]	以甘蔗或甜菜为原料经制糖工艺制取的精糖,主要成分为蔗糖。产品须由有资质的食品生产企业提供。	总糖
13.4.2	果糖	己酮糖,单糖的一种,是葡萄糖的同分异构体。产品须由有资质的食品生产企业提供。	果糖 比旋光度
13.4.3	红糖[蔗糖]	以甘蔗为原料,经榨汁、浓缩获得的带糖蜜的赤色晶体,主要成分为蔗糖。产品须由有资质的食品生产企业提供。	总糖
13.4.4	麦芽糖	两个葡萄糖分子以 α-1,4-糖苷键连接构成的二糖。为淀粉经 β-淀粉酶作用下不完全水解获得的产物。产品须由有资质的食品生产企业提供。	
13.4.5	木糖	戊糖,单糖的一种,以玉米芯为原料,在硫酸催化剂存在的条件下经水解、脱色、净化、蒸发、结晶、干燥等工艺加工生产。产品须由有资质的食品生产企业提供。	木糖 比旋光度
13.4.6	葡萄糖	己醛糖,单糖的一种,是果糖的同分异构体,可含有一个结晶水。产品须由有资质的食品生产企业提供。	葡萄糖 比旋光度
13.4.7	葡萄糖胺(氨基葡萄糖)	壳聚糖和壳质结构的一部分,由甲壳类动物和其他节肢动物的外骨骼经水解制备或由粮食(如玉米或小麦)发酵生产。	葡萄糖胺
13.4.8	葡萄糖浆	淀粉经水解获得的高纯度、浓缩的营养性糖类的水溶液。产品须由有资质的食品生产企业提供。	总糖 水分

① 注前食品:以人类食品为目的生产的,因制造、包装以及其他缺陷不再用于人类消费,但对人类或动物不构成风险的产品。

(续表)

原料编号	原料名称	特征描述	强制性标识要求
13.5	纤维素及其加工产品		
13.5.1	纤维素	天然木材通过机械加工而获得的产品，其主要成分为纤维素。	粗纤维 粗灰分 水分

第四部分 单一饲料品种

原料编号	原料名称	原料编号	原料名称
1.1.3	大麦蛋白粉	2.12.7	棉籽粕［棉粕］
1.2.6	大米蛋白粉	2.12.9	脱酚棉籽蛋白［脱毒棉籽蛋白］
1.2.8	大米酶解蛋白	3.3.2	蚕豆粉浆蛋白粉
1.5.1	干白酒糟	3.7.2	绿豆粉浆蛋白粉
1.5.2	干黄酒糟	3.8.5	豌豆粉浆蛋白粉
1.5.3	____干酒精糟［DDG］	4.7.2	马铃薯蛋白粉
1.5.4	____干酒精糟可溶物［DDS］	7.5.2	____藻渣
1.5.5	干啤酒糟	7.5.3	裂壶藻粉
1.5.6	含可溶物的干酒精糟［____干全酒精糟］［DDGS］	7.5.4	螺旋藻粉
		7.5.5	拟微绿球藻粉
1.11.3	谷朊粉［活性小麦面筋粉］［小麦蛋白粉］	7.5.6	微藻粕
		7.5.7	小球藻粉
1.11.15	小麦水解蛋白	9.1.1	____油
1.13.2	喷浆玉米皮	9.1.2	____油渣（饼）
1.13.7	玉米蛋白粉	9.3.1	肠膜蛋白粉
1.13.10	玉米浆干粉	9.3.3	动物内脏粉
1.13.11	玉米酶解蛋白	9.3.5	动物水解物
2.2.3	菜籽蛋白	9.3.6	膨化羽毛粉
2.2.5	菜籽粕［菜粕］	9.3.9	水解蹄角粉
2.2.9	双低菜籽粕［双低菜粕］	9.3.10	水解畜毛粉
2.3.2	大豆分离蛋白	9.3.11	水解羽毛粉
2.3.4	大豆酶解蛋白	9.4.1	蛋粉
2.3.5	大豆浓缩蛋白	9.4.2	蛋黄粉
2.3.10	大豆糖蜜	9.4.3	蛋壳粉
2.3.14	豆粕	9.4.4	蛋清粉
2.3.18	膨化大豆蛋白［大豆组织蛋白］	9.6.2	____骨粉（粒）
2.3.19	膨化豆粕	9.6.7	____肉粉
2.9.3	花生蛋白	9.6.8	____肉骨粉
2.9.6	花生粕［花生仁粕］	9.6.9	酸化骨粉［骨质磷酸氢钙］
2.12.4	棉籽蛋白	9.6.10	脱胶骨粉
2.12.6	棉籽酶解蛋白	9.7.1	喷雾干燥____血浆蛋白粉

(续表)

原料编号	原料名称	原料编号	原料名称
9.7.2	喷雾干燥____血球蛋白粉	10.4.9	鱼溶浆粉
9.7.3	水解____血粉	10.4.10	鱼虾粉
9.7.4	水解____血球蛋白粉	10.4.11	鱼油
9.7.5	水解珠蛋白粉	12.1.1	发酵豆粕
9.7.6	____血粉	12.1.2	发酵____果渣
9.7.7	血红素蛋白粉	12.1.3	发酵棉籽蛋白
10.2.2	磷虾粉	12.1.4	酿酒酵母发酵白酒糟
10.2.3	虾粉	12.2.1	产朊假丝酵母蛋白
10.4.2	白鱼粉	12.2.2	啤酒酵母粉
10.4.3	水解鱼蛋白粉	12.3.1	谷氨酸渣
10.4.4	鱼粉	12.3.2	核苷酸渣
10.4.7	鱼排粉	12.3.3	赖氨酸渣
10.4.8	鱼溶浆	12.4.3	柠檬酸糟

《饲料原料目录》修订列表（农业部2013年12月19日）

原料编号	原料名称	特征描述	强制性标识要求
2.3	大豆及其加工产品		
2.3.3	大豆磷脂油（大豆磷脂油粉）	在大豆原油脱胶过程中分离出的、经真空脱水获得的含油磷脂；或大豆磷脂油与载体（玉米粉、玉米芯粉、稻壳粉、麸皮）混合、干燥后的产品，粗脂肪≥50%。	丙酮不溶物 粗脂肪 酸价 水分
2.3.13	豆饼［大豆饼］	大豆籽粒经压榨取油后的副产品。可经瘤胃保护。	粗蛋白质 粗脂肪
2.3.14	豆粕［大豆粕］	大豆经预压浸提或直接溶剂浸提取油后获得的副产品；或由大豆饼浸提取油后获得的副产品；或大豆胚片经膨胀浸提制油工艺提取油后获得的产品。可经瘤胃保护。	粗蛋白质 粗纤维
2.3.15	豆渣［大豆渣］	大豆经浸泡、碾磨、加工成豆制品或提取蛋白后的副产品。	粗蛋白质 粗纤维
2.3.19	膨化豆粕	豆粕经膨化处理后获得的产品。	粗蛋白质 粗纤维
2.12	棉籽及其加工产品		
2.12.4	棉籽蛋白	由棉籽或棉籽粕生产的粗蛋白质含量在50%以上的产品。	粗蛋白质 游离棉酚
2.20	棕榈及其加工产品		
2.20.6	棕榈油（棕榈脂肪粉）	棕榈果肉经压榨或浸提制取的油；或棕榈油经加热、喷雾、冷却获得的颗粒状粉末。产品不得添加任何载体，粗脂肪≥99.5%。产品须由有资质的食品生产企业提供。	酸价 过氧化值

(续表)

原料编号	原料名称	特征描述	强制性标识要求
3.4	瓜尔豆及其加工产品		
3.4.1	瓜尔豆	豆科瓜尔豆属（Cyamopsis tetragonoloba L.）的籽实。	
5.1	辣椒及其加工产品		
5.1.4	辣椒籽油	辣椒籽经压榨或浸提制取的油。产品须由有资质的食品生产企业提供。	酸价 过氧化值
7.6	其他可饲用天然植物（仅指所称植物或植物的特定部位经干燥或粗提或干燥、粉碎获得的产品）		
9.6	肉、骨及其加工产品		
9.6.9	骨源磷酸氢钙	食用动物骨粉碎后，经盐酸浸泡所得溶液，用石灰乳中和，再经干燥、粉碎得到的产品，其中磷含量不低于16.5%，氯含量不高于3%。	粗灰分 总磷 钙 氯
11.1	天然矿物质		
11.1.11	腐植酸钠	泥炭、褐煤或风化煤粉碎后，与氢氧化钠溶液充分反应得到的上清液经浓缩、干燥得到的产品，或通过制粒等工艺对上述产品进一步精制得到的产品，其中可溶性腐植酸不低于55%，水分不高于12%。	可溶性腐植酸 水分
12.2	单细胞蛋白		
12.2.4	食品酵母粉	食品酵母生产过程中产生的废弃酵母经干燥获得的产品，以酿酒酵母细胞为主要组分。	粗蛋白质 粗灰分
12.2.5	酵母水解物	以酿酒酵母（Saccharomyces cerevisiae）为菌种，经液体发酵得到的菌体，再经自溶或外源酶催化水解后，浓缩或干燥获得的产品。酵母可溶物未经提取，粗蛋白含量不低于35%。	粗蛋白质（以干基计） 粗灰分 水分 甘露聚糖 氨基酸态氮
12.2.6	酿酒酵母培养物	以酿酒酵母为菌种，经固体发酵后，浓缩、干燥获得的产品。	粗蛋白质 粗灰分 水分 甘露聚糖
12.2.7	酿酒酵母提取物	酿酒酵母经液体发酵后得到的菌体，再经自溶或外源酶催化水解，或机械破碎后，分离获得的可溶性组分浓缩或干燥得到的产品。	粗蛋白质 粗灰分
12.2.8	酿酒酵母细胞壁	酿酒酵母经液体发酵后得到的菌体，再经自溶或外源酶催化水解，或机械破碎后，分离获得的细胞壁浓缩、干燥得到的产品。	水分 甘露聚糖
12.4	糟渣类发酵副产物		
12.4.5	甜菜糖蜜酵母发酵浓缩液	以甜菜糖蜜为原料，经液体发酵生产酵母后的残液再经浓缩得到的产品。	钾 盐分 甜菜碱 非蛋白氮
13.4	糖类		
13.4.7	葡萄糖胺盐酸盐	壳聚糖和壳质结构的一部分，由甲壳类动物和其他节肢动物的外骨骼经水解制备或由粮食（如玉米或小麦）发酵生产。	葡萄糖胺盐酸盐

附 录

《饲料原料目录》修订列表（农业部 2014 年 7 月 24 日）

原料编号	原料名称	特征描述	强制性标识要求
10.4	鱼及其副产品		
10.4.12	鱼浆	鲜鱼或冰鲜鱼绞碎后，经饲料级或食品级甲酸（添加量不超过鱼鲜重的5%）防腐处理，在一定温度下经液化、过滤得到的液态物，可真空浓缩。挥发性盐基氮含量不高于 50mg/100g，组胺含量不高于 300mg/kg。	粗蛋白质 粗脂肪 水分 挥发性盐基氮 组胺
10.4.13	低脂肪鱼粉[低脂鱼粉]	以鱼粉为原料，经正己烷浸提脱脂后得到的产品。粗蛋白质含量不低于 68%，粗脂肪含量不高于 6%，挥发性盐基氮含量不高于 80 mg/100g，组胺含量不高于 500mg/kg，正己烷残留不高于 500mg/kg。原料鱼粉应为有资质的饲用鱼粉生产企业提供的合格产品。	粗蛋白质 粗脂肪 粗灰分 赖氨酸 水分 挥发性盐基氮 组胺
11.1	天然矿物质		
11.1.12	硅藻土	以天然硅藻土（硅藻的硅质遗骸）为原料，经过干燥、焙烧、酸洗、分级等工艺制成的硅藻土干燥品、酸洗品、焙烧品及助熔焙烧品。在配合饲料中用量不得超过 2%。产品质量标准暂按《食品安全国家标准 食品添加剂 硅藻土》（GB 14936）执行。	水分 非硅物质

《饲料原料目录》修订列表（农业部 2015 年 4 月 22 日）

编号	原料名称	特征描述	强制性标识要求
8.4.2	初乳（粉）	产奶动物（牛或羊）在分娩后前 5 天内分泌的乳汁或将其加工制成的粉状产品，产品名称应标明具体的动物种类，如：牛初乳，羊初乳粉。产品须由有资质的乳制品生产企业提供。	蛋白质 脂肪 IgG

《饲料原料目录》修订列表（农业部 2017 年 12 月 28 日）

原料编号	原料名称	特征描述	强制性标识要求
12.3	利用特定微生物和特定培养基获得的菌体蛋白类产品（微生物细胞经休眠或灭活）		
12.3.4	辅酶 Q10 渣	利用类球红细菌和由葡萄糖、玉米浆、无机盐等组成的主要原料发酵生产辅酶 Q10 后的固体副产物。菌体应灭活并经干燥处理。该产品仅限于畜禽饲料使用	粗蛋白质 粗灰分 铵盐 水分

《饲料原料目录》修订列表（农业农村部 2018 年 4 月 27 日）

原料编号	原料名称	特征描述	强制性标识要求
1. 谷物及其加工产品			
1.1	大麦及其加工产品		
1.1.19	大麦苗粉	大麦的幼苗经干燥、粉碎后获得的产品。	粗蛋白质 粗纤维 水分

续表

原料编号	原料名称	特征描述	强制性标识要求
1.2	稻谷及其加工产品		
1.2.4	米	稻谷经脱壳并碾去皮层所获得的产品。产品名称可标称大米，可根据类别标明籼米、粳米、糯米，可根据特殊品种标明黑米、红米等。	淀粉 粗蛋白质
1.2.23	大米胚芽	大米加工过程中提取的主要含胚芽的产品。	粗蛋白质 粗脂肪
1.2.24	大米胚芽粕	大米胚芽经压榨取油后的副产品。	粗蛋白质 粗脂肪 粗纤维
1.5	酒糟类		
1.5.9	谷物酒糟糖浆	酿酒生产中谷物发酵蒸馏后的酒糟醪液经蒸发浓缩获得的产品。	粗蛋白质 水分
1.11	小麦及其加工产品		
1.11.21	小麦苗粉	小麦的幼苗经干燥、粉碎后获得的产品。	粗蛋白质 粗纤维 水分
1.12	燕麦及其加工产品		
1.12.10	燕麦苗粉	燕麦的幼苗经干燥、粉碎后获得的产品。	粗蛋白质 粗纤维 水分
1.13	玉米及其加工产品		
1.13.20	玉米糠	加工玉米时脱下的皮层、少量胚和胚乳的混合物。	粗脂肪 粗纤维
1.14	其他		
1.14.1	藜麦	藜麦（*Chenopodium quinoa* Willd.）的籽实。种子外皮含有的皂素已去除。	
1.14.2	薏米［薏苡仁、苡仁］	禾本科植物薏苡（*Coix chinensis* Tod.）的种仁。	淀粉 粗蛋白质
2. 油料籽实及其加工产品			
2.18	亚麻籽及其加工产品		
2.18.5	亚麻籽粉	亚麻籽经制粉工艺获得的粉状产品。	粗蛋白质 粗脂肪 粗纤维
2.24	其他		
2.24.2	琉璃苣籽油	琉璃苣（*Borago officinalis* L.）籽经压榨或浸提制取的油。	酸价 过氧化值
3. 豆科作物籽实及其加工产品			
3.12	兵豆及其加工产品		
3.12.1	兵豆［小扁豆］	豆科兵豆属兵豆（Lens culinaris）的籽实。	
5. 其他籽实、果实、蔬菜类产品及其加工产品			
5.2	水果或坚果及其加工产品		
5.2.5	果（汁、泥、片、干、粉）	可食用水果鲜果，或对其进行加工后获得的果汁、果泥、果片、果干、果粉等。不得使用变质原料。产品名称应标明原料来源，如苹果。	总糖 水分
5.4	蔬菜及其加工产品		

续表

原料编号	原料名称	特征描述	强制性标识要求
5.4.1	菜（汁、泥、片、干、粉）	可食用蔬菜鲜菜，或对其进行加工后获得的蔬菜汁、蔬菜泥、蔬菜片、蔬菜干、蔬菜粉等。不得使用变质原料。产品名称应标明原料来源，如菠菜。	粗纤维 水分
6. 饲草、粗饲料及其加工产品			
6.5	其他粗饲料		
6.5.4	构树茎叶	构树 [Broussonetia papyrifera (Linn.)] 新鲜或干燥茎叶。	粗蛋白质 中性洗涤纤维 水分
6.5.5	辣木茎叶	辣木（Moringa）可饲用品种的新鲜或干燥茎叶。	粗蛋白质 中性洗涤纤维 水分
7. 其他植物、藻类及其加工产品			
7.2	丝兰及其加工产品		
7.2.2	丝兰	百合科丝兰属丝兰（Yucca schidigera Roezl.）。	粗纤维
7.2.3	丝兰汁	丝兰压榨后的汁液，或汁液经浓缩后获得的产品。	
7.4	万寿菊及其加工产品		
7.4.2	万寿菊粉	万寿菊干燥、粉碎后得到的粉状产品。	粗纤维 粗灰分 叶黄素
7.5	藻类及其加工产品		
7.5.8	裸藻 [绿虫藻]	裸藻（Euglena）及其干燥产品。	
7.5.9	雨生红球藻粉	以雨生红球藻（Haematococcus Pluvialis）种为原料，通过培养、浓缩、干燥等工艺生产的含虾青素的藻粉。	粗脂肪 虾青素
7.5.10	藻油	本目录所列的藻类经压榨或浸提制取的油。产品名称应标明原料来源，如裂壶藻油。	粗脂肪 酸价 过氧化值
7.6	其他可饲用天然植物（仅指所称植物或植物的特定部位经干燥或粗提或干燥、粉碎获得的产品）		
7.6.116	绿茶	以茶树的新叶或芽为原料，未经发酵，经杀青、整形、烘干等工序制成的产品。	
7.6.117	迷迭香	唇形科迷迭香属植物迷迭香（Rosmarinus officinalis）的干燥茎叶或花。	
10. 鱼、其他水生生物及其副产品			
10.4	鱼及其副产品		
10.4.14	鱼皮	加工鱼类产品过程中获得的鱼皮经干燥后的产品。	粗蛋白质 水分
12. 微生物发酵产品及副产品			
12.5	其他		
12.5.1	食用乙醇 [食用酒精]	以谷物、薯类、糖蜜或其他可食用农作物为原料，经发酵、蒸馏精制而成的，供食用的含水酒精。产品须由有资质的食品生产企业提供。	乙醇 甲醇 醛

续表

原料编号	原料名称	特征描述	强制性标识要求
13. 其他饲料原料			
13.3	食用菌及其加工产品		
13.3.3	平菇	侧耳科侧耳属食用菌平菇（Pleurotus ostreatus）及其干燥产品。	
13.3.4	香菇	光茸菌科香菇属食用菌香菇（Lentinus edodes (Berk.) Sing）及其干燥产品。	
13.3.5	毛柄金钱菌［金针菇］	小皮伞科小火焰菌属食用菌毛柄金钱菌（F. velutipes）及其干燥产品。	
13.3.6	木耳［黑木耳］	木耳科木耳属食用菌木耳（Auricularia auricula (L. ex Hook.) Underwood）及其干燥产品。	
13.3.7	银耳	银耳科银耳属食用菌银耳（Tremella）及其干燥产品。	
13.3.8	双孢蘑菇［白蘑菇］	蘑菇属食用菌双孢蘑菇（Agaricus bisporus）及其干燥产品。	
13.6	食用动物加工产品		
13.6.1	明胶［胶原蛋白］	以来源于食用动物的皮、骨、韧带、肌腱中的胶原为原料，经水解获得的可溶性蛋白类产品。原料不得使用发生疫病和变质的动物组织，不得使用皮革及鞣革副产品。产品须由有资质的食品或药品生产企业提供。	粗蛋白质 粗灰分

附录三

中华人民共和国机械行业标准——宠物饲料膨化机

ICS 65.060
B 93
备案号：58322—2017

中华人民共和国机械行业标准

JB/T 13126—2017

宠物饲料膨化机

Extruder for pet feeds

2017-04-12 发布　　　　　　　　　　2018-01-01 实施

 中华人民共和国工业和信息化部 发布

目　次

前言 170
1 范围 171
2 规范性引用文件 171
3 术语和定义 171
4 型号命名和规格 172
　4.1 命名方法 172
　4.2 规格 172
5 要求 172
　5.1 性能指标 172
　5.2 结构组成和要求 173
　5.3 制造和装配 174
　5.4 安全、卫生 175
　5.5 可靠性 175
　5.6 外观 175
6 试验方法 175
　6.1 试验条件 175
　6.2 静态检验 176
　6.3 空载试验 176
　6.4 负载试验 177
7 检验规则 179
　7.1 检验分类 179
　7.2 出厂检验 179
　7.3 型式检验 180
　7.4 判定规则 180
8 标志、包装、运输和贮存 181
　8.1 标志 181
　8.2 包装 181
　8.3 运输 181
　8.4 贮存 182
附录 A（资料性附录）　试验用主要仪器、仪表和工具 183

表 1　主要性能指标 173
表 2　试验样机的技术特征、试验物料 177
表 3　膨化机性能指标测定 178
表 4　检验项目和不合格分类 180
表 A.1　试验用主要仪器、仪表和工具 183

JB/T 13126—2017

前　言

本标准按照 GB/T 1.1—2009 给出的规则起草。
本标准由中国机械工业联合会提出。
本标准由全国饲料机械标准化技术委员会（SAC/TC 384）归口。
本标准起草单位：江南大学、江苏牧羊集团有限公司。
本标准主要起草人：赵建伟、谢正军、徐学明、范文海、金征宇、王磊、秦永林。
本标准为首次发布。

宠物饲料膨化机

1 范围

本标准规定了宠物饲料膨化机的术语和定义、型号命名、规格、要求、试验方法、检验规则、标志、包装、运输和贮存。

本标准适用于宠物饲料膨化机（以下简称膨化机）。

2 规范性引用文件

下列文件对本文件的应用是必不可少的。凡是注日期的引用文件，仅注日期的版本适用于本文件。凡是不注日期的引用文件，其最新版本（包括所有的修改单）适用于本文件。

GB/T 191　包装储运图示标志
GB/T 1184—1996　形状和位置公差　未注公差值
GB/T 1735　色漆和清漆　耐热性的测定
GB 2894　安全标志及其使用导则
GB/T 3098.1—2010　紧固件机械性能　螺栓、螺钉和螺柱
GB/T 3768　声学　声压法测定噪声源声功率级　反射面上方采用包络测量表面的简易法
GB/T 4208　外壳防护等级（IP 代码）
GB 5226.1　机械电气安全　机械电气设备　第1部分：通用技术条件
GB/T 5498　粮油检验　容重测定
GB/T 5917.1　饲料粉碎粒度测定　两层筛筛分法
GB/T 6435　饲料中水分的测定
GB/T 9239.1—2006　机械振动　恒态（刚性）转子平衡品质要求　第1部分：规范与平衡允差的检验
GB/T 11336　直线度误差检测
GB/T 13306　标牌
GB/T 18695　饲料加工设备　术语
GB/T 20801.6　压力管道规范　工业管道　第6部分：安全防护
GB/T 23821　机械安全　防止上下肢触及危险区的安全距离
GB/T 25698　饲料加工工艺术语
GB 50185　工业设备及管道绝热工程施工质量验收规范（附条文说明）
GBZ/T 192.1　工作场所空气中粉尘测定　第1部分：总粉尘浓度
JB/T 11299　饲料机械　产品涂装通用技术条件
JB/T 11687—2013　单螺杆水产饲料膨化机
JB/T 11690　双轴桨叶式饲料调质器
JB/T 11933　饲料机械　螺旋喂料器

3 术语和定义

GB/T 18695 和 GB/T 25698 界定的以及下列术语和定义适用于本文件。

JB/T 13126—2017

3.1
宠物饲料 pet feed
经工业化加工、制作的用以饲喂宠物的饲料。

3.2
螺杆 screw
外表面切有螺旋槽的圆柱体或圆锥体，在机筒内对物料起输送、挤压、混合等作用。

3.3
螺杆长径比 length to diameter ratio of screw
螺杆的有效长度（输送挤压工作部分的轴向长度）与螺杆公称直径的比值。

3.4
径向膨胀指数 radial expansion index
挤出物在挤出径向的膨胀程度，为挤出物在与挤出方向相垂直方向上的横截面积与膨化机模孔的横截面积之比值的算术平方根。

4 型号命名和规格

4.1 命名方法

膨化机型号命名方法如下：

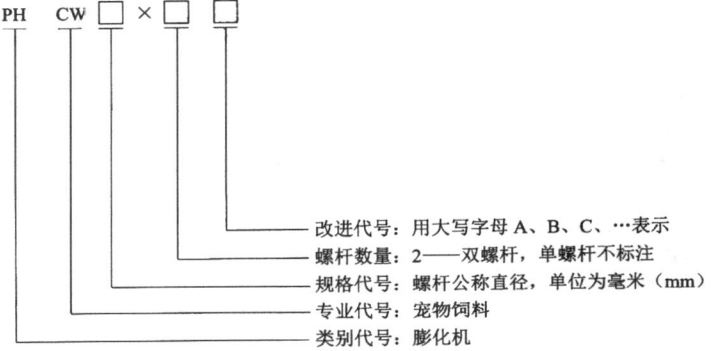

示例：
PHCW90×2 表示螺杆公称直径为 90 mm 的双螺杆宠物饲料膨化机。

4.2 规格

螺杆公称直径（mm）系列为：50、60、75、90、105、120、135、150、165、185、200、215、235、265。螺杆公称直径为推荐优选系列，制造商也可根据需要确定。

5 要求

5.1 性能指标

膨化机的主要性能指标应符合表 1 的规定。

表1 主要性能指标

项目	指标		
	螺杆公称直径 D mm		
	$D<60$	$60 \leqslant D<120$	$D \geqslant 120$
螺杆数量	1 或 2		
主电动机额定功率 kW	<25	25～160	≥160
生产能力 kg/h[a]	不小于出厂产品明示值		
吨料电耗 kW·h/t	≤100	≤90	≤80
饲料径向膨胀指数	1～2 可控		
空载噪声（声功率级）dB（A）	≤90	≤110	≤120
主轴承温升 ℃	≤40		
主电动机负荷率 %	≥80		
[a] 试验条件见 6.1。			

5.2 结构组成和要求

5.2.1 结构组成

膨化机应由喂料系统，调质系统，挤压膨化系统，切粒系统，水、汽供给系统，电气控制系统组成。

5.2.2 喂料系统

喂料器应符合 JB/T 11933 的要求。

5.2.3 调质系统

调质器应符合 JB/T 11690 的要求。

5.2.4 挤压膨化系统

5.2.4.1 直径 50 mm（含）以上螺杆的膨化机膨化腔应采用分段装配式结构。

5.2.4.2 膨化腔应设有温度检测和显示装置，应满足 0～200℃温度显示范围。

5.2.4.3 膨化腔应设置夹套或水道结构，并设置向膨化腔内加水、蒸汽的接口和排气口。

5.2.4.4 直径 50 mm（含）以上的膨化机螺杆应采用组合螺杆结构。

5.2.4.5 膨化腔进料段的主轴进口处应有密封装置，不应有粉尘、水从此处泄漏。

5.2.4.6 膨化机进料口处应设置物料旁路，电动机负荷增加并超过额定数值时，物料从旁通门排出。

5.2.4.7 膨化腔出料端宜设有机筒内压强检测和显示装置。

5.2.5 切粒系统

5.2.5.1 切刀的刃口与模板出料端面之间的间隙应能调整，并能在生产过程中在线调节。

5.2.5.2 切粒系统的转速应能连续调节以满足颗粒成型的需要。

5.2.5.3 在膨化机运行时，切粒系统如不使用，应能方便移开。

5.2.6 水、汽供给系统

5.2.6.1 调质器水及蒸汽的添加量应能调节。

JB/T 13126—2017

5.2.6.2 膨化腔内水及蒸汽的添加量应能调节。

5.2.6.3 膨化腔如设置加热和冷却装置,这两种方式应能切换。

5.2.7 电气控制系统

电气控制系统应符合 GB 5226.1 的要求。

5.3 制造和装配

5.3.1 制造

5.3.1.1 铸件上的浇口、冒口、飞边、粘砂、夹砂等应铲除平整,不应有气孔、缩松、裂纹等铸造缺陷。

5.3.1.2 铸件清理后非加工表面应涂防锈漆。

5.3.1.3 凡需进行加工的铸件均应进行时效处理。

5.3.1.4 焊接件外露焊缝应平直,不应有裂纹、烧伤、假焊、漏焊和焊渣残留等缺陷。

5.3.1.5 切削加工件的加工面,不应有擦伤、碰伤、烧灼、锈蚀等缺陷。

5.3.1.6 切削加工件不应有毛刺和锐边。

5.3.1.7 蒸汽管道应符合 GB/T 20801.6 的规定。

5.3.2 装配

5.3.2.1 装配前应将零部件的毛刺、切屑、锈蚀等清洗干净。管路系统的管道和元件应清洗干净并吹干。

5.3.2.2 芯轴装螺杆元件（螺纹元件、剪切元件等）部位,沿轴线的直线度不应低于 GB/T 1184—1996 中的 7 级精度。

5.3.2.3 螺杆元件套装在芯轴上,应保证相互衔接的连续性,无明显凹凸错位现象并具有良好的互换性。

5.3.2.4 螺杆装好后,螺杆沿轴线直线度应不低于 GB/T 1184—1996 中的 8 级精度。

5.3.2.5 装配后的所有转动部件应转动灵活,无卡滞和碰撞现象;空运转时,不得有异常振动和碰擦声。所有紧固件应紧固,不得松动。

5.3.2.6 水、汽管道和各种阀门均不得有渗漏。

5.3.2.7 对于带轮传动的膨化机,带轮不允许有径向和轴向松动;旋转时的径向和轴向圆跳动量,不得超过其直径的 0.1%;各带轮轴线应相互平行,带轮对应轮槽的对称平面应重合。

5.3.2.8 带轮剩余不平衡量应不大于 GB/T 9239.1—2006 中平衡品质 G16 级的要求。

5.3.2.9 联轴器传动的膨化机,应符合其对应型式联轴器的安装要求。

5.3.2.10 齿轮箱内各喷油管、嘴的喷油方向应保证油液能喷到被润滑的部位,箱体各结合面、密封处无渗漏现象,运转时不得有异常响声。

5.3.2.11 螺杆末端外径与膨化腔（或膨化腔衬套）内径的径向最大与最小间隙之差应不大于 1.0 mm。

5.3.2.12 所有切刀刃口应在与模板出料端面平行的同一平面内。

5.3.2.13 切刀转动应灵活,能沿轴向移动及锁止。

5.3.2.14 各段膨化腔的连接螺栓的机械物理性能应不低于 GB/T 3098.1—2010 规定的 10.9 级的要求。

5.3.3 涂装

5.3.3.1 膨化机表面油漆涂层应符合 JB/T 11299 的规定。

5.3.3.2 膨化腔外壁上的耐热漆层经 180℃、8 h 的耐热性试验后,不得发生起皮、起泡、起皱等变化。

5.4 安全、卫生

5.4.1 外露传动部件及易发生危险处应设置安全防护装置，防止人体上下肢触及危险区的距离应符合 GB/T 23821 的规定。

5.4.2 膨化机的清理门、观察门、防护罩、高温部件等危险区域应有安全标志，安全标志应符合 GB 2894 的规定。

5.4.3 操作开关及调节手柄片应有说明用途的标志。

5.4.4 各个电动机均应有过载保护装置，主电动机的过载保护上限应可设定。

5.4.5 启、停各设备的程序设计应能保证安全联锁。

5.4.6 膨化机应安装有紧急停机开关。

5.4.7 电气设备的安全要求应符合 GB 5226.1 的规定。

5.4.8 电动机和电气控制柜的外壳防护等级应不低于 IP54。

5.4.9 膨化机工作区域的粉尘浓度应不大于 8 mg/m^3。

5.4.10 与饲料接触的零部件应采用不含有害物质或有害物质不超过饲料卫生标准中规定数量的材料制作。

5.4.11 蒸汽管道应有绝热层，并符合 GB 50185 的规定。

5.4.12 喂料器、调质器、挤压机机筒应便于清理残留物料。

5.5 可靠性

膨化机在正常使用条件下，首次发生故障停机前的累计工作时间应不少于 2 000 h（更换易损件时间不计）。

5.6 外观

5.6.1 膨化机各部件表面应平整、光滑，不应有图样未规定的凸起、凹陷、磕碰、划伤和锈蚀等缺陷。

5.6.2 膨化机表面漆层应光洁、平整，无流挂、起泡、裂纹、划痕、起皱、漏涂等缺陷。

5.6.3 水、汽管道应排列整齐，且用管道架或管夹固定。

5.6.4 各种标牌应清晰、耐久，固定位置合理、平整、牢固、不歪斜。

6 试验方法

6.1 试验条件

6.1.1 试验场地

试验场地的地基应坚固、平整，车间应有通风设施。

6.1.2 试验物料

6.1.2.1 以狗饲料为标准试验物料，配方为：玉米粉质量分数为 54.62%，大豆粕质量分数为 19.0%，肉骨粉质量分数为 15.0%，小麦胚芽质量分数为 5.0%，鱼粉质量分数为 3.0%，脱脂乳粉质量分数为 2.5%，酵母质量分数为 0.5%，食盐质量分数为 0.25%，维生素矿物质质量分数为 0.13%。物料水分为 11%～14%（质量分数）。

6.1.2.2 生产试验物料为生产实际使用的某种宠物配合饲料。

6.1.2.3 标准试验物料粒度要求：采用 GB/T 5917.1 的方法测定粒度，网孔基本尺寸为 250 μm 的试验筛的筛上物质量分数应不大于 5%。

6.1.2.4 生产试验物料的粒度，按相应标准的规定选用试验筛，再按 GB/T 5917.1 规定的方法测定。

6.1.2.5 标准试验物料和生产试验物料的水分按 GB/T 6435 规定的方法测定，并记录结果。

6.1.2.6 试验物料的容重按 GB/T 5498 规定的方法测定，并记录结果。

6.1.3 其他条件

6.1.3.1 挤压模板的模孔采用直径为 4 mm 的圆孔。

6.1.3.2 当采用生产物料进行试验时，应记录物料的品种、组成、容重、水分、粒度等特性。

6.1.3.3 试验样机应保持良好的技术状态，试验前应按照设备使用说明书的要求进行调整和保养。

6.1.3.4 调质器出料口与膨化机进料口之间应设置旁路装置，以便观察物料调质情况。

6.1.3.5 检验用仪器、仪表、工具等参见附录 A 的要求，均应在有效检定周期内，并应在测试前校验合格。

6.1.3.6 试验电源电压应符合设备电动机额定电压，偏差不超出±5%。

6.1.3.7 试验应配备固定的熟练人员，并应在标定的工况下进行。

6.2 静态检验

6.2.1 逐项检查结构组成、附属装置是否齐全，温度和压力仪表的示值范围是否符合要求。

6.2.2 用塞尺测量螺杆末端外径与膨化腔（或膨化腔衬套）内径的径向最大与最小间隙，并求其差值。

6.2.3 膨化腔内径用游标卡尺测量，长度用钢卷尺测量，检查尺寸是否符合产品要求。

6.2.4 螺杆长径比测定：用钢卷尺测量螺杆的有效长度，即从螺杆进料段的螺旋开始到出料端螺旋为止的轴向长度；用游标卡尺测量螺杆螺旋外径，两者之比为螺杆长径比。测定 3 次，每次转动螺杆 120°，结果取算术平均值，精确到 1 位小数。

6.2.5 膨化腔外壁上的耐热漆层的耐热性试验按 GB/T 1735 规定的方法进行。

6.2.6 防止上、下肢到达危险地带的安全距离的检测按 GB/T 23821 的规定进行。

6.2.7 电气装置的有关检验按 GB 5226.1 的规定进行。

6.2.8 芯轴直线度的检测按 GB/T 11336 的规定进行。

6.2.9 螺杆外圆直线度检测按以下方法进行：将螺杆放在平台上固定住，使其不能自由转动，然后用塞尺测量外圆与平台的最大间隙，然后每旋转 90°重复测量一次，直线度误差取检测中最大间隙值；或者将螺杆放在平台上的"V"形架上，用百分表对螺杆螺棱的最高点逐个进行测量，然后每旋转 90°重复测量一次，直线度误差取两次最高点测量值相互间的最大差值。

6.2.10 将切刀盘移向出料模孔，保持一定距离，用钢直尺测量各刀刃与模孔出料端面之间的距离，判断切刀刃是否共面，刀刃面与模孔出料端面是否平行；手工检查切刀调节装置，观察切刀刃口与模孔出料端面之间的间隙是否可调。

6.2.11 带轮剩余不平衡量按 GB/T 9239.1 规定的方法检测。

6.2.12 其他制造、装配质量项目，产品外观，安全标志和操作标志，用目测、手动和常规方法检查。电动机外壳设备防护等级按 GB/T 4208 规定的方法进行试验。检查与蒸汽、水、物料接触的零件材质、外购件、外协件的质量合格证明文件。

6.2.13 油漆涂层质量按 JB/T 11299 的规定检验。

6.3 空载试验

6.3.1 喂料器按照 JB/T 11933 的要求检测。

6.3.2 调质器按照 JB/T 11690 的要求检测。

6.3.3 膨化机低速运转，观察齿轮箱输出轴的旋向是否正确，目测润滑系统是否泄漏，齿轮箱有无冲击声和异常振动。

6.3.4 膨化机低速运转，观察螺杆和膨化腔（或膨化腔衬套）之间有无干涉、卡住现象，整机运转是否正常平稳，有无异常声响。

6.3.5 观察各密封部位在工作压力下有无漏油、漏水、漏汽现象。
6.3.6 试验操纵、调节、显示等装置是否能在规定的范围内正常工作。
6.3.7 试验启、停各设备的安全联锁功能是否符合设计要求。
6.3.8 运行旋切和水、汽供给系统，检查其工作状态。
6.3.9 按 GB/T 3768 规定的方法测定整机噪声声功率级。

6.4 负载试验

6.4.1 样机的技术特征和试验物料

将样机的技术特征、试验物料记入表2。

表2 试验样机的技术特征、试验物料

序号	项目	单位	数值	检验方法
1	生产能力	kg/h		6.4.2.2
2	螺杆公称直径	mm		
3	螺杆数量	—		
4	膨化腔内径	mm		6.2.3
5	膨化腔长度	mm		6.2.3
6	螺杆长径比	—		6.2.4
7	总装机容量	kW		
8	主电动机额定功率	kW		
9	喂料器电动机额定功率	kW		
10	调质器电动机额定功率	kW		
11	切粒机电动机额定功率	kW		
12	润滑油泵电动机额定功率	kW		
13	机筒加热额定功率	kW		
14	机筒冷却额定功率	kW		
15	模孔直径	mm		
16	模孔数量	—		
17	试验物料名称、组成	%		
18	试验物料粒度要求（试验筛筛上物质量分数）	%		6.1.2.3、6.1.2.4
19	试验物料水分	%		6.1.2.5
20	试验物料容重	g/L		6.1.2.6
21	样机外形尺寸（长×宽×高）	mm		

6.4.2 性能指标测定

6.4.2.1 测试前准备

用附录 A 中的仪器、仪表测定输入电压、电动机参数，将其控制在额定工况范围内；检查物料、蒸汽、水和润滑油，是否泄漏；稳定运行 15 min 后，进行性能测试并将结果记入表3。

表3 膨化机性能指标测定

序号	项目	单位	测定值1	测定值2	测定值3	平均值
1	输入电压	V				
2	蒸汽压力	MPa				
3	主电动机功率	kW				
4	喂料器电动机功率	kW				
5	调质器电动机功率	kW				
6	切粒机电动机功率	kW				
7	润滑油泵电动机功率	kW				
8	喂料器转速	r/min				
9	调质器转速	r/min				
10	切粒机转速	r/min				
11	取样量	kg				
12	取样时间	s				
13	取样时间内总耗电量	kW·h				
14	取样时间内主电动机耗电量	kW·h				
15	主电动机负荷率	%				
16	生产能力	kg/h				
17	吨料电耗	kW·h/t				
18	主轴承温升	℃				
19	轴承座或齿轮箱油温	℃				
20	调质器出口物料水分（质量分数）	%				
21	饲料成品水分（质量分数）	%				
22	饲料径向膨胀指数	—				
23	螺杆最高转速	r/min				
24	切粒机最高转速	r/min				

6.4.2.2 生产能力

生产能力按 JB/T 11687—2013 中 6.4.3.3 规定的方法测定。

6.4.2.3 吨料电耗

吨料电耗按 JB/T 11687—2013 中 6.4.3.4 规定的方法测定。

6.4.2.4 主电动机负荷率

主电动机负荷率按 JB/T 11687—2013 中 6.4.3.7 规定的方法测定。

6.4.2.5 轴承温升

膨化机开始工作前，测量膨化机主轴轴承壳外表面的温度，测 3 个不同位置点的温度，取算术平均值作为开始温度。膨化机连续工作 30 min 后，再测量主轴轴承壳外表面的温度，测 3 个不同位置点的温度，以其中最大值作为最高温度。最高温度与开始温度的差值为轴承温升数值（精确到 0.1℃）。

6.4.2.6 径向膨胀指数

对于圆形模孔，随机取 5 个膨化饲料颗粒测定其直径，计算其与模孔直径的比值。计算 5 个测定值的平均值报告结果，保留 1 位小数。

$$E = \frac{D_1}{D_2} \quad\quad\quad\quad\quad\quad\quad\quad\quad\quad\quad (1)$$

式中：
E——径向膨胀指数；
D_1——膨化饲料颗粒直径，单位为毫米（mm）；
D_2——模孔直径，单位为毫米（mm）。

对于非圆形模孔，则需先测算饲料颗粒的横截面积，该截面应垂直于膨化机的物料挤出方向。将饲料颗粒按横截面平行于标准计算纸（方格纸）的方向置于纸面上，绘出饲料的投影面边界，根据投影所占方格数计算面积。将标准计算纸覆盖于模板的模孔上，印出痕迹，根据印迹所占方格数计算面积。按公式（2）计算径向膨胀指数，计算 5 次测定值的平均值报告结果，保留 1 位小数。

$$E = \sqrt{\frac{S_1}{S_2}} \quad\quad\quad\quad\quad\quad\quad\quad\quad (2)$$

式中：
S_1——膨化饲料颗粒横截面积，单位为平方毫米（mm²）；
S_2——模孔横截面积，单位为平方毫米（mm²）。

6.4.2.7 转速

将转速计设置到合适的量程档，在螺杆、切刀等部件转速正常时，将转速计探头与设备转动轴端部紧密接触防止滑动并保持同轴，读取转速计读数 3 次，取算术平均值报告结果。

6.4.2.8 粉尘浓度

按 GBZ/T 192.1 的规定测定。

6.4.3 可靠性

首次故障停机前工作时间从检查使用单位的生产记录获得。

6.4.4 过载保护试验

人为使各电动机过载或使过载保护电器达到设定的动作电流，测试各电动机的过载保护装置是否能正常运行。

7 检验规则

7.1 检验分类

膨化机的检验分为出厂检验和型式检验。

7.2 出厂检验

7.2.1 出厂检验为逐台检验。
7.2.2 出厂检验项目为 5.2～5.4、5.6。
7.2.3 膨化机出厂前应进行不少于 15 min 的空载试验，并进行 6.3 规定项目的检验。

7.3 型式检验

7.3.1 有下列情况之一时，应进行型式检验：
a）新产品定型鉴定；
b）产品正式生产后，结构、工艺、材料有较大改变，可能影响产品性能；
c）国家质量监督部门提出进行型式检验的要求。

7.3.2 膨化机型式检验的样机应在出厂检验合格的同一规格的产品中随机抽取一台。

7.3.3 型式检验为全项目检验。

7.4 判定规则

7.4.1 不合格分类

检验项目按质量特性不符合的严重程度分为 A 类、B 类、C 类不合格，见表4。

表4 检验项目和不合格分类

不合格分类		检验项目	要求	试验方法
A	1	安全防护装置及安全标志	5.4.1～5.4.3	6.2.6、6.2.12
	2	电气安全	5.4.4～5.4.7	6.2.7、6.4.4
	3	电动机、电气外壳防护等级	5.4.8	6.2.12
	4	材料卫生	5.4.10	6.2.12
B	1	生产能力	5.1	6.4.2.2
	2	吨料电耗	5.1	6.4.2.3
	3	饲料径向膨胀指数	5.1	6.4.2.6
	4	切刀转速	5.2.5.2	6.4.2.7
	5	空载噪声	5.1	6.3.9
	6	粉尘浓度	5.4.9	6.4.2.8
	7	主轴承温升	5.1	6.4.2.5
	8	可靠性	5.5	6.4.3
	9	结构组成	5.2	6.2.1、6.3
C	1	铸件	5.3.1	6.2.12
	2	焊接件	5.3.1	6.2.12
	3	切削加工件	5.3.1	6.2.12
	4	装配	5.3.2	6.2.2、6.2.9～6.2.13、6.3.3～6.3.5
	5	涂装	5.3.3	6.2.5、6.2.13
	6	外观	5.6	6.2.13

7.4.2 判定方法

7.4.2.1 表 4 中所列检验项目的子项中有一项不合格，则判该检验项目不合格；表 4 中所列检验项目为不合格判定数的单位项，不合格判定数如下：
a）A 类不合格判定数为 1 项；
b）B 类不合格判定数为 2 项；
c）C 类不合格判定数为 3 项；

d) B类加C类不合格判定数为B类1项加C类2项。

7.4.2.2 被检样机的不合格项数小于7.4.2.1的规定时，则判该样机为合格品。

7.4.2.3 被检样机的不合格项数等于或大于7.4.2.1的规定时，允许再抽取一台样机复检，复检样机的不合格项数等于或大于7.4.2.1的规定时，则判该样机为不合格品。

7.4.2.4 在监督检验或质量仲裁检验时，可靠性数据应经生产方和使用方共同确认方为有效。

8 标志、包装、运输和贮存

8.1 标志

8.1.1 产品标志

每台膨化机应在明显位置固定产品标牌，标牌应符合GB/T 13306的规定，标牌内容应包括：
a) 产品名称；
b) 产品型号；
c) 生产能力；
d) 主电动机功率；
e) 配套动力；
f) 机器总质量；
g) 出厂编号；
h) 制造日期；
i) 制造商名称及地址。

8.1.2 包装标志

产品包装箱应有以下标志：
a) 产品型号及名称；
b) 出厂编号及箱号；
c) 箱体尺寸（长宽高）；
d) 净质量与总质量；
e) 到站（港）及收货单位；
f) 发站（港）及发货单位；
g) 储运图示标志应符合GB/T 191的规定。

8.2 包装

8.2.1 一般采用木箱包装，膨化机的底座应固定在枕木上。

8.2.2 整机、备件及附件在包装箱内应固定牢靠，并与包装箱壁板间留有一定距离，以防在运输中发生碰撞损伤。

8.2.3 包装箱内应有防水层。

8.2.4 随机文件应用塑料袋包装好，固定在包装箱内。随机文件应包括：
a) 装箱清单；
b) 产品检验合格证；
c) 产品使用说明书。

8.3 运输

膨化机可用一般交通工具运输；在运输过程中吊卸、装载时，应注意包装箱上的包装储运标志，防

JB/T 13126—2017

止颠倒、重压、碰撞和剧烈振动。

8.4 贮存

8.4.1 膨化机露天存放时，机器底部应垫支承物，应有防雨淋、防日晒的措施。
8.4.2 膨化机室内存放时，应有良好的通风与防潮措施。

附 录 A
（资料性附录）
试验用主要仪器、仪表和工具

表 A.1 规定了试验用仪器、仪表和工具的要求。

表A.1 试验用主要仪器、仪表和工具

序号	名称	规格	技术要求
1	电能测试仪		0.5 级
2	分析天平	200 g	精度为±0.000 1 g
3	天平	2 000 g	精度为±0.01 g
4	台秤	500 kg	分度值为 50 g
5	测温计	200℃	精度为±0.2℃
6	秒表	专用型	分辨力为 0.01 s，瞬时日差（−0.5～0.5 s）/d
7	钢卷尺	3 m	分度值为 1 mm
8	游标卡尺	0～300 mm	分度值为 0.02 mm
9	转速计	2～3 000 r/min	分度值为 0.1 r/min
10	标准计算纸	50cm（宽）×75 cm（长）	每格 1 mm×1 mm
11	塞尺	0.02～1.0 mm	1.0 级
注：不包括试验方法引用标准中的仪器设备。			

附录四

中国饲料成分及营养价值表

附 录

中国饲料成分及营养价值表（第 28 版）
TABLES OF FEED COMPOSITION AND NUTRITIVE VALUES IN CHINA

表 1 饲料描述及常规成分 Feed description and proximate composition*

序号	中国饲料号CFN	饲料名称 Feed Name	饲料描述 Description	干物质 DM%	粗蛋白质 CP%	粗脂肪 EE%	粗纤维 CF%	无氮浸出物 NFE%	粗灰分 Ash%	中洗纤维 NDF%	酸洗纤维 ADF%	淀粉 Starch%	钙 Ca%	总磷 P%	有效磷 P%
1	4-07-0278	玉米 corn grain	成熟,高蛋白,优质	88.0	9.4	3.1	1.2	71.1	1.2	9.4	3.5	60.9	0.09	0.22	0.04
2	4-07-0288	玉米 corn grain	成熟,高赖氨酸,优质	86.0	8.5	5.3	2.6	68.3	1.3	9.4	3.5	59.0	0.16	0.25	0.05
3	4-07-0279	玉米 corn grain	成熟,GB/T 17890-2008,1 级	86.0	8.7	3.6	1.6	70.7	1.4	9.3	2.7	65.4	0.02	0.27	0.05
4	4-07-0280	玉米 corn grain	成熟,GB/T 17890-2008,2 级	86.0	8.0	3.6	2.3	71.8	1.2	9.9	3.1	63.5	0.02	0.27	0.05
5	4-07-0272	高粱 sorghum grain	成熟,NY/T 1 级	88.0	8.7	3.4	1.4	70.7	1.8	17.4	8.0	68.0	0.13	0.36	0.09
6	4-07-0270	小麦 wheat grain	混合小麦,成熟 GB1351-2008 2 级	88.0	13.4	1.7	1.9	69.1	1.9	13.3	3.9	54.6	0.17	0.41	0.21
7	4-07-0274	大麦（裸）naked barley grain	裸大麦,成熟 GB/T 11760-2008 2 级	87.0	13.0	2.1	2.0	67.7	2.2	10.0	2.2	50.2	0.04	0.39	0.12
8	4-07-0277	大麦（皮）barley grain	皮大麦,成熟 GB 10367-89 1 级	87.0	11.0	1.7	4.8	67.1	2.4	18.4	6.8	52.2	0.09	0.33	0.10
9	4-07-0281	黑麦 rye	籽粒,进口	88.0	9.5	1.5	2.2	73.0	1.8	12.3	4.6	56.5	0.05	0.30	0.14
10	4-07-0273	稻谷 paddy	成熟,晒干 NY/T 2 级	86.0	7.8	1.6	8.2	63.8	4.6	27.4	28.7	63.0	0.03	0.36	0.15
11	4-07-0276	糙米 rough rice	除去外壳的大米, GB/T 18810-2002,1 级	87.0	8.8	2.0	0.7	74.2	1.3	1.6	0.8	47.8	0.03	0.35	0.13
12	4-07-0275	碎米 broken rice	加工精米后的副产品 GB/T 5503-2009 1 级	88.0	10.4	2.2	1.1	72.7	1.6	0.8	0.6	51.6	0.06	0.35	0.12
13	4-07-0479	粟（谷子）millet grain	合格,带壳,成熟	86.5	9.7	2.3	6.8	65.0	2.7	15.2	13.3	63.2	0.12	0.30	0.09
14	4-04-0067	木薯干 cassava tuber flake	木薯干片,晒干 GB 10369-89 合格	87.0	2.5	0.7	2.5	79.4	1.9	8.4	6.4	71.6	0.27	0.09	0.03
15	4-04-0068	甘薯干 sweet potato tuber flake	甘薯干片,晒干 NY/T 121-1989 合格	87.0	4.0	0.8	2.8	76.4	3.0	8.1	4.1	64.5	0.19	0.02	—
16	4-08-0104	次粉 wheat middling and red dog	黑面,黄粉,下面 NY/T 211-92 1 级	88.0	15.4	2.2	1.5	67.1	1.5	18.7	4.3	37.8	0.08	0.48	0.17
17	4-08-0105	次粉 wheat middling and red dog	黑面,黄粉,下面 NY/T 211-92 2 级	87.0	13.6	2.1	2.8	66.7	1.8	31.9	10.5	36.7	0.08	0.48	0.17
18	4-08-0069	小麦麸 wheat bran	传统制粉工艺 GB 10368-89 1 级	87.0	15.7	3.9	6.5	56.0	4.9	37.0	13.0	22.6	0.11	0.92	0.32
19	4-08-0070	小麦麸 wheat bran	传统制粉工艺 GB 10368-89 2 级	87.0	14.3	4.0	6.8	57.1	4.8	41.3	11.9	19.8	0.10	0.93	0.33
20	4-08-0041	米糠 rice bran	新鲜,不脱脂 NY/T 2 级	87.0	12.8	16.5	5.7	44.5	7.5	22.9	13.4	27.4	0.07	1.43	0.20
21	4-10-0025	米糠饼 rice bran meal(exp.)	未脱脂,机榨 NY/T 1 级	88.0	14.7	9.0	7.4	48.2	8.7	27.7	11.6	30.2	0.14	1.69	0.24
22	4-10-0018	米糠粕 rice bran meal(sol.)	浸提或预压浸提,NY/T 1 级	87.0	15.1	2.0	7.5	53.6	8.8	23.3	10.9	25.0	0.15	1.82	0.25
23	5-09-0127	大豆 soybean	黄大豆,成熟,GB 1352-86 2 级	87.0	35.5	17.3	4.3	25.7	4.2	7.9	7.3	2.6	0.27	0.48	0.12

— 185 —

续表

序号	中国饲料号 CFN	饲料名称 Feed Name	饲料描述 Description	干物质 DM%	粗蛋白质 CP%	粗脂肪 EE%	粗纤维 CF%	无氮浸出物 NFE%	粗灰分 Ash%	中洗纤维 NDF%	酸洗纤维 ADF%	淀粉 Starch%	钙 Ca%	总磷 P%	有效磷 A-P%
24	5-09-0128	全脂大豆 full-fat soybean	微粒化 GB 1352-86 2级	88.0	35.5	18.7	4.6	25.2	4.0	11.0	6.4	6.7	0.32	0.40	0.10
25	5-10-0241	大豆饼 soybean meal(exp.)	机榨 GB 10379-1989 2级	89.0	41.8	5.8	4.8	30.7	5.9	18.1	15.5	3.6	0.31	0.50	0.13
26	5-10-0103	去皮大豆粕 soybean meal(sol.)	去皮,浸提或预压浸提 NY/T 1级	89.0	47.9	1.5	3.3	29.7	4.9	8.8	5.3	1.8	0.34	0.65	0.24
27	5-10-0102	大豆粕 soybean meal(sol.)	浸提或预压浸提 NY/T 1级	89.0	44.2	1.9	5.9	28.3	6.1	13.6	9.6	3.5	0.33	0.62	0.16
28	5-10-0118	棉籽饼 cottonseed meal(exp.)	机榨 NY/T 129-1989 2级	88.0	36.3	7.4	12.5	26.1	5.7	32.1	22.9	3.0	0.21	0.83	0.21
29	5-10-0119	棉籽粕 cottonseed meal(sol.)	浸提 GB 21264-2007 1级	90.0	47.0	0.5	10.2	26.3	6.0	22.5	15.3	1.5	0.25	1.10	0.28
30	5-10-0117	棉籽粕 cottonseed meal(sol.)	浸提 GB 21264-2007 2级	90.0	43.5	0.5	10.5	28.9	6.6	28.4	19.4	1.8	0.28	1.04	0.26
31	5-10-0220	棉籽蛋白 cottonseed protein	脱酚,低温一次浸出,分步萃取	92.0	51.1	1.0	6.9	27.3	5.7	20.0	13.7	0.9	0.29	0.89	0.22
32	5-10-0183	菜籽饼 rapeseed meal(exp.)	机榨 NY/T 1799-2009 2级	88.0	35.7	7.4	11.4	26.3	7.2	33.3	26.0	3.8	0.59	0.96	0.20
33	5-10-0121	菜籽粕 rapeseed meal(sol.)	浸提 GB/T 23736-2009 2级	88.0	38.6	1.4	11.8	28.9	7.3	20.7	16.8	6.1	0.65	1.02	0.25
34	5-10-0116	花生仁饼 peanut meal(exp.)	机榨 NY/T 2级	88.0	44.7	7.2	5.9	25.1	5.1	14.0	8.7	6.6	0.25	0.53	0.16
35	5-10-0115	花生仁粕 peanut meal(sol.)	浸提 NY/T 133-1989 2级	88.0	47.8	1.4	6.2	27.2	5.4	15.5	11.7	6.7	0.27	0.56	0.17
36	1-10-0031	向日葵仁饼 sunflower meal(exp.)	壳仁比 35:65 NY/T 3级	88.0	29.0	2.9	20.4	31.0	4.7	41.4	29.6	2.0	0.24	0.87	0.22
37	5-10-0242	向日葵仁粕 sunflower meal(sol.)	壳仁比 16:84 NY/T 2级	88.0	36.5	1.0	10.5	34.4	5.6	14.9	13.6	6.2	0.27	1.13	0.29
38	5-10-0243	向日葵仁粕 sunflower meal(sol.)	壳仁比 24:76 NY/T 2级	88.0	33.6	1.0	14.8	38.8	5.3	32.8	23.5	4.4	0.26	1.03	0.26
39	5-10-0119	亚麻仁饼 linseed meal(exp.)	机榨 NY/T 2级	88.0	32.2	7.8	7.8	34.0	6.2	29.7	27.1	11.4	0.39	0.88	0.22
40	5-10-0120	亚麻仁粕 linseed meal(sol.)	浸提或预压浸提 NY/T 2级	88.0	34.8	1.8	8.2	36.6	6.6	21.6	14.4	13.0	0.42	0.95	0.24
41	5-10-0246	芝麻饼 sesame meal(exp.)	机榨,CP40%	92.0	39.2	10.3	7.2	24.9	10.4	18.0	13.2	1.8	2.24	1.19	0.31
42	5-11-0001	玉米蛋白粉 corn gluten meal	玉米浆、淀粉渣面筋的加CP60%	90.1	63.5	5.4	1.0	19.2	1.0	8.7	4.6	17.2	0.07	0.44	0.16
43	5-11-0002	玉米蛋白粉 corn gluten meal	同上,中等蛋白质产品,CP50%	88.0	56.3	4.7	1.3	23.4	2.3	6.5	8.1	16.1	0.04	0.44	0.15
44	5-11-0008	玉米蛋白粉 corn gluten meal	同上,中等蛋白质产品,CP40%	89.9	44.3	6.0	1.6	37.1	0.9	29.1	8.2	20.6	0.12	0.50	0.31
45	5-11-0003	玉米蛋白饲料 corn gluten feed	玉米去胚芽、淀粉后的含皮残渣	88.0	18.3	7.5	7.8	47.0	5.4	33.6	10.5	21.5	0.15	0.70	0.17
46	4-10-0026	玉米胚芽饼 corn germ meal(exp.)	玉米湿磨后的胚芽,机榨	90.0	16.7	9.6	6.3	50.8	6.6	28.5	7.4	13.5	0.04	0.50	0.15
47	4-10-0244	玉米胚芽粕 corn germ meal(sol.)	玉米湿磨后的胚芽,浸提	90.0	20.8	2.0	6.5	54.8	5.9	38.2	10.7	14.2	0.06	0.50	0.15
48	5-11-0007	DDGS(distiller dried grains with solubles)	玉米酒精糟及可溶物,脱水	89.2	27.5	10.1	6.6	39.9	5.1	38.3	12.5	4.2	0.06	0.71	0.48
49	5-11-0009	蚕豆粉浆蛋白粉 broad bean gluten meal	蚕豆去制粉丝后的浆液,脱水	88.0	66.3	4.7	4.1	10.3	2.6	13.7	9.7	-	0.59	0.18

附　录

续表

序号	中国饲料号 CFN	饲料名称 Feed Name	饲料描述 Description	干物质 DM%	粗蛋白质 CP%	粗脂肪 EE%	粗纤维 CF%	无氮浸出物 NFE%	粗灰分 Ash%	中洗纤维 NDF%	酸洗纤维 ADF%	淀粉 Starch%	钙 Ca%	总磷 P%	有效磷 AP%
50	5-11-0004	麦芽根 barley malt sprouts	大麦芽副产品,干燥	89.7	28.3	1.4	12.5	41.4	6.1	40.0	15.1	7.2	0.22	0.73	0.18
51	5-13-0044	鱼粉(CP67%) fish meal	进口 GB/T 19164-2003,特级	92.4	67.0	8.4	0.2	0.4	16.4				4.56	2.88	2.88
52	5-13-0046	鱼粉(CP60.2%) fish meal	沿海"national"海鱼粉,脱脂,脱脂,12样平均值	90.0	60.2	4.9	0.5	11.6	12.8				4.04	2.90	2.90
53	5-13-0077	鱼粉(CP53.5%) fish meal	沿海"national"海鱼粉,脱脂,脱脂,11样平均值	90.0	53.5	10.0	0.8	4.9	20.8				5.88	3.20	3.20
54	5-13-0036	血粉 blood meal	鲜猪血 喷雾干燥	88.0	82.8	0.4		1.6	3.2				0.29	0.31	0.29
55	5-13-0037	羽毛粉 feather meal	纯净羽毛,水解	88.0	77.9	2.2	0.7	1.4	5.8				0.20	0.68	0.61
56	5-13-0038	皮革粉 leather meal	废牛皮,水解	88.0	74.7	0.8	1.6		10.9				4.40	0.15	0.13
57	5-13-0047	肉骨粉 meat and bone meal	屠宰下脚,带骨干燥粉碎	93.0	50.0	8.5	2.8		31.7				9.20	4.70	4.37
58	5-13-0048	肉粉 meat meal	脱脂	94.0	54.0	12.0	1.4	4.3	22.3				7.69	3.88	3.61
59	1-05-0074	苜蓿草粉(CP19%)alfalfa meal	一茬盛花期烘干 NY/T 1级	87.0	19.1	2.3	22.7	35.3	7.6	36.7	25.0	6.1	1.40	0.51	0.51
60	1-05-0075	苜蓿草粉(CP17%)alfalfa meal	一茬盛花期烘干 NY/T 2级	87.0	17.2	2.6	25.6	33.3	8.3	39.0	28.6	3.4	1.52	0.22	0.22
61	1-05-0076	苜蓿草粉(CP14%-15%)alfalfa meal	NY/T 3级	87.0	14.3	2.1	29.8	33.8	10.1	36.8	29.0	3.5	1.34	0.19	0.19
62	5-11-0005	啤酒糟 brewers dried grain	大麦酿造副产品	88.0	24.3	5.3	13.4	40.8	4.2	39.4	24.6	11.5	0.32	0.42	0.14
63	7-15-0001	啤酒酵母 brewers dried yeast	啤酒酵母 脱蛋粉,QB/T1940-94	91.7	52.4	0.4	0.6	33.6	4.7	6.1	1.8	1.0	0.16	1.02	0.46
64	4-13-0075	乳清粉 whey, dehydrated	乳清,脱水,乳糖含量 73%	97.2	11.5	0.8	0.1	76.8	8.0				0.62	0.69	0.52
65	5-01-0162	酪蛋白 casein	脱水,来源干牛奶	91.7	89.0	0.2		0.4	2.1				0.20	0.68	0.67
66	5-14-0503	明胶 gelatin	食用	90.0	88.6	0.5		0.59	0.31				0.49		
67	4-06-0076	牛奶乳糖 milk lactose	进口,含乳糖 80%以上	96.0	3.5	0.5		82.0	10.0				0.52	0.62	0.62
68	4-06-0077	乳糖 lactose	食用	96.0	0.3			95.7							
69	4-06-0078	葡萄糖 glucose	食用	90.0	0.3			89.7							
70	4-06-0079	蔗糖 sucrose	食用	99.0				98.5	0.5						
71	4-02-0889	玉米淀粉 corn starch		99.0	0.3	0.2		98.5				98.0	0.04	0.01	0.01
72	4-17-0001	牛脂 beef tallow	食用	99.0		98.0*		0.5	0.5						
73	4-17-0002	猪油 lard		99.0		98.0*		0.5	0.5					0.03	
74	4-17-0003	家禽脂肪 poultry fat		99.0		98.0*		0.5	0.5					0.01	0.01

— 187 —

续表

序号	中国饲料号 CFN	饲料名称 Feed Name	饲料描述 Description	干物质 DM%	粗蛋白 CP%	粗脂肪 EE%	粗纤维 CF%	无氮浸出物 NFE%	粗灰分 Ash%	中洗纤维 NDF%	酸洗纤维 ADF%	钙 Ca%	总磷 P%	有效磷 A-P%
75	4-17-0004	鱼油 fish oil		99.0		98.0*		0.5	0.5					
76	4-17-0005	菜籽油 rapeseed oil		99.0		98.0*		0.5	0.5					
77	4-17-0006	椰子油 coconut oil		99.0		98.0*		0.5	0.5					
78	4-07-0007	玉米油 corn oil		99.0		98.0*		0.5	0.5					
79	4-17-0008	棉籽油 cottonseed oil		99.0		98.0*		0.5	0.5					
80	4-17-0009	棕榈油 palm oil		99.0		98.0*		0.5	0.5					
81	4-17-0010	花生油 peanuts oil		99.0		98.0*		0.5	0.5					
82	4-17-0011	芝麻油 sesame oil		99.0		98.0*		0.5	0.5					
83	4-17-0012	大豆油 soybean oil	粗制	99.0		98.0*		0.5	0.5					
84	4-17-0013	葵花油 sunflower oil		99.0		98.0*		0.5	0.5					

* ① "—"表示未测值（下同）；② "*"代表典型值（下同）；③ 空的数据项代表为 "0"（下同）；④ 从表1~表11所示所有数据，无特别说明者，均表示为饲喂状态的含量数据。

中国饲料成分及营养价值表（第 28 版）
TABLES OF FEED COMPOSITION AND NUTRITIVE VALUES IN CHINA

表 3. 饲料中氨基酸含量 Amino Acids

序号	中国饲料号 CFN	饲料名称 Feed Name	干物质 DM%	粗蛋白质 CP%	精氨酸 Arg%	组氨酸 His%	异亮氨酸 Ile%	亮氨酸 Leu%	赖氨酸 Lys%	蛋氨酸 Met%	胱氨酸 Cys%	苯丙氨酸 Phe%	酪氨酸 Tyr%	苏氨酸 Thr%	色氨酸 Trp%	缬氨酸 Val%
1	4-07-0278	玉米 corn grain	86.0	9.4	0.38	0.23	0.26	1.03	0.26	0.19	0.22	0.43	0.34	0.31	0.08	0.40
2	4-07-0288	玉米 corn grain	86.0	8.5	0.50	0.29	0.27	0.74	0.36	0.15	0.18	0.37	0.28	0.30	0.08	0.46
3	4-07-0279	玉米 corn grain	86.0	8.7	0.39	0.21	0.25	0.93	0.24	0.18	0.20	0.41	0.33	0.30	0.07	0.38
4	4-07-0280	玉米 corn grain	86.0	8.0	0.37	0.23	0.27	0.96	0.24	0.17	0.17	0.37	0.31	0.29	0.06	0.35
5	4-07-0272	高粱 sorghum grain	88.0	8.7	0.33	0.20	0.34	1.08	0.21	0.15	0.15	0.41	-	0.28	0.09	0.42
6	4-07-0270	小麦 wheat grain	88.0	13.4	0.62	0.30	0.46	0.89	0.35	0.21	0.30	0.61	0.37	0.38	0.15	0.56
7	4-07-0274	大麦（裸）naked barley grain	87.0	13.0	0.64	0.16	0.43	0.87	0.44	0.14	0.25	0.68	0.40	0.43	0.16	0.63
8	4-07-0277	大麦（皮）barley grain	87.0	11.0	0.65	0.24	0.52	0.91	0.42	0.18	0.18	0.59	0.35	0.41	0.12	0.64
9	4-07-0281	黑麦 rye	88.0	9.50	0.48	0.22	0.30	0.58	0.35	0.15	0.21	0.42	0.26	0.31	0.10	0.43
10	4-07-0273	稻谷 paddy	86.0	7.8	0.57	0.15	0.32	0.58	0.29	0.19	0.16	0.40	0.37	0.25	0.10	0.47
11	4-07-0276	糙米 rough rice	87.0	8.8	0.65	0.17	0.30	0.61	0.32	0.20	0.14	0.35	0.31	0.28	0.12	0.49
12	4-07-0275	碎米 broken rice	88.0	10.4	0.78	0.27	0.39	0.74	0.42	0.22	0.17	0.49	0.39	0.38	0.12	0.57
13	4-07-0479	粟（谷子）millet grain	86.5	9.7	0.30	0.20	0.36	1.15	0.15	0.25	0.20	0.49	0.26	0.35	0.17	0.42
14	4-04-0067	木薯干 cassava tuber flake	87.0	2.5	0.40	0.05	0.11	0.15	0.13	0.05	0.04	0.10	0.04	0.10	0.03	0.13
15	4-04-0068	甘薯干 sweet potato tuber flake	87.0	4.0	0.16	0.08	0.17	0.26	0.16	0.06	0.08	0.19	0.13	0.18	0.05	0.27
16	4-08-0104	次粉 wheat middling and reddog	88.0	15.4	0.86	0.41	0.55	1.06	0.59	0.23	0.37	0.66	0.46	0.50	0.21	0.72
17	4-08-0105	次粉 wheat middling and reddog	87.0	13.6	0.85	0.33	0.48	0.98	0.52	0.16	0.33	0.63	0.45	0.50	0.18	0.68
18	4-08-0069	小麦麸 wheat bran	87.0	15.7	1.00	0.41	0.51	0.96	0.63	0.23	0.32	0.62	0.43	0.50	0.25	0.71
19	4-08-0070	小麦麸 wheat bran	87.0	14.3	0.88	0.37	0.46	0.88	0.56	0.22	0.31	0.57	0.34	0.45	0.18	0.65
20	4-08-0041	米糠 rice bran	87.0	12.8	1.06	0.39	0.63	1.00	0.74	0.25	0.19	0.63	0.50	0.48	0.14	0.81
21	4-10-0025	米糠饼 rice bran meal(exp.)	88.0	14.7	1.19	0.43	0.72	1.06	0.66	0.26	0.30	0.76	0.51	0.53	0.15	0.99
22	4-10-0018	米糠粕 rice bran meal(sol.)	87.0	15.1	1.28	0.46	0.78	1.30	0.72	0.28	0.32	0.82	0.55	0.57	0.17	1.07
23	5-09-0127	大豆 soybeans	87.0	35.5	2.57	0.59	1.28	2.72	2.20	0.56	0.70	1.42	0.64	1.41	0.45	1.50

续表

序号	中国饲料号 CFN	饲料名称 Feed Name	干物质 DM%	粗蛋白质 CP%	精氨酸 Arg%	组氨酸 His%	异亮氨酸 Ile%	亮氨酸 Leu%	赖氨酸 Lys%	蛋氨酸 Met%	胱氨酸 Cys%	苯丙氨酸 Phe%	酪氨酸 Tyr%	苏氨酸 Thr%	色氨酸 Trp%	缬氨酸 Val%
24	5-09-0128	全脂大豆 full-fat soybeans	88.0	35.5	2.62	0.95	1.63	2.64	2.20	0.53	0.57	1.77	1.25	1.43	0.45	1.69
25	5-10-0241	大豆饼 soybean meal(exp.)	89.0	41.8	2.53	1.10	1.57	2.75	2.43	0.60	0.62	1.79	1.53	1.44	0.64	1.70
26	5-10-0103	去皮大豆粕 soybean meal(sol.)	89.0	47.9	3.43	1.22	2.10	3.57	2.99	0.68	0.73	2.33	1.57	1.85	0.65	2.26
27	5-10-0102	大豆粕 soybean meal(sol.)	89.0	44.2	3.38	1.17	1.99	3.35	2.68	0.59	0.65	2.21	1.47	1.71	0.57	2.09
28	5-10-0118	棉籽饼 cottonseed meal(exp.)	88.0	36.3	3.94	0.90	1.16	2.07	1.40	0.41	0.70	1.88	0.95	1.14	0.39	1.51
29	5-10-0119	棉籽粕 cottonseed meal(sol.)	88.0	47.0	5.44	1.28	1.41	2.60	2.13	0.65	0.75	2.47	1.46	1.43	0.57	1.98
30	5-10-0117	棉籽粕 cottonseed meal(sol.)	90.0	43.5	4.65	1.19	1.29	2.47	1.97	0.58	0.68	2.28	1.05	1.25	0.51	1.91
31	5-10-0220	棉籽蛋白 cottonseed protein	92.0	51.1	6.08	1.58	1.72	3.13	2.26	0.86	1.04	2.94	1.42	1.60	-	2.48
32	5-10-0183	菜籽饼 rapeseed meal(exp.)	88.0	35.7	1.82	0.83	1.24	2.26	1.33	0.60	0.82	1.35	0.92	1.40	0.42	1.62
33	5-10-0121	菜籽粕 rapeseed meal(sol.)	88.0	38.6	1.83	0.86	1.29	2.34	1.30	0.63	0.87	1.45	0.97	1.49	0.43	1.74
34	5-10-0116	花生仁饼 peanut meal(exp.)	88.0	44.7	4.60	0.83	1.18	2.36	1.32	0.39	0.38	1.81	1.31	1.05	0.42	1.28
35	5-10-0115	花生仁粕 peanut meal(sol.)	88.0	47.8	4.88	0.88	1.25	2.50	1.40	0.41	0.40	1.92	1.39	1.11	0.45	1.36
36	5-10-0031	向日葵仁饼 sunflower meal(exp.)	88.0	29.0	2.44	0.62	1.19	1.76	0.96	0.59	0.43	1.21	0.77	0.98	0.28	1.35
37	5-10-0242	向日葵仁粕 sunflower meal(sol.)	88.0	36.5	3.17	0.81	1.51	2.25	1.22	0.72	0.62	1.56	0.99	1.25	0.47	1.72
38	5-10-0243	向日葵仁粕 sunflower meal(sol.)	88.0	33.6	2.89	0.74	1.39	2.07	1.13	0.69	0.50	1.43	0.91	1.14	0.37	1.58
39	5-10-0119	亚麻仁饼 linseed meal(exp.)	88.0	32.2	2.35	0.51	1.15	1.62	0.73	0.46	0.48	1.32	0.50	1.00	0.48	1.44
40	5-10-0115	亚麻仁粕 linseed meal(sol.)	88.0	34.8	3.59	0.64	1.33	1.85	1.16	0.55	0.55	1.51	0.93	1.10	0.70	1.51
41	5-10-0246	芝麻饼 sesame meal(exp.)	92.0	39.2	2.38	0.81	1.42	2.52	0.82	0.82	0.75	1.68	1.02	1.29	0.49	1.84
42	5-11-0001	玉米蛋白粉 corn gluten meal	90.1	63.5	2.01	1.23	2.92	10.50	1.10	1.60	0.99	3.94	3.19	2.11	0.36	2.94
43	5-11-0002	玉米蛋白粉 corn gluten meal	88.0	56.3	1.73	1.17	2.21	8.91	0.92	1.38	1.00	3.38	3.04	1.88	0.28	2.58
44	5-11-0008	玉米蛋白粉 corn gluten meal	89.9	44.3	1.31	0.78	1.63	7.08	0.71	1.04	0.65	2.61	2.03	1.38	-	1.84
45	5-11-0003	玉米蛋白饲料 corn gluten feed	88.0	18.3	0.74	0.54	0.54	1.57	0.55	0.30	0.39	0.62	0.50	0.66	0.08	0.87
46	4-10-0026	玉米胚芽饼 corn germ meal(exp.)	90.0	16.7	1.16	0.45	0.53	1.25	0.70	0.31	0.47	0.64	0.54	0.64	0.16	0.91
47	4-10-0244	玉米胚芽粕 corn germ meal(sol.)	90.0	20.8	1.51	0.62	0.77	1.54	0.75	0.21	0.28	0.93	0.66	0.68	0.18	1.66
48	5-11-0007	玉米DDGS	89.2	27.5	1.12	0.75	0.97	3.13	0.71	0.57	0.54	1.28	1.09	0.99	0.20	1.32
49	5-11-0009	蚕豆粉浆蛋白粉 broad bean gluten meal	88.0	66.3	5.96	1.66	2.90	5.88	4.44	0.60	0.57	3.34	2.21	2.31	-	3.20

续表

序号	中国饲料号 CFN	饲料名称 Feed Name	干物质 DM%	粗蛋白质 CP%	精氨酸 Arg%	组氨酸 His%	异亮氨酸 Ile%	亮氨酸 Leu%	赖氨酸 Lys%	蛋氨酸 Met%	胱氨酸 Cys%	苯丙氨酸 Phe%	酪氨酸 Tyr%	苏氨酸 Thr%	色氨酸 Trp%	缬氨酸 Val%
50	5-11-0004	麦芽根 barley malt sprouts	89.7	28.3	1.22	0.54	1.08	1.58	1.30	0.37	0.26	0.85	0.67	0.96	0.42	1.44
51	5-13-0044	鱼粉(CP67%)fish meal	92.4	67.0	3.93	2.01	2.61	4.94	4.97	1.86	0.60	2.61	1.97	2.74	0.77	3.11
52	5-13-0046	鱼粉(CP60.2%)fish meal	90.0	60.2	3.57	1.71	2.68	4.80	4.72	1.64	0.52	2.35	1.96	2.57	0.70	3.17
53	5-13-0077	鱼粉(CP53.5%)fish meal	90.0	53.5	3.24	1.29	2.30	4.30	3.87	1.39	0.49	2.22	1.70	2.51	0.60	2.77
54	5-13-0036	血粉 blood meal	88.0	82.8	2.99	4.40	0.75	8.38	6.67	0.74	0.98	5.23	2.55	2.86	1.11	6.08
55	5-13-0037	羽毛粉 feather meal	88.0	77.9	5.30	0.58	4.21	6.78	1.65	0.59	2.93	3.57	1.79	3.51	0.40	6.05
56	5-13-0038	皮革粉 leather meal	88.0	74.7	4.45	0.40	1.06	2.53	2.18	0.80	0.16	1.56	0.63	0.71	0.50	1.91
57	5-13-0047	肉骨粉 meat and bone meal	93.0	50.0	3.35	0.96	1.70	3.20	2.60	0.67	0.33	1.70	1.26	1.63	0.26	2.25
58	5-13-0048	肉粉 meat meal	94.0	54.0	3.60	1.14	1.60	3.84	3.07	0.80	0.60	2.17	1.40	1.97	0.35	2.66
59	1-05-0074	苜蓿草粉(CP19%) alfalfa meal	87.0	19.1	0.78	0.39	0.68	1.20	0.82	0.21	0.22	0.82	0.58	0.74	0.43	0.91
60	1-05-0075	苜蓿草粉(CP17%) alfalfa meal	87.0	17.2	0.74	0.32	0.66	1.10	0.81	0.20	0.16	0.81	0.54	0.69	0.37	0.85
61	1-05-0076	苜蓿草粉(CP14%~15%)alfalfa meal	87.0	14.3	0.61	0.19	0.58	1.00	0.60	0.18	0.15	0.59	0.38	0.45	0.24	0.58
62	5-11-0005	啤酒糟 brewers dried grain	88.0	24.3	0.98	0.51	1.18	1.08	0.72	0.52	0.35	2.35	1.17	0.81	0.28	1.66
63	7-15-0001	啤酒酵母 brewers dried yeast	91.7	52.4	2.67	1.11	2.85	4.76	3.38	0.83	0.50	4.07	0.12	2.33	0.21	3.40
64	4-13-0075	乳清粉 whey, dehydrated	97.2	11.5	0.26	0.21	0.64	1.11	0.88	0.17	0.26	0.35	0.27	0.71	0.20	0.61
65	5-01-0162	酪蛋白 casein	91.7	88.9	3.13	2.57	4.49	8.24	6.87	2.52	0.45	4.49	4.87	3.77	1.33	5.81
66	5-14-0503	明胶 gelatin	90.0	88.6	6.60	0.66	1.42	2.91	3.62	0.76	0.12	1.74	0.43	1.82	0.05	2.26
67	4-06-0076	牛奶乳糖 milk lactose	96.0	3.5	0.25	0.09	0.09	0.16	0.14	0.03	0.04	0.09	0.02	0.09	0.09	0.09

中国饲料成分及营养价值表（第 28 版）
TABLES OF FEED COMPOSITION AND NUTRITIVE VALUES IN CHINA

表 4. 矿物质及维生素含量 Minerals and Vitamins

序号	中国饲料号 CFN	饲料名称 Feed Name	钠Na %	氯Cl %	镁Mg %	钾K %	铁Fe mg/kg	铜Cu mg/kg	锰Mn mg/kg	锌Zn mg/kg	硒Se mg/kg	碘I mg/kg	VE mg/kg	VB₁ mg/kg	VB₂ mg/kg	泛酸 mg/kg	烟酸 mg/kg	生物素 µg/kg	叶酸 mg/kg	胆碱 mg/kg	B₆ mg/kg	B₁₂ µg/kg	亚油酸 %
1	4-07-0278	玉米 corn grain	0.01	0.04	0.11	0.29	36	3.4	5.8	21.1	0.04	2	22.0	3.5	1.1	5.0	24.0	0.06	0.15	620	10.0		2.20
2	4-07-0272	高粱 sorghum grain	0.03	0.09	0.15	0.34	87	7.6	17.1	20.1	0.05		7.0	3.0	1.3	12.4	41.0	0.26	0.20	668	5.2		1.13
3	4-07-0270	小麦 wheat grain	0.06	0.07	0.11	0.50	88	7.9	45.9	29.7	0.05	0.4	13.0	4.6	1.3	11.9	51.0	0.11	0.36	1040	3.7		0.59
4	4-07-0274	大麦（裸）naked barley grain	0.04			0.60	100	7.0	18.0	30.0	0.16		48.0	4.1	1.4		87.0				19.3		
5	4-07-0277	大麦（皮）barley grain	0.02	0.15	0.14	0.56	87	5.6	17.5	23.6	0.06	4.1	20.0	4.5	1.8	8.0	55.0	0.15	0.07	990	4.0		0.83
6	4-07-0281	黑麦 rye	0.02	0.04	0.12	0.42	117	7.0	53.0	35.0	0.40		15.0	3.6	1.5	8.0	16.0	0.06	0.60	440	2.6		0.76
7	4-07-0273	稻谷 paddy	0.04	0.07	0.07	0.34	40	3.5	20.0	8.0	0.04		16.0	3.1	1.2	3.7	34.0	0.08	0.45	900	28.0		0.28
8	4-07-0276	糙米 rough rice	0.04	0.06	0.14	0.34	78	3.3	21.0	10.0	0.07		13.5	2.8	1.1	11.0	30.0	0.08	0.40	1014	0.04		1.74
9	4-07-0275	碎米 broken rice	0.07	0.08	0.11	0.13	62	8.8	47.5	36.4	0.06		14.0	1.4	0.7	8.0	30.0	0.08	0.20	800	28.0		1.74
10	4-07-0479	粟（谷子）millet grain	0.04	0.14	0.16	0.43	270	24.5	22.5	15.9	0.08	1.2	36.3	6.6	1.6	7.4	53.0	15.00		790	7.0		1.70
11	4-04-0067	木薯干 cassava tuber flake	0.03		0.11	0.78	150	4.2	6.0	14.0	0.04			1.7	0.8	1.0	3.0				1.00		1.70
12	4-04-0068	甘薯干 sweet potato tuber flake	0.16		0.08	0.36	107	6.1	10.0	9.0	0.07												
13	4-08-0104	次粉 wheat middling and reddog	0.60	0.04	0.41	0.60	140	11.6	94.2	73.0	0.07	3.0	20.0	16.5	1.8	15.6	72.0	0.33	0.76	1187	9.0		1.74
14	4-08-0105	次粉 wheat middling and reddog	0.60	0.04	0.41	0.60	140	11.6	94.2	73.0	0.07	3.0	20.0	16.5	1.8	15.6	72.0	0.33	0.76	1187	9.0		1.74
15	4-08-0069	小麦麸 wheat bran	0.07	0.07	0.52	1.19	170	13.8	104.3	96.5	0.07	1.0	14.0	8.0	4.6	31.0	186.0	0.36	0.63	980	7.0		1.70
16	4-08-0070	小麦麸 wheat bran	0.07	0.07	0.47	1.19	157	16.5	80.6	104.7	0.05	1.0	14.0	8.0	4.6	31.0	186.0	0.36	0.63	980	7.0		1.70
17	4-08-0041	米糠 rice bran	0.07	0.07	0.90	1.73	304	7.1	175.9	50.3	0.09		60.0	22.5	2.5	23.0	293.0	0.42	2.20	1135	14.0		3.57
18	4-10-0025	米糠饼 rice bran meal(exp.)	0.08		1.26	1.80	400	8.7	211.6	56.4	0.09		11.0	24.0	2.9	94.9	689.0	0.70	0.88	1700	54.0	40.0	
19	4-10-0018	米糠粕 rice bran meal(sol.)	0.09	0.10		1.80	432	9.4	228.4	60.9	0.10												
20	5-09-0127	大豆 soybeans	0.02	0.03	0.28	1.70	111	18.1	21.5	40.7	0.06		40.0	12.3	2.9	17.4	24.0	0.42	2.00	3200	12.0	0.0	8.00
21	5-09-0128	全脂大豆 full-fat soybeans	0.02	0.03	0.28	1.70	111	18.1	21.5	40.7	0.06		40.0	12.3	2.9	17.4	24.0	0.42	4.00	3200	12.00	0.0	8.00
22	5-10-0241	大豆饼 soybean meal(exp.)	0.02	0.02	0.25	1.77	187	19.8	32.0	43.4	0.04		6.6	1.7	4.4	13.8	37.0	0.32	0.45	2673	10.00	0.0	
23	5-10-0103	去皮大豆粕 soybean meal(sol.)	0.03	0.05	0.28	2.05	185	24.0	38.2	46.4	0.10	0.2	3.1	4.6	3.0	16.4	30.7	0.33	0.81	2858	6.10	0.0	0.51

附 录

续表

序号	中国饲料号 CFN	饲料名称 Feed Name	钠Na %	氯Cl %	镁Mg %	钾K %	铁Fe mg/kg	铜Cu mg/kg	锰Mn mg/kg	锌Zn mg/kg	硒Se mg/kg	碘I mg/kg	VE mg/kg	VB₁ mg/kg	VB₂ mg/kg	泛酸 mg/kg	烟酸 mg/kg	生物素 mg/kg	叶酸 mg/kg	胆碱 mg/kg	B₆ mg/kg	B₁₂ μg/kg	亚油酸 %
24	5-10-0102	大豆粕 soybean meal(sol.)	0.03	0.05	0.28	1.72	185	24.0	28.0	46.4	0.06	0.2	3.1	4.6	3.0	16.4	30.7	0.33	0.81	2858	6.10	0.0	0.51
25	5-10-0118	棉籽饼 cottonseed meal(exp.)	0.04	0.14	0.52	1.20	266	11.6	17.8	44.9	0.11	0.2	16.0	6.4	5.1	10.0	38.0	0.53	1.65	2753	5.30	0.0	2.47
26	5-10-0119	棉籽粕 cottonseed meal(sol.)	0.04	0.04	0.40	1.16	263	14.0	18.7	55.5	0.15	0.2	15.0	7.0	5.5	12.0	40.0	0.30	2.51	2933	5.10	0.0	1.51
27	5-10-0117	棉籽粕 cottonseed meal(sol.)	0.04	0.04	0.40	1.16	263	14.0	18.7	55.5	0.15	0.2	15.0	7.0	5.5	12.0	40.0	0.30	2.51	2933	5.10	0.0	1.51
28	5-10-0183	菜籽饼 rapeseed meal(exp.)	0.02			1.34	687	7.2	78.1	59.2	0.29			5.2	3.7	9.5		0.98	0.95	6700	7.20	0.0	0.42
29	5-10-0121	菜籽粕 rapeseed meal(sol.)	0.09	0.11	0.51	1.40	653	7.1	82.2	67.5	0.16		54.0	7.1	5.2	47.0	160.0	0.33	0.40	1655	10.00	0.0	1.43
30	5-10-0116	花生仁饼 peanut meal(exp.)	0.04	0.03	0.33	1.14	347	23.7	36.7	52.5	0.06		3.0	5.7	11.0	53.0	173.0	0.39	0.39	1854	10.00	0.0	0.24
31	5-10-0115	花生仁粕 peanut meal(sol.)	0.07	0.03	0.31	1.23	368	25.1	38.9	55.7	0.09		3.0		18.0	4.0	86.0	1.40	0.40	800			
32	1-10-0031	向日葵仁饼 sunflower meal(exp.)	0.02	0.01	0.75	1.17	424	45.6	41.5	62.1	0.06		0.9	4.6	2.3	39.0	22.0	1.70	1.60	3260	17.20	0.0	0.98
33	5-10-0242	向日葵仁粕 sunflower meal(sol.)	0.20	0.01	0.75	1.00	226	32.8	34.5	82.7	0.06		0.7										
34	5-10-0243	向日葵仁粕 sunflower meal(sol.)	0.20	0.10	0.68	1.23	310	35.0	35.0	80.0	0.08			3.0	3.0	29.9	14.0	1.40	1.14	3100	11.10	0.0	1.07
35	5-10-0119	亚麻仁饼 linseed meal(exp.)	0.09	0.04	0.58	1.25	204	27.0	40.3	36.0	0.18		7.7	2.6	4.1	16.5	37.4	0.36	2.90	1672	6.10	0.0	0.36
36	5-10-0120	亚麻仁粕 linseed meal(sol.)	0.14	0.05	0.56	1.38	219	25.5	43.3	38.7	0.18	0.2	5.8	7.5	3.2	14.7	33.0	0.41	0.34	1512	6.00	200.0	1.90
37	5-10-0246	芝麻饼 sesame meal(exp.)	0.04	0.05	0.50	1.39	1780	50.4	32.0	2.4	0.21	0.2	0.3	2.8	3.6	6.0	30.0	2.40	—	1536	12.50	0.0	1.17
38	5-11-0001	玉米蛋白粉 corn gluten meal	0.01	0.05	0.08	0.30	230	1.9	5.9	19.2	0.02	44.0	25.5	0.3	2.2	3.0	55.0	0.15	0.20	330	6.90	50.0	
39	5-11-0002	玉米蛋白粉 corn gluten meal	0.02			0.35	332	10.0	78.0	49.0													
40	5-11-0008	玉米蛋白粉 corn gluten meal	0.02	0.08	0.05	0.40	400	28.0	7.0		1.00	16.0	19.9	0.2	1.5	9.6	54.5	0.15	0.22	330			
41	5-11-0003	玉米蛋白饲料 corn gluten feed	0.12	0.22	0.42	1.30	282	10.7	77.1	59.2	0.23	8.0	14.8	2.0	2.4	17.8	75.5	0.22	0.28	1700	13.00	250.0	1.43
42	4-10-0026	玉米胚芽饼 corn germ meal(exp.)	0.01	0.12	0.10	0.30	99	12.8	19.0	108.1		2.0	87.0		3.7	3.3	42.0		0.20	1936			1.47
43	4-10-0244	玉米胚芽粕 corn germ meal	0.01	0.16	0.16	0.69	214	7.7	23.3	126.6	0.33	2.0	80.8	1.1	4.0	4.4	37.7	0.22	0.20	2000			1.47
44	5-11-0007	DDGS distiller dried grains with solubles	0.24	0.17	0.91	0.28	98	5.4	15.2	52.3		3.5	40.0	3.5	8.6	11.0	75.0	0.30	0.88	2637	2.28	10.0	2.15
45	5-11-0009	蚕豆粉浆蛋白粉 broadbean gluten meal	0.01			0.06		22.0	16.0														
46	5-11-0004	麦芽根 barley malt sprouts	0.06	0.59	0.16	2.18	198	5.3	67.8	42.4	0.60		4.2	0.7	1.5	8.6	43.3		0.20	1548			0.46
47	5-13-0044	鱼粉(CP67%) fish meal	1.04	0.71	0.23	0.74	337	8.4	11	102	2.70		5.0	2.8	5.8	9.3	82	1.30	0.90	5600	2.3	210	0.20
48	5-13-0046	鱼粉(CP60.2%) fish meal	0.97	0.61	0.16	1.10	80	8.0	10.0	80.0	1.50		7.0	0.5	4.9	9.0	55.0	0.20	0.30	3056	4.00	1040	0.12

— 193 —

续表

序号	中国饲料号 CFN	饲料名称 Feed Name	钠Na %	氯Cl %	镁Mg %	钾K %	铁Fe mg/kg	铜Cu mg/kg	锰Mn mg/kg	锌Zn mg/kg	硒Se mg/kg	碘I mg/kg	VE mg/kg	VB_1 mg/kg	VB_2 mg/kg	泛酸 mg/kg	烟酸 mg/kg	生物素 mg/kg	叶酸 mg/kg	胆碱 mg/kg	B_6 mg/kg	B_{12} μg/kg	亚油酸 %
49	5-13-0077	鱼粉(CP53.5%) fish meal	1.15	0.61	0.16	0.94	292	8.0	9.7	88.0	1.94		5.6	0.4	8.8	8.8	65.0			3000		143.0	0.10
50	5-13-0036	血粉 blood meal	0.31	0.27	0.16	0.90	2100	8.0	2.3	14.0	0.70		1.0	0.4	1.6	1.2	23.0	0.09	0.11	800	4.40	50.0	0.83
51	5-13-0037	羽毛粉 feather meal	0.31	0.26	0.20	0.18	73	6.8	8.8	53.8	0.80		7.3	0.1	2.0	10.0	27.0	0.04	0.20	880	3.00	71.0	
52	5-13-0038	皮革粉 leather meal					131	11.1	25.2	89.8													
53	5-13-0047	肉骨粉 meat and bone meal	0.73	0.75	1.13	1.40	500	1.5	12.3	90.0	0.25		0.8	0.2	5.2	4.4	59.4	0.14	0.60	2000	4.60	100.0	0.72
54	5-13-0048	肉粉 meat meal	0.80	0.97	0.35	0.57	440	10.0	10.0	94.0	0.37		1.2	0.6	4.7	5.0	57.0	0.08	0.50	2077	2.40	80.0	0.80
55	1-05-0074	苜蓿草粉(CP19%)alfalfa meal	0.09	0.38	0.30	2.08	372	9.1	30.7	17.1	0.46	94.6	144.0	5.8	15.5	34.0	40.0	0.35	4.36	1419	8.00		0.44
56	1-05-0075	苜蓿草粉(CP17%)alfalfa meal	0.17	0.46	0.36	2.40	361	9.7	30.7	21.0	0.46	94.6	125.0	3.4	13.6	29.0	38.0	0.30	4.20	1401	6.50		0.35
57	1-05-0076	苜蓿草粉(CP14%-15%)alfalfa meal	0.11	0.46	0.36	2.22	437	9.1	33.2	22.6	0.48	63.0	98.0	3.0	10.6	20.8	41.8	0.25	1.54	1548			
58	5-11-0005	啤酒糟 brewers dried grain	0.25	0.12	0.19	0.08	274	20.1	35.6	104.0	0.41	0.20	27.0	0.6	1.5	8.6	43.0	0.24	0.24	1723	0.70		2.94
59	7-15-0001	啤酒酵母 brewers dried yeast	0.10	0.12	0.23	1.70	248	61.0	22.3	86.7	1.00		2.2	91.8	37.0	109.0	448.0	0.63	9.90	3984	42.80	999.9	0.04
60	4-13-0075	乳清粉 whey, dehydrated	0.94	1.40	0.13	1.96	57	6.6	3.0	9.90	0.12		0.3	4.0	4.1	47.0	10.0	0.27	0.85	1820	4.00	23	0.01
61	5-01-0162	酪蛋白 casein	0.01	0.04	0.01	0.01	14	4.0	4.0	30.0	0.16			0.4	1.5	2.7	1.0	0.04	0.51	205	0.40		
62	5-14-0503	明胶 gelatin			0.05																		
63	4-06-0076	牛奶乳糖 milk lactose			0.15	2.40																	

中国饲料成分及营养价值表(2017年第28版)(续)
TABLES OF FEED COMPOSITION AND NUTRITIVE VALUES IN CHINA (2017 TWENTY-EIGHTH EDITION)

表7 常用矿物质饲料中矿物质元素的含量(以饲喂状态为基础)
Mineral concentration in mineral sources (on as-fed basis)

序号	中国饲料号 CFN	饲料名称 Feed Name	化学分子式 Chemical formular	钙 Ca^a (%)	磷 P (%)	磷利用率^b	钠 Na (%)	氯 Cl (%)	钾 K (%)	镁 Mg (%)	硫 S (%)	铁 Fe (%)	锰 Mn (%)
01	6-14-0001	碳酸钙,饲料级轻质 calcium carbonate	CaCO$_3$	38.42	0.02		0.08	0.02	0.08	1.610	0.08	0.06	0.02
02	6-14-0002	磷酸氢钙,无水 calcium phosphate(dibasic), anhydrous	CaHPO$_4$	29.60	22.77	95~100	0.18	0.47	0.15	0.800	0.80	0.79	0.14
03	6-14-0003	磷酸氢钙,2个结晶水 calcium phosphate(dibasic), dehydrate	CaHPO$_4 \cdot$2H$_2$O	23.29	18.00	95~100							
04	6-14-0004	磷酸二氢钙 calcium phosphate(monobasic)monohydrate	Ca(H$_2$PO$_4$)$_2 \cdot$H$_2$O	15.90	24.58	100	0.20		0.16	0.900	0.80	0.75	0.01
05	6-14-0005	磷酸三钙(磷酸钙) calcium phosphate(tribasic)	Ca$_3$(PO$_4$)$_2$	38.76	20.0								
06	6-14-0006	石粉^c,石灰石,方解石等 limestone, calcite etc.		35.84	0.01		0.06	0.02	0.11	2.060	0.04	0.35	0.02
07	6-14-0007	骨粉,脱脂 bone meal,		29.80	12.50	80~90	0.04		0.20	0.300	2.40		0.03
08	6-14-0008	贝壳粉 shell meal		32~35									
09	6-14-0009	蛋壳粉 egg shell meal		30~40	0.1~0.4								
10	6-14-0010	磷酸氢铵 ammonium phosphate(dibasic)	(NH$_4$)$_2$HPO$_4$	0.35	23.48	100	0.20		0.16	0.750	1.50	0.41	0.01
11	6-14-0011	磷酸二氢铵 ammonium phosphate (monobasic)	NH$_4$H$_2$PO$_4$		26.93	100							
12	6-14-0012	磷酸氢二钠 sodium phosphate (dibasic)	Na$_2$HPO$_4$	0.09	21.82	100	31.04						
13	6-14-0013	磷酸二氢钠 sodium phosphate (monobasic)	NaH$_2$PO$_4$		25.81	100	19.17	0.02		0.01		0.010	
14	6-14-0014	碳酸钠 sodium carbonate	Na$_2$CO$_3$				43.30						
15	6-14-0015	碳酸氢钠 sodium bicarbonate	NaHCO$_3$	0.01			27.00		0.01				
16	6-14-0016	氯化钠 sodium chloride	NaCl	0.30			39.50	59.00		0.005	0.20	0.01	
17	6-14-0017	氯化镁 magnesium chloride hexahydrate	MgCl$_2 \cdot$6H$_2$O							11.950			
18	6-14-0018	碳酸镁 magnesium carbonate	MgCO$_3 \cdot$Mg(OH)$_2$	0.02						34.000			0.01
19	6-14-0019	氧化镁 magnesium oxide	MgO	1.69					0.02	55.000	0.10	1.06	
20	6-14-0020	硫酸镁,7个结晶水 magnesium sulfate heptahydrate	MgSO$_4 \cdot$7H$_2$O	0.02				0.01		9.860	13.01		
21	6-14-0021	氯化钾 potassium chloride	KCl	0.05			1.00	47.56	52.44	0.230	0.32	0.06	0.001
22	6-14-0022	硫酸钾 potassium sulfate	K$_2$SO$_4$	0.15			0.09	1.50	44.87	0.600	18.40	0.07	0.001

注:① 数据来源于《中国饲料学》(2000,张子仪)、《猪营养需要》(NRC,2012)。
② 饲料中使用的矿物质添加剂一般不是化学纯化合物,其组成成分的变异较大。如果能得到,一般应采用原料供应商的分析结果。例如,饲料级的磷酸氢钙原料中往往含有一些磷酸二氢钙,而磷酸二氢钙中含有一些磷酸氢钙。^{a}在大多数来源的磷酸氢钙、磷酸二氢钙、磷酸三钙、脱氟磷酸钙、碳酸钙、硫酸钙和方解石石粉中,估计钙的生物学利用率为90%~100%,在高镁含量的石粉和白云石石粉中钙的生物学有效价较低,为50%~80%;^{b}生物学有效价估计值通常以相当于磷酸氢钠或磷酸氢钙中的磷的生物学有效价表示;^{c}大多数方解石石粉中含有38%或高于表中所示的钙和低于表中所示的镁。

表8 无机来源的微量元素和估测的生物学利用率 [a]
Bioavailability for inorganic trace elements

微量元素与来源 [b]	化学分子式	元素含量(%)	相对生物学利用率(%)
铁(Fe)			
一水硫酸亚铁 Ferrous sulfate (monohydrate)	$FeSO_4 \cdot H_2O$	30.0	100
七水硫酸亚铁 Ferrous sulfate (heptahydrate)	$FeSO_4 \cdot 7H_2O$	20.0	100
碳酸亚铁 Ferrous carbonate	$FeCO_3$	38.0	15~80
三氧化二铁 Ferric oxide	Fe_2O_3	69.9	0
六水氯化铁 Ferric chloride (hexahydrate)	$FeCl_3 \cdot 6H_2O$	20.7	40~100
氧化亚铁 Ferrous oxide	FeO	77.8	– [c]
铜(Cu)			
五水硫酸铜 Cupric sulfate (pentahydrate)	$CuSO_4 \cdot 5H_2O$	25.2	100
碱式氯化铜 Cupric chloride, tribasic	$Cu_2(OH)_3Cl$	58.0	100
氧化铜 Cupric oxide	CuO	75.0	0~10
一水碱式碳酸铜 Cupric carbonate (monohydrate)	$CuCO_3 \cdot Cu(OH)_2 \cdot H_2O$	50~55	60~100
无水硫酸铜 Cupric sulfate (anhydrous)	$CuSO_4$	39.9	100
锰(Mn)			
一水硫酸锰 Manganous sulfate (monohydrate)	$MnSO_4 \cdot H_2O$	29.5	100
氧化锰 Manganous oxide	MnO	60	70
二氧化锰 Manganous dioxide	MnO_2	63.1	35~95
碳酸锰 Manganous carbonate	$MnCO_3$	46.4	30~100
四水氯化锰 Manganous chloride (tetrahydrate)	$MnCl_2 \cdot 4H_2O$	27.5	100
锌(Zn)			
一水硫酸锌 Zinc sulfate (monohydrate)	$ZnSO_4 \cdot H_2O$	35.5	100
氧化锌 Zinc oxide	ZnO	72.0	50~80
七水硫酸锌 Zinc sulfate (heptahydrate)	$ZnSO_4 \cdot 7H_2O$	22.3	100
碳酸锌 Zinc carbonate	$ZnCO_3$	56	100
氯化锌 Zinc chloride	$ZnCl_2$	48	100
碘(I)			
乙二胺双氢碘化物 Ethylenediamine dihydroiodide(EDDI)	$C_2H_8N_2 \cdot 2HI$	79.5	100
碘酸钙 Calcium iodate	$Ca(IO_3)_2$	63.5	100
碘化钾 Potassium iodide	KI	68.8	100
碘酸钾 Potassium iodate	KIO_3	59.3	– [c]
碘化铜 Cupric iodide	CuI	66.6	
硒(Se)			
亚硒酸钠 Sodium selenite	Na_2SeO_3	45.0	100
十水硒酸钠 Sodium selenite (decahydrate)	$Na_2SeO_4 \cdot 10H_2O$	21.4	100
钴(Co)			
六水氯化钴 Cobalt dichloride (hexahydrate)	$CoCl_2 \cdot 6H_2O$	24.3	100
七水硫酸钴 Cobalt sulfate (heptahydrate)	$CoSO_4 \cdot 7H_2O$	21.0	100
一水硫酸钴 Cobalt sulfate (monohydrate)	$CoSO_4 \cdot H_2O$	34.1	100
一水氯化钴 Cobalt dichloride (monohydrate)	$CoCl_2 \cdot H_2O$	39.9	100

注:表中数据来源于《中国饲料学》(2000,蔡子仪)及《猪营养需要》(NRC,1998,2012)中相关数据。
[a] 列于每种微量元素下的第一种元素来源通常作为标准,其他来源与其相比较估算相对生物学利用率。
[b] 斜体字表示较少使用的微量元素来源。
[c] "-"表示没有可用数据。

表11 部分饲料中的脂肪酸含量(参考)*
Fat acids in some feedstuff (reference)

序号	中国饲料号 CFN	饲料名称 Feed Name	干物质 DM(%)	粗蛋白质 CP(%)	粗脂肪 EE(%)	月桂酸 C12:0 %TFA	豆蔻酸 C14:0 %TFA	棕榈酸 C16:0 %TFA	棕榈油酸 C16:1 %TFA	硬脂酸 C18:0 %TFA	油酸 C18:1 %TFA	亚油酸 C18:2 %TFA	亚麻酸 C18:3 %TFA	总脂肪酸 TFA %EE
1	4-07-0279	玉米	86.0	8.7	3.6		0.1	11.1	0.4	1.8	26.9	56.5	1.0	84.6
2	4-07-0272	高粱	86.0	9.0	3.4		0.2	13.5	3.2	2.3	33.3	33.8	2.6	89.5
3	4-07-0270	小麦	87.0	13.4	1.7		0.1	17.8	0.4	0.8	15.2	56.4	5.9	75.2
4	4-07-0277	大麦(皮)	87.0	11.0	1.7		1.2	22.2		1.5	12.0	55.4	5.6	75.3
5	4-07-0275	碎米	88.0	10.4	2.2	0.1	0.7	18.1	0.3	1.9	40.2	35.9	1.5	90.6
6	4-04-0067	木薯干	87.0	2.5	0.7	3.9	1.7	31.9	0.7	2.9	35.2	16.7	7.6	79.1
7	4-04-0068	甘薯干	87.0	4.0	0.8			28.0		2.9	5.3	53.6	9.7	69.4
8	4-08-0105	次粉	87.0	13.6	2.1		0.1	17.8	0.4	0.8	15.2	56.4	5.9	79.2
9	4-08-0070	小麦麸	87.0	14.3	4.0		0.1	17.8	0.4	0.8	15.2	56.4	5.9	79.9
10	4-08-0041	米糠	87.0	12.8	16.5	0.1	0.7	18.1	0.3	1.9	40.2	35.9	1.5	77.2
11	5-09-0128	全脂大豆	88.0	35.5	18.7		0.1	10.5	0.2	3.8	21.7	53.1	7.4	94.4
12	5-10-0102	大豆粕	89.0	44.2	1.9		0.1	10.5	0.2	3.8	21.7	53.1	7.4	76.0
13	5-10-0117	棉籽粕	90.0	43.5	0.5	0.5	0.9	23.0	0.9	2.4	17.2	52.3	0.2	74.9
14	5-10-0121	菜籽粕	88.0	38.6	1.4		0.1	4.2	0.4	1.8	58.0	20.5	9.8	79.4
15	5-10-0115	花生仁粕	88.0	47.8	1.4		0.1	10.2	0.5	2.4	46.8	29.8	0.8	73.7
16	5-10-0120	亚麻仁粕	88.0	34.8	1.8		0.1	6.4	0.1	3.4	18.7	14.7	54.2	74.5
17	5-11-0001	玉米蛋白粉	90.1	63.5	5.4		0.1	11.1	0.4	1.8	26.9	56.5	1.0	80.5
18	5-13-0044	鱼粉	90.0	67.0	5.6		6.0	17.8	7.2	3.6	12.3	2.1	1.9	73.6
19	5-13-0037	羽毛粉	88.0	77.9	2.2		2.0	34.8	6.2	13.8	39.9	3.3		47.8
20	5-13-0047	肉骨粉	93.0	50.0	8.5	0.2	2.7	27.5	3.7	19.2	40.7	3.6	0.9	68.2
21	5-13-0048	肉粉	94.0	54.0	12	0.2	2.7	27.5	3.7	19.2	40.7	3.6	0.9	68.3
22	1-05-0074	苜蓿草粉	87.0	19.1	2.3	2.0	1.9	25.6	1.4	3.8	4.4	19.3	37.0	48.0
23	4-13-0075	乳清粉	94.0	12.0	0.7	1.2	10.2	32.1	3.3	9.6	24.7	2.5	0.9	92.6
24	4-17-0001	牛脂	99.0		98.0	0.1	3.0	24.4	3.8	17.9	41.6	1.1	0.5	88.0
25	4-17-0002	猪油	99.0		98.0	0.2	1.3	23.8	2.7	13.5	41.2	10.2	1.0	88.0
26	4-17-0003	家禽脂肪	99.0		98.0	0.1	1.1	21.0	5.0	7.1	41.7	20.6	1.6	88.0
27	4-17-0005	菜籽油	99.0		98.0	0.1	0.1	4.4	0.3	2.1	57.3	19.0	7.6	88.0
28	4-17-0006	椰子油	99.0		98.0	46.4	17.7	8.9	0.4	3.0	6.5	1.8	0.1	88.0
29	4-07-0007	玉米油	99.0		98.0			11.1		1.6	26.9	58.9	1.1	88.0
30	4-17-0008	棉籽油	99.0		98.0		0.8	26.0	0.6	3.0	20.2	48.9	0.1	88.0
31	4-17-0009	棕榈油	99.0		98.0	0.3	0.6	43.0	0.2	4.4	37.1	9.9	0.3	88.0
32	4-17-0010	花生油	99.0		98.0			13.1	0.4	1.9	27.4	54.7	1.5	88.0
33	4-17-0012	大豆油	99.0		98.0	0.1	0.1	10.8	0.1	3.9	22.8	53.7	8.2	88.0
34	4-17-0013	葵花油	99.0		98.0		7.3	0.1	10.6	43.4	35.5	0.8		88.0

注:* 数据参考来源于 INRA(2004)、CNPCS6.0(2008)、NRC(1994,19980,2012)等。